REVUE SOMMAIRE

DES

DOCTRINES ÉCONOMIQUES

OUVRAGES DU MÊME AUTEUR

QUI SE TROUVENT A LA MÊME LIBRAIRIE

Recherches sur les principes mathématiques de la théorie des richesses. — 1838, in-8.

Principes de la théorie des richesses. — 1863, in-8.

Traité élémentaire de la théorie des fonctions et du calcul infinitésimal. — 2e édit., 1857, 2 vol. in-8.

Exposition de la théorie des chances et des probabilités. — 1843, in-8.

De l'origine et des limites de la correspondance entre l'algèbre et la géométrie. — 1847, in-8.

Essai sur les fondements de nos connaissances et sur les caractères de la critique philosophique. — 1851, 2 vol. in-8.

Traité de l'enchaînement des idées fondamentales dans les sciences et dans l'histoire. — 1861, 2 vol. in-8.

Considérations sur la marche des idées et des événements dans les temps modernes. — 1872, 2 vol. in-8.

Matérialisme, vitalisme, rationalisme. — *Études sur l'emploi des données de la science en philosophie.* — 1875, gr. in-18.

Des institutions d'instruction publique en France. — 1864, in-8.

Paris. — Typ. PILLET et DUMOULIN, 5, rue des Grands-Augustins.

REVUE SOMMAIRE

DES

DOCTRINES ÉCONOMIQUES

PAR

M. COURNOT

ANCIEN INSPECTEUR GÉNÉRAL DES ÉTUDES

Nunc opes, metallaque,
et rerum pretia dicentur.
PLINE, XXXIII, 1.

PARIS

LIBRAIRIE-HACHETTE ET Cᵉ

79, BOULEVARD SAINT-GERMAIN, 79

1877

REVUE SOMMAIRE

DES

DOCTRINES ÉCONOMIQUES

PAR

M. COURNOT

ANCIEN INSPECTEUR GÉNÉRAL DES ÉTUDES

Nunc opes, metallaque,
et rerum pretia dicentur.
PLINE, XXXIII, 1.

PARIS

LIBRAIRIE HACHETTE ET CIE
79, BOULEVARD SAINT-GERMAIN, 79

—

1877

AVANT-PROPOS

J'en demande pardon au lecteur, mais des circonstances singulières font que je ne puis guère rendre compte de la présente publication sans entrer dans quelques détails personnels. Il me faut remonter jusqu'en 1838, année où j'ai fait paraître le mince volume ou plutôt le mémoire intitulé : *Recherches sur les principes mathématiques de la théorie des richesses*. Malgré le mauvais succès de quelques devanciers qui avaient visiblement fait fausse route [1], je m'étais figuré qu'il devait y avoir de l'avantage à appliquer les signes mathématiques à l'expression d'idées et de rapports qui sont effectivement du ressort des mathématiques ; et je comptais encore sur un nombre honnête de lecteurs dans un siècle où l'on étudie surtout les mathématiques pour être ingénieur, et où l'on recherche surtout l'état d'ingénieur en vue de se faire admettre sur un bon pied dans les grandes entreprises qui donnent la richesse. Le public a paru en juger autrement, en France du moins, car le livre a été traduit en Allemagne où, vers cette époque, on traduisait tout. On a vu paraître, depuis 1838, des théories marquées au coin de la nouveauté et de l'originalité, comme celles de MM. Stuart Mill et Macleod, de Frédéric List, de Frédéric Bastiat ; il y a eu de grandes révo-

---

1. Citons notamment les *Principes d'économie politique* du citoyen CANARD (Paris, 1801, in-8), ouvrage couronné par l'Institut le 15 nivôse an IX, loué par Sismondi, et depuis si parfaitement oublié. C'était là mon point de départ, et certes il n'avait rien d'encourageant.

lutions tentées ou effectuées dans le monde économique, et des discussions bien vives à propos de ces révolutions, sans que les hommes habiles qui les ont faites, préconisées ou combattues, aient paru se douter que j'avais tâché d'appliquer aux questions intéressantes de l'économie sociale ma logique et mon algèbre, avant que de m'en servir (non sans quelque succès, je crois) pour débrouiller d'autres questions plus délicates encore et depuis plus longtemps débattues.

J'en étais là en 1863, lorsqu'il me prit envie de savoir si j'avais péché par le fond des idées ou seulement par la forme : et à cette fin je repris mon travail de 1838 en le développant là où les développements manquaient, et surtout en le dépouillant absolument de l'attirail d'algèbre qui effarouche tant en ces matières. De là le livre intitulé : *Principes de la théorie des richesses*. « Puisque j'ai mis, disais-je dans la préface, vingt-cinq ans à interjeter appel de la première sentence, il va sans dire que je ne compte pas, quoi qu'il arrive, user d'une autre voie de recours. Si je perds une seconde fois mon procès, il ne me restera que la consolation qui n'abandonne guère les auteurs disgraciés : celle de penser que l'arrêt qui les condamne sera un jour cassé *dans l'intérêt de la loi*, c'est-à-dire de la vérité. »

Lorsque je prenais cet engagement en 1863, je ne pensais pas que je vivrais assez pour voir reviser d'office mon procès de 1838. Toutefois, après plus de trente ans, une autre *génération* d'économistes, pour parler comme M. le commandeur Boccardo [1], découvrait que j'avais

---

1. « Ma di presente noi assistiamo ad un progresso metodico più notevole ancora : voglio accennare a quel lavoro di riduzione analitica che, timidamente e parzialmente tentato nella *generazione antecedente* dal *Whewell* e dal *Cournot*, si va nella nostra splendidamente compiendo dal *Jevons*, dal *Walras*, dal *Messedaglia* e da altri nobili e chiari intelletti. » BOCCARDO, *Introduzione generale alla Biblioteca dell' Economista*, 3e série, vol. I, p. 31. Turin, 1875.

frayé jadis, quoique *trop timidement et trop partiellement*, une voie bonne à suivre, et où j'aurais même été quelque peu précédé à mon insu par un homme de mérite, le docteur Whewell. Pendant qu'un autre Anglais, M. Jevons, s'occupait d'élargir cette voie, un jeune Français, M. Léon Walras, professeur d'économie politique à Lausanne, osait dire en plein Institut [1] qu'on avait eu tort de faire si peu d'attention à ma méthode et à mon algorithme dont il usait à bon droit pour exposer à son tour une théorie nouvelle, plus amplement développée.

Mais voyez mon guignon ! Si je gagnais un peu tard, sans m'en être mêlé, mon procès de 1838, je perdais mon procès de 1863. Si l'on voulait bien faire rétrospectivement quelque cas de mon algèbre, ma prose (j'ai honte de le dire) n'obtenait pas chez le libraire un meilleur succès. Le *Journal des Économistes* (août 1864) me blâmait surtout « d'en être resté à Ricardo », de n'avoir pas tenu compte des découvertes que tant d'hommes de mérite avaient faites depuis vingt-cinq ans dans le champ de l'économie politique : de sòrte que le pauvre auteur que personne dans le monde officiel des économistes français n'avait voulu citer, encourait le reproche de n'avoir pas assez cité les autres.

---

1. « M. Cournot est le premier qui ait tenté franchement et sérieusement l'application des mathématiques à l'économie politique. Il l'a fait dans un ouvrage intitulé : *Recherches sur les principes mathématiques de la théorie des richesses*, publié en 1838, et qu'aucun auteur français, à ma connaissance, n'a jamais critiqué. Voici plusieurs années que je travaille, de mon côté, à élaborer l'économie politique pure comme une science naturelle et mathématique. J'y suis parvenu, en me fondant sur d'autres principes économiques et en recourant à d'autres procédés mathématiques que M. *Cournot...* Ainsi nos recherches ne se confondent pas, et je crois pouvoir dire que je ne lui ai rien emprunté que sa méthode ; mais cela seul est déjà beaucoup, et j'ai tenu à mentionner l'auteur d'une tentative remarquable sur laquelle je répète qu'aucun jugement n'a été porté, et à laquelle, par conséquent, j'ose dire que justice n'a pas été rendue. » *Principes d'une théorie mathématique de l'échange*, mémoire lu à l'Académie des sciences morales et politiques, les 16 et 23 août 1873.

Au fond tout cela n'a guère d'importance pour le public, ni même pour l'auteur, à l'amour-propre duquel il doit suffire qu'on ait enfin rendu justice à sa première idée. Cependant, pour me relever moralement de l'engagement pris dans ma préface de 1863, il suffit, ce semble, que mon premier procès ait été revisé et moralement gagné. Puisque me voilà, par une faveur rare, passé de mon vivant à l'état d'*ancétre*, je puis, sans trop de présomption, espérer qu'on ne me refusera plus quelque compétence en ces matières pour lesquelles il faudra toujours faire une part, si petite qu'elle soit, à la théorie pure, à la spéculation abstraite avec laquelle d'autres études m'ont familiarisé. J'ai donc cédé à la tentation de donner, non pas une seconde édition, mais une nouvelle rédaction de mon traité de 1863 ; rédaction mise, je crois, dans un meilleur ordre et que j'ai allégée de beaucoup de détails, de manière à la condenser dans un format plus populaire, à l'avantage économique des *consommateurs* aussi bien que du *producteur*. — On pardonne quelque vanité aux vieillards ; serait-ce abuser de la permission que de placer ici ces paroles de Bacon : *Quique architectus fortasse, etiam operarius, et bajulus, et quidvis demum fio.* (De Augm. sc., III, 1.)

Vellexon (Haute-Saône), octobre 1876.

TABLE DES MATIÈRES

PREMIÈRE SECTION

L'ÉCONOMIE RURALE

DEUXIÈME SECTION

L'ÉCONOMIE INDUSTRIELLE

TROISIÈME SECTION

LES MONNAIES

QUATRIÈME SECTION

LES PRIX ET LES REVENUS

CINQUIÈME SECTION

L'ÉTAT ET LA NATIONALITÉ

SIXIÈME SECTION

LA QUESTION SOCIALE

CONCLUSION

FIN DE LA TABLE.

REVUE SOMMAIRE

DES

DOCTRINES ÉCONOMIQUES

PREMIÈRE SECTION

L'ÉCONOMIE RURALE

---

§ 1ᵉʳ. — *Des raisons de débuter par l'économie rurale dans l'étude des faits économiques.*

Même dans la vie de chasseur ou de pêcheur, à plus forte raison dans la vie pastorale, l'homme possède des facultés bien supérieures à celles de l'animal. Comme son ancêtre, l'homme préhistorique, il a l'usage du feu, il se fabrique des armes, des outils, des engins ; et de plus (ce que nous ne pouvons aussi bien savoir de l'homme préhistorique), il parle, il promet, il contracte, il pratique l'échange des choses et des services. Il a donc une idée, au moins confuse, de la valeur des choses et des services, et il se sent le droit de disposer de ses services et de sa chose. Il faut tenir compte de tout cela quand on étudie l'homme au point de vue du naturaliste et du philosophe : quoiqu'il n'y ait pas grande lumière à en tirer pour l'explication des faits économiques, tels qu'ils s'observent dans nos sociétés sédentaires, populeuses, luxueuses, et dans nos conditions actuelles d'industrie compliquée et savante, de civilisation raffinée. Tel économiste d'outre-Manche aura beau remonter jusqu'à l'hypothétique échange des daims et des saumons chez les anciens habitants de son île encore sauvage : nous n'en comprendrons guère mieux la question du libre-échange, en tant qu'elle intéresse l'industrie de Manchester ou le commerce de Londres. D'un autre côté, si nous abordons d'emblée les théories économiques à cet état de généralité et d'abstraction, qui n'est qu'un idéal dont la réalité se rapproche sans jamais y atteindre, il est à craindre que nos spéculations, applicables seulement là où nos abstractions ne s'éloignent point par trop de la réalité, n'aboutissent sur d'autres chefs qui ne sont pas les moins essentiels, qu'à des subtilités scolastiques médiocrement utiles ou attrayantes, à des fictions logiques par trop favorables au sophisme et à l'utopie.

Au contraire, une fois les populations fixées au sol par l'agriculture, il arrive que les qualités du sol et du climat, les habitudes et les mœurs de la race, son régime intérieur, ses relations de voisinage, fixent les conditions essentielles d'une économie rurale, transmise par la coutume d'une génération à l'autre, très-diverse suivant les contrées, mais qui, pour l'ordinaire, ne varie qu'avec lenteur dans le cours des âges, au point de persister dans ses traits fondamentaux chez les peuples les plus amoureux du progrès, alors que les mœurs, les croyances, et la plupart des institutions politiques et civiles ont subi une transformation presque complète.

Il semble donc que, pour éclairer à tous ses étages l'ensemble si compliqué des faits économiques, il convienne de se placer d'abord dans une région moyenne, celle de l'économie rurale, également distante de l'état rudimentaire d'une société dans l'enfance, où tout est concret et réel jusqu'à la grossièreté, et de l'état d'une société avancée, où le signe, l'abstraction et la fiction prévalent jusqu'à faire trop aisément perdre de vue la chose signifiée, la constitution naturelle de l'homme, ses besoins, ses désirs et leur satisfaction effective.

Quand on entend dire à un paysan que l'année est bonne, c'est qu'elle a effectivement donné avec abondance du blé, du vin, du foin, du bétail, pour la meilleure nourriture et la plus grande satisfaction des désirs naturels et des vrais besoins de toutes les classes de la population. Que s'il tourne plus de broches dans les filatures, si les ports reçoivent plus de navires, si les arrivages d'or augmentent ou diminuent, si la Banque baisse ou hausse le taux de son escompte, si l'on fait plus ou moins d'affaires à la Bourse, il devient beaucoup plus délicat d'apprécier l'avantage ou le désavantage réel qui en résultent pour la société, quoique chaque manufacturier, armateur, banquier, actionnaire, agent de change, se rende suffisamment compte de ce qu'il y gagne ou de ce qu'il y perd.

Sans doute, la monnaie est d'un usage commode

pour le paysan qui cultive la terre, ainsi que pour l'artisan et le petit marchand avec qui ce paysan a affaire. Tel est, toutefois, pour des populations converties à la vie sédentaire et agricole, le besoin d'exploiter le mieux possible les richesses naturelles du sol, qu'on doit admettre (ce que d'ailleurs l'étude de l'antiquité confirme) que la plupart des inventions agricoles, et même que les plus capitales des inventions industrielles se seraient fait jour, lors même que le peuple agriculteur n'aurait pas eu l'usage de la monnaie et les commodités qu'il procure. C'est ainsi que l'ancien monde s'est défriché sans qu'il y eût, comme de nos jours dans l'Amérique du Nord, une banque cheminant à la suite de chaque convoi de pionniers. Or, il est à peine besoin de faire remarquer que le rôle de la monnaie, des établissements de banque et de crédit, la hausse et la baisse des prix, sont les faits qui ont le plus attiré, depuis bientôt trois siècles, l'attention des économistes, qui ont le plus contribué à faire inscrire dans le cadre des connaissances scientifiques la science aujourd'hui connue sous le nom, bien ou mal choisi, d'*économie politique*, et dont nous nous proposons ici, après tant d'autres, de résumer encore une fois les principes. Il est certain que, dans les conditions de notre civilisation moderne, les sacs d'écus, les billets de banque, les papiers de crédit, ont singulièrement aidé l'activité de l'homme dans la production des sacs de blé, des balles de laine ou de coton, des tonnes de houille, des barres de fer, qui servent à nourrir, à vêtir, à réchauffer, à transporter, à munir

d'armes et d'outils tant de millions de créatures humaines. Pourtant, ce n'est pas une raison de confondre l'instrument avec l'œuvre, le signe avec la chose
signifiée. D'une part l'activité de l'homme, son génie
industrieux et inventif, d'autre part le blé, la laine, le
coton, la houille, le fer, voilà ce qu'il y a d'essentiel,
de foncièrement réel ; et c'est parce que la distinction
apparaît mieux dans les conditions de l'économie
rurale, qu'il convient de s'y arrêter d'abord.

Encore aujourd'hui, suivant la remarque très-juste
de Stuart Mill, la coutume a plus de part que la *mathématique* des économistes dans une foule de pratiques et de transactions de la vie rurale. La monnaie
n'y intervient même que subsidiairement et par forme
d'appoint. L'ouvrier consomme sa part des fruits de la
terre cultivée par ses bras, puisqu'il est nourri par le
maître qui l'emploie, et que sa nourriture représente
ou représentait naguère la plus forte portion de son
salaire. Dans beaucoup de nos provinces, le propriétaire reçoit du fermier un fermage fixe en denrées, sur
le pied de tant d'hectolitres par hectare, ou partage la
récolte avec un métayer ou colon partiaire, selon les
proportions fixées par l'usage ou édictées par la loi. La
dîme est un impôt en nature : or, à la veille de la révolution de 1789, il était encore question en France de
faire de l'État un grand décimateur, et des empires
immenses, comme la Chine et l'empire romain, ont
pratiqué ce mode d'impôt territorial.

En temps de révolution ou de guerre, les fermes,
les maisons peuvent être, comme les fonds publics,

dépréciées de moitié d'un jour à l'autre. Ce mal est grave sans doute : cependant, il ne saurait être comparé au dommage qui résulterait d'une submersion de la moitié du sol cultivé, de l'incendie d'une moitié des villages, d'une banqueroute de la moitié de la rente. Autre chose est d'avoir une jambe emportée ou paralysée, autre chose d'avoir un rhumatisme à la jambe. Si la perturbation dans les valeurs n'est pas d'assez longue durée pour attaquer au vif les organes de la production, les terres continueront d'être cultivées, les maisons d'être habitées, les rentes d'être payées comme par le passé ; et le jour où les valeurs reprendront leurs cours habituels, les traces du dommage public seront effacées, quoique bien des fortunes privées aient pu s'engloutir dans cette tourmente passagère.

Aux approches d'une récolte et lorsque les vicissitudes atmosphériques tiennent l'opinion en suspens sur l'abondance ou la qualité des produits attendus, il y a souvent d'énormes variations dans les cours, lesquelles se refléteraient dans les inventaires des producteurs et des marchands. Cependant, ces perturbations d'inventaires, qui peuvent ruiner les uns et enrichir les autres, n'ont que peu ou point d'influence sur les résultats combinés du travail de l'homme et des opérations de la nature. Il faudrait que, d'un côté ou de l'autre, les conditions de la production changeassent d'une manière durable, pour que la société trouvât un profit ou un dommage réel dans le changement du cours normal ou moyen qui devrait s'accommoder aux conditions nouvelles.

La spéculation qui porte sur les oscillations de valeur autour du cours normal ou moyen est elle-même un bien ou un mal, suivant qu'elle tend à en restreindre ou à en accroître l'amplitude. Le spéculateur qui achète dans les bas prix pour revendre lors d'une hausse qu'il pressent, intervient de manière à modérer successivement la baisse et la hausse, et la modération en tout est une bonne chose. A l'inverse, celui qui se fait *baissier* en temps de baisse et *haussier* en temps de hausse, exerce plutôt une action malfaisante. Enfin, si la spéculation ne porte pas sur des transactions réelles, mais sur des payements de différences, elle devient un jeu, un pari : elle a toutes les funestes suites du jeu pour celui qui s'y livre avec passion, comme aussi les suites funestes pour la société si la passion devient contagieuse.

Les raisons pour lesquelles il est bon en théorie de faire de l'économie rurale une sorte d'introduction aux spéculations économiques, sont précisément celles qui font généralement regarder de nos jours les populations rurales comme les plus propres à se défendre et à défendre avec elles la société tout entière contre les entreprises de ces hommes téméraires, toujours prêts à trouver que la vieille société tombe en ruines et qu'il faut se hâter d'en refaire une autre sur quelque plan qui flatte mieux leurs convoitises ou leur orgueil. Le paysan touche de plus près à la réalité concrète, à la vérité positive, à celle que l'expérience fait voir ou qu'elle confirme. Il unit souvent dans sa personne les qualités de propriétaire, de capitaliste, d'ouvrier, que nous nous plaisons à isoler dans nos abstractions. Il est plus frappé de la part qui revient, dans ses biens et dans ses maux, aux décrets de la Providence, aux lois irrésistibles de la nature, aux accidents qu'elles amènent, ou (ce qui revient presque au même) à des habitudes invétérées, qu'on ne peut entreprendre de changer sans tout détraquer, et sans avoir immédiatement à souffrir du remède bien plus que du mal. Il se méfie beaucoup des gens nourris, vêtus autrement que lui, qui parlent et raisonnent plus qu'ils ne travaillent, plus qu'ils ne produisent, du moins à son sens : et cette disposition l'a rendu jusqu'ici moins propre que d'autres à devenir le jouet des intrigants et des sophistes.

§ 2. — *De l'aspect du sol cultivé.*

Il n'est pas nécessaire de connaître un pays à fond, ni d'avoir fait des voyages lointains pour être frappé de la persistance des habitudes rurales, des procédés de culture dans la même contrée, et des différences saillantes qu'offrent à cet égard des contrées souvent très-rapprochées. Je parcours la campagne dans ce pays où j'ai vécu enfant, où je suis revenu, suivant en cela l'exemple de tant d'autres, vivre septuagénaire ; et j'y vois comme autrefois des lisières de prés qui bordent les cours d'eau, des coteaux plantés de vignes, des plateaux de faible hauteur où des champs sans clôtures, sans plantations, se dessinent en longs rubans étroits, et où s'étalent çà et là par massifs des taillis de divers

âges, surmontés de futaies. A cet aspect du sol on reconnaît sans doute la main de l'homme, mais bien
mieux encore l'existence de conditions naturelles qui
s'imposent à l'homme dans l'exercice de son activité.
Un jour on laboure le pré contigu au champ et que
les crues de la rivière n'ont pas coutume d'atteindre ;
d'autres fois la fantaisie du propriétaire remet le champ
en nature de pré. Une succession de bonnes récoltes
porte à étendre le domaine du vignoble, après quoi
viennent les mauvaises années qui font arracher des
vignes. Il se fait par-ci par-là quelques défrichements
et quelques reboisements, selon que prévaut l'attrait
de la jouissance actuelle ou l'attrait de la propriété.
Toutefois il n'en résulte dans l'ensemble que des modifications insignifiantes. Cela ne va pas jusqu'à changer
l'aspect du pays comme il change quand on passe d'une
de nos provinces à l'autre, par exemple de la Beauce
dans le Perche, de la Normandie en Bretagne, de la
Bresse en Dauphiné, du Dauphiné dans le Comtat et
du Comtat en Provence. Bien plus, les révolutions politiques, les déplacements de frontières, les changements dans les mœurs et dans les intitutions civiles, ne
semblent pas avoir la vertu d'altérer sensiblement, au
point de vue de l'économie rurale, les grands traits de
la physionomie du pays, ou du moins il faut pour cela
un laps de temps qui efface toutes les traditions. Nos
paysans ont bien plus d'aisance qu'ils n'en avaient
avant 1789, et depuis quarante ans surtout, beaucoup
d'entre eux dont les pères ne possédaient rien que
leurs bras et leurs chétives chaumières, sont devenus

propriétaires, habitent des maisons couvertes en tuiles, plus proprement tenues et de meilleure apparence. Mais la culture parcellaire, le morcellement des champs et des prés, qu'il ne faut pas confondre avec le morcellement des héritages, quoique l'un puisse mener à l'autre, l'absence de clôtures, un assolement triennal, qui embrasse tout le territoire du village, de manière à éparpiller dans chaque sole territoriale les parcelles composant le même héritage, le même corps de ferme ou le même *domaine* (ce que M. Le Play a nommé le régime des *banlieues cultivées*, et ce qui auparavant n'avait pas de nom, tant l'usage était peu connu dans le reste de la France !), voilà ce qui remonte dans nos contrées bien au-delà du *Code civil*, bien plus haut que la domination française ou que la domination espagnole, et ce dont l'origine se perd dans la nuit des temps féodaux ou peut-être des temps barbares. En revanche, les pays de clôtures et de grande culture conservent leurs clôtures et leur grande culture, malgré nos lois actuelles sur les successions et les partages. Et quoique les inconvénients de la culture parcellaire frappent tous les yeux, on peut dire que le mal est sans remède, puisque le remède efficace ne pourrait consister que dans une expropriation générale du sol, ou dans une mise en syndicat de toutes les propriétés rurales, c'est-à-dire dans des mesures qui ne sont abordables que pour les utopistes les plus intrépides.

En général, la France est un des pays où, par suite de la variété des expositions et des cultures, l'économie rurale offre le plus de disparités de province à province, quoique ce soit le pays où, par suite du génie des populations et de l'enchaînement des faits historiques, le principe de l'unité politique et de l'uniformité de législation est le plus enraciné, et où dans tout le reste la mode est aussi uniforme que changeante. De là vient que, si le voyageur jette les yeux sur la page d'annonces des journaux de la localité où il se trouve de passage, la plupart des termes lui sont absolument inconnus : le changement de vocabulaire étant la conséquence naturelle du changement de coutumes en tout ce qui touche à l'économie rurale. Cette dépendance quasi-servile de la coutume est ce qui distingue profondément l'économie rurale de l'économie manufacturière, et ce qui montre le mieux la difficulté de soumettre l'une et l'autre au même genre de spéculations abstraites.

Dans les choses humaines, et même dans celles de la nature, la plus grande persistance n'est pas l'invariabilité absolue. La culture de la vigne était ignorée de la Gaule celtique ; il y a à peine un siècle que, la navigation de la Saône devenant libre contrairement aux anciennes capitulations de la province, les vins du midi ont commencé à nous arriver ; et déjà l'on peut prévoir l'époque où l'activité croissante de ce genre de commerce et le perfectionnement des moyens de communication ne permettront plus à nos crus indigènes de soutenir la concurrence. Alors il faudra arracher nos vignes, et nos coteaux perdront cette parure, nos vignerons ce gagne-pain. Nos massifs actuels de bois ne sont que les faibles restes des grandes forêts qui jadis isolaient les uns des autres les cantons gaulois, ou de celles qui avaient repoussé sur les ruines des *villas* gallo-romaines après l'invasion des barbares d'outre-Rhin et la décomposition du monde romain. Il n'y aurait rien d'étrange à supposer que dans peu de siècles, lorsque nos houillères seront presque épuisées et que la cherté du combustible menacera d'arrêter le service des chemins de fer, le roulement des usines, on s'occupera de reboiser la majeure partie de nos terres arables, sauf à acheter avec les produits d'une industrie perfectionnée, comme les Anglais le font déjà, le blé qui manquerait à nos populations. On aurait une occasion de plus de dire que « les extrêmes se touchent », ou plutôt se rejoignent : la nature se plaisant ainsi à montrer à l'homme que derrière les conditions très en vue qu'il parvient quelquefois à maîtriser, il en reste d'autres plus secrètes dont il ne peut s'affranchir.

§ 3. — *Définition du régime agricole.*

L'idée que nous nous faisons d'un régime économique essentiellement agricole, implique que les produits de l'agriculture, l'exploitation régulière des richesses naturelles du pays, telles que métaux, fossiles, pêcheries, salines, eaux minérales, suffisent aux besoins de toutes les classes de la population, tant de celles qui cultivent et exploitent la terre et les autres sources naturelles de richesses, que de celles qui s'adonnent aux autres travaux, aux autres professions que réclame l'état de civilisation du pays. Il faut même qu'il reste encore un excédant avec quoi le pays puisse tirer du dehors, en denrées alimentaires, en matières premières, en articles de fabrique, tout ce que le pays ne produit pas, et ce dont néanmoins les habitudes de la population rendent l'usage ou la consommation nécessaire. On doit notamment y comprendre la monnaie dont aucune nation civilisée ne peut aujourd'hui se passer, ne fût-ce que pour les appoints. Au fur et à mesure de l'usure par le frai, il faudra la réparer ; si une disette accidentelle ou une rançon de guerre en nécessitent l'exportation, force sera de recourir à un emprunt ou à quelque autre expédient pour combler le vide. Mais, en temps ordinaire, on conçoit que les échanges et les transactions tendront à prendre un cours régulier, de manière à approvisionner habituellement le pays qualifié d'agricole, aussi bien de la monnaie nécessaire à la circulation, que des autres produits de provenance exotique, qu'il peut échanger contre son superflu en produits agricoles et en matières premières.

Dans ses recherches sur l'administration de la France au XVIIe siècle, Depping parle de gentilshommes languedociens « qui craignaient que, si les marais d'Aigues-Mortes venaient à être desséchés et convertis en terres labourables, comme le proposait le gouvernement, le blé ne baissât de prix à leur préjudice : de sorte qu'il fallut que le gouvernement, pour calmer les esprits, s'engageât à ne faire labourer que le tiers, et à planter le reste en bois ou à le convertir en prairies ». Dans leurs préoccupations égoïstes, ces gentilshommes auraient plutôt dû craindre une hausse de la main-d'œuvre, laquelle ne pouvait d'ailleurs être que passagère, à cause de la tendance de la population à se mettre au niveau de la demande de travail ainsi que des moyens de subsistance ; et comme le laboureur produit plus de blé qu'il n'en consomme, ils refusaient à leur province un accroissement d'excédant disponible pour des échanges contre des denrées exotiques ou contre des produits fabriqués à l'étranger : avantage qui valait bien la subvention demandée par le gouvernement pour le desséchement des marais.

Sans sortir des conditions du régime agricole, tel qu'il vient d'être défini, il peut être question d'établir dans un pays de nouvelles industries, soit pour diminuer ce qu'on est obligé de demander à l'industrie étrangère ou à la production exotique, soit pour créer des moyens d'échange avec lesquels on puisse se procurer en plus grande abondance des produits étrangers. Nous prendrons encore nos exemples dans la contrée qui nous est le mieux connue.

Sur les pentes françaises du Jura comme sur les pentes helvétiques a fini, quoique plus tardivement, par s'acclimater une industrie importante, celle de l'horlogerie, qui dans les grands centres industriels occupe tout le temps de l'ouvrier, mais qui peut aussi s'associer aux travaux rustiques. A part la fabrication des boîtes d'or et d'argent dont la matière a du prix, les produits de cette industrie n'ont de valeur que par la main-d'œuvre, ou par celle de l'outillage qui sert à les fabriquer, ou bien encore à cause de la rémunération due aux entrepreneurs qui mettent l'industrie en jeu, en faisant aux ouvriers les avances nécessaires et en procurant le placement des produits. Tout cela fournit aux uns des moyens de subsistance, aux autres des jouissances de commodité ou de luxe; et si cette branche d'industrie venait à disparaître, ce ne sérait pas sans un notable déchet dans la population et les ressources du pays. Nous n'examinons point encore, faute de préparation suffisante, si la crainte d'un pareil dommage peut aller jusqu'à exiger de l'autorité qu'elle protége cette industrie contre une concurrence étrangère. Tout ce qu'on aperçoit à la première vue, c'est que la question vaut la peine d'être débattue, et qu'il y a peut-être un milieu à garder entre une protection à tout prix et une répugnance à consentir au moindre sacrifice pour la protection de l'industrie indigène.

Nous avons une autre exploitation où l'importance de la matière produite fait plus que compenser le peu de délicatesse de la main-d'œuvre : celle de nos minerais de fer *pisolithique*, répandus un peu partout dans nos terrains de formation *jurassique*, et qui donnaient par l'affinage au charbon de bois, des fers de qualité supérieure, quoique plus chers que les fers étrangers traités à la houille. Laissez tomber nos hauts fourneaux et nos forges devant la concurrence étrangère, et chaque bûcheron, vigneron ou laboureur payera un peu moins cher sa hache, sa pioche, sa faux, son soc de charrue : avantage minime dans chaque cas isolé, mais de la nature de ceux pour lesquels *l'infiniment petit s'intègre* quand on passe des molécules aux masses. Peut-être, et c'est ce qu'il faudra voir par la suite, cet avantage des consommateurs sera-t-il en partie compensé par une certaine raréfaction des produits indigènes dont une portion, ci-devant consommée sur place, devra passer la frontière pour payer le fer étranger. Ce qui se montre en première ligne, c'est l'amoindrissement de ressources chez tous ceux qui concourent à la production du fer indigène : ouvriers, propriétaires du sol, chefs d'industries ou capitalistes. Mais d'abord on a depuis longtemps observé que l'agriculture souffre et que nos paysans sont d'ordinaire plus mal à l'aise là où l'extraction, le lavage et le transport du minerai, ainsi que les manipulations de l'usine, les détournent des travaux des champs. D'un autre côté, le sol où le minerai se trouve chez nous en amas à fleur de terre, et que les fouilles ont bouleversé, est perdu pour la culture. Quant aux propriétaires qui vendaient leurs taillis aux maîtres de forges, rien ne les empêche de les convertir eux-mêmes en charbon pour l'approvisionnement des grands centres de population, ou de varier leur mode d'exploitation de manière à tirer un parti avantageux des baliveaux, des futaies, des écorces, produits foncièrement si utiles, que les chemins de fer transportent partout. Reste à tenir compte de l'intérêt de nos maîtres de forges, qui faisaient ci-devant des fortunes rapides, grâce au bon marché des bois et à la cherté des fers, et que la concurrence des fers étrangers ou de quelques usines gigantesques force à cesser leur exploitation. Or, nous vivons dans un temps où les intérêts de cette nature ont peu de chances de prévaloir : ceux-là mêmes qui vivent du riche étant d'ordinaire peu disposés à lui pardonner sa richesse.

Au régime agricole dont la notion est si naturelle, dont la définition paraît si simple, on peut opposer celui d'un pays où une fraction notable de la population (le cinquième, le quart, le tiers) doit tirer de l'étranger les denrées alimentaires ou autres, réputées de première nécessité, et les payer avec les produits d'une industrie manufacturière, sujette à tous les risques de pléthore et de chômage, et dont l'activité sans cesse excitée cherche des débouchés partout. Ici les caprices des agents naturels sont remplacés par les caprices et les erreurs de l'homme. Tandis que, pour les populations agricoles, les progrès de la civilisation et du commerce préviennent, adoucissent les calamités jadis produites par les disettes locales, par l'inclémence des saisons, par les troubles quelconques survenus dans l'économie habituelle des forces naturelles, les mêmes progrès suscitent, chez les nations soumises au régime manufacturier, d'autres calamités uniquement imputables au fait de l'homme, et dont il n'est que plus difficile, pour cette raison même, de prévenir ou de circonscrire les effets. Car l'homme est plus capable de vaincre les obstacles naturels que de se maîtriser lui-même. Dans le premier cas il procède avec calme et patience, dans l'autre il subit l'entraînement des passions ; et si l'expérience le rend souvent plus habile, il est rare qu'elle le rende plus sage.

— Cependant, malgré ses périls, le régime manufacturier comporte des progrès indéfinis que le régime agricole ne comporte pas. Le produit d'un sol limité a nécessairement des limites, et l'on n'en saurait assigner aux découvertes de la science, aux inventions de l'industrie, au perfectionnement des procédés industriels. Ce perfectionnement se lie aux progrès de la mécanique et de la chimie : or, l'on sait avec quelle difficulté l'agriculture se prête à l'emploi des machines ; et, bien loin que l'on puisse compter sur la chimie pour créer de toutes pièces les produits qu'on appelle organiques, quoiqu'ils ne contiennent plus de traces d'organisation, on est fondé à craindre que le sol cultivable ne s'épuise de principes minéraux comme le phosphate de chaux dont nos céréales ne peuvent se passer, et que ne lui rendent pas complétement les amendements ordinaires. En tout cas, et quelles que soient les causes naturelles du fait, l'observation nous certifie qu'on fait rarement fortune dans l'agriculture ; que, si l'on voit souvent des industriels acheter des terres et des châteaux avec leurs bénéfices, on ne voit guère nos agriculteurs, même les plus actifs, trouver dans leurs profits de quoi acheter des fabriques et des usines. A la vérité, le proverbe tâche de consoler le propriétaire foncier de sa gêne habituelle, en lui promettant qu'il ne sera jamais ruiné : mais on se résigne moins que jamais à être toujours gêné, et la gêne du petit propriétaire est en effet inconciliable avec les exigences de l'époque, avec les conditions ordinaires de la vie.

De là l'empressement que mettaient chez nous, il y a une quarantaine d'années, les petits propriétaires à vendre leurs biens au détail, ce qui facilitait beaucoup la culture parcellaire. Les parcelles étaient achetées, non par des journaliers n'ayant absolument que leurs bras, et constituant ce qu'on appellerait, dans le style du jour, « la dernière couche de la population rurale », mais à des paysans relativement aisés qui les payaient fort cher, pourvu que les payements fussent échelonnés à longs termes, ordinairement à dix ans. L'intervention de quelques brocanteurs, appartenant à l'ancienne ou à la nouvelle *loi*, et connus sous le nom de « marchands de biens », facilitait l'affaire ; et le plus souvent le paysan s'acquittait, à force de travail et d'économie. La propriété rurale passait ainsi tout doucement des mains de bourgeois indolents aux mains robustes qui pouvaient en accroître la fécondité ; et il n'y avait rien là dont le philanthrope, l'homme d'ordre et le moraliste ne pussent très-volontiers s'accommoder.

Aujourd'hui la situation n'est déjà plus la même. Car le journalier, malgré la hausse du prix de la journée, ne peut pas plus acheter qu'auparavant ; il n'est devenu depuis quarante ans, ni plus laborieux, ni plus économe ; et le paysan qui possède autant de terre qu'il en peut cultiver avec sa femme et ses enfants, se demande, quand on lui propose d'acquérir un autre morceau de terre, s'il ne vaut pas mieux pour lui, au prix actuel de la main-d'œuvre, acheter une obligation de chemin de fer, que d'avoir des prétentions à débattre, une surveillance continuelle à exercer et des risques à courir. A plus forte raison se soucie-t-il peu de devenir le fermier d'un bourgeois. Quant à la cherté croissante de la main-d'œuvre, tout compte fait de la dépréciation du numéraire, elle tient évidemment à ce que les grands travaux publics, les entreprises industrielles offrent avec moins de peine de meilleurs salaires. C'est la même cause qui, au su de tout le monde et l'on peut dire avec le concours de tout le monde, par la conspiration des mœurs et des opinions régnantes, fait refluer la population des campagnes dans les villes et des provinces dans la capitale. Cela ne va à rien moins qu'à la ruine du régime agricole, à mesure que la lourdeur des charges qui pèseraient sur la propriété foncière, jointe à la cherté de la main-d'œuvre, découragerait le propriétaire et le fermier, pendant que l'appât de plus gros salaires, les jouissances d'un luxe malsain, l'amollissement des corps et des âmes attireraient les ouvriers des champs vers les centres d'industrie manufacturière. A l'extrême rigueur, la population pourrait se maintenir dans ces conditions, pourvu qu'elle trouvât dans la supériorité de son industrie les moyens d'acheter à l'étranger toutes les subsistances dont elle aurait besoin. Mais il est bien plus probable qu'elle se réduirait d'abord, puis disparaîtrait comme ont disparu tous les petits peuples qui, malgré leur activité commerciale et industrieuse, ne trouvaient pas dans leur agriculture une base de sustentation suffisante.

§ 4. — *De l'appropriation du sol et de la rente foncière.*

Au point de vue de l'économiste, l'agriculture a pour caractère essentiel de produire plus de subsistances qu'il n'en faut pour faire vivre les ouvriers qu'elle emploie. C'est en cela surtout que réside sa vertu civilisatrice : car c'est ce qui permet, comme Smith l'a si bien montré, d'appliquer aux sociétés humaines le principe de la division du travail, sans lequel il n'y aurait ni civilisation ni progrès. Ce qui reste du produit de l'agriculture après que le cultivateur a prélevé tout ce qu'il a dû consommer, tout ce qu'il doit réserver pour sa subsistance ou pour se procurer par voie d'échange les autres choses indispensables à la vie, constitue le *produit net* de l'agriculture, non au sens du propriétaire ou du fermier, comme l'entendaient mal à propos les économistes *physiocrates* du dernier siècle, mais au sens qui intéresse la civilisation, la richesse sociale et le progrès général de la société. Ce produit net, vraiment *physiocratique*, en ce qu'il est foncièrement dû à la puissance des agents naturels, pourrait croître par suite du perfectionnement de l'agriculture, lors même que le fermage ou la rente du propriétaire décroîtrait par suite du renchérissement de la main-d'œuvre ou de l'aggravation de l'impôt. D'ailleurs, quand nous parlons du prélèvement nécessaire à la subsistance de l'ouvrier, il est clair que nous y comprenons ce qui est nécessaire à la subsistance de sa famille, encore inhabile au travail : sans quoi la force ouvrière que réclame la culture du sol disparaîtrait avec l'individu en qui elle réside actuellement.

Faisons une comparaison. Supposons une contrée éloignée où la houille soit à fleur de terre, et un *stea-*

mer employé à voiturer cette houille du lieu de gise-
ment où elle n'a ni emploi ni valeur, au lieu de consommation où elle acquiert une valeur toujours
croissante. Si le steamer brûlait dans le trajet à peu
près toute la houille dont se compose son charge-
ment, ce mode de transport serait réputé économiquement impossible. Supposons aussi dans nos contrées un gîte de houille situé à une grande profondeur.
Sans parler de la force mécanique dépensée à l'origine
pour le forage des puits et l'établissement des galeries,
il en faudra constamment dépenser pour arracher la
houille, pour en élever les fragments jusqu'au niveau
du sol, pour les voiturer aux lieux de consommation ;
et toute cette dépense de force mécanique peut être
représentée par la consommation d'un nombre de
tonnes de houille. La première condition pour que le
gîte de houille soit économiquement exploitable, consiste donc en ce que la quantité de force mécanique
annuellement dépensée dans l'exploitation représente
moins de tonnes de houille que le gîte exploité n'en
livre annuellement à la consommation.

Au point de vue du physicien et du chimiste, les
aliments dont se nourrit le cultivateur sont comparables
à la houille qui alimente la machine à vapeur ; ils se
transforment de même en force mécanique dont la
dépense concourt à régénérer d'autres aliments : mais,
par une faveur de la nature, et grâce au génie de
l'homme où les plus anciens peuples voyaient aussi un
don de la nature ou un bienfait des dieux, le cycle de
la transformation s'accomplit avec un gain final de

produits. Ce n'est rien moins qu'une dérogation au principe général de la conversion des forces naturelles les unes dans les autres, principe qui joue un si grand rôle dans la physique moderne : ou plutôt l'objet spécial qu'a en vue l'économiste le porte à n'envisager que par une de ses faces le problème qu'aurait à traiter plus généralement le physicien ou le philosophe. Parmi toutes les forces mises en jeu, parmi toutes les transformations opérées, il ne tient compte que de ce qui profite et de ce qui se paye.

La chaleur et la lumière solaires, les eaux sauvages versées par les pluies, l'oxygène, l'acide carbonique, l'hydrogène répandus dans l'atmosphère, l'ammoniaque, l'acide azotique charriés par l'air ou les eaux, sont au nombre des principes ou des agents naturels dont l'homme utilise le concours sans pouvoir se les approprier, les asservir, en faire sa chose ou son esclave ; il n'y a donc nulle raison d'en payer le concours à personne et ils n'entrent point dans le compte de l'économiste. Au contraire, la terre offre une fixité, une consistance qui fait qu'elle tombe sous la main-mise ou dans le domaine de l'homme : il faut payer les services de cet agent naturel comme nous verrons plus loin qu'on paye toute chose, en conséquence de la demande, et les payer au maître qui le représente, c'est-à-dire au propriétaire. De là *la rente de la terre*. On payerait de même la rente d'un pré, d'un bois, d'un étang empoissonné, d'un chantier, d'une place à bâtir, d'une chute d'eau, parce que toutes ces choses comportent, comme le champ, l'assiette d'un droit de propriété (*dominium*). L'expert appelé à fixer cette rente tiendra compte des *avantages naturels* de la chose qui est susceptible de domaine privé. Ainsi, il cotera plus haut la rente du chantier riverain d'un cours d'eau flottable où il n'y aura qu'à jeter les bois entassés sur le chantier, la rente de la chute d'eau voisine d'un chemin de fer par où s'écouleront les produits de l'usine que la chute d'eau fait marcher. Par une raison contraire, Frédéric n'avait pas à comprendre, dans l'indemnité due au meunier *Sans-souci*, les services du vent qui faisait tourner son moulin : car, d'une part, le vent n'est pas comme la chute d'eau susceptible d'appropriation ; et d'autre part le moulin en question ne jouissait à cet égard d'aucun avantage naturel, le vent le faisant tourner comme il en fait tourner tant d'autres sur les dunes de sable qui forment le triste paysage du royal château.

L'existence de la rente foncière est donc indépendante du fait d'abord signalé comme caractérisant l'agriculture proprement dite : il n'est nul besoin de supposer le concours d'agents naturels, asservis à travailler pour le compte du propriétaire. Témoin la valeur locative du chantier ou de la place à bâtir, peut-être absolument stérile et inerte. Si un banc houiller donne aujourd'hui de très- elles rentes à ses propriétaires, ce n'est sans doute pas pour la rémunération du travail par lequel la nature procédait, il y a quelques millions ou milliards d'années, à la formation des terrains houillers. Il suffit que la houille soit une denrée actuellement très-recherchée, que le banc soit d'une exploitation profitable au sens qui vient d'être expliqué, et qu'il comporte, avec le concours des lois, l'assiette d'un droit de propriété ou de domaine. D'un autre côté, la rente de la terre arable pourrait s'évanouir par la baisse de prix des denrées ou par le haut prix des salaires, sans que l'agriculture perdît la précieuse qualité de donner un *produit net,* au sens physique du mot.

En confondant les deux notions de rente foncière et de produit net, l'école physiocratique voulait que la rente du propriétaire foncier constituât à elle seule la richesse du pays, fût l'unique matière imposable : doctrine à la vérité passée de mode, tant il nous répugnerait d'admettre que, si les circonstances permettaient, à l'ouvrier d'abord, puis au fermier qui l'emploie, d'obtenir une plus grosse part des produits du sol cultivé, et de réduire ainsi la rente du propriétaire, il y eût là un dommage réel pour la société, ou un appauvrissement réel du pays !

Depuis que, par une mode contraire, on fait avant tout passer le travail et l'ouvrier, on a voulu que la rente de la terre fût le fruit ou la rémunération du travail par lequel elle a été jadis défrichée et mise en culture. En effet, l'explication est des plus naturelles quand il s'agit de pays neufs où le défrichement s'opère encore sur une grande échelle, et où l'État concède au premier venu des terres à défricher à un prix modique, sauf à révoquer la concession si le défrichement n'a pas lieu. Mais à qui persuadera-t-on que le prix d'un champ dans la banlieue d'Éleusis ou dans l'*Agro romano* ait la moindre relation avec le travail de défrichement aux temps de Triptolème ou du roi Saturne? Sans remonter si haut et sans aller si loin, que de fois les guerres, les dévastations, les rapines n'ont-elles pas effacé le titre primitif? Bien caduc serait le droit de propriété s'il n'avait pour s'étayer que des fictions économiques ou juridiques remontant à quelques dizaines de siècles : contrairement à la maxime de droit qui veut que la prescription, la possession *longi temporis* soit la patronne de nos sociétés civiles, et contrairement à la maxime scientifique qui veut que l'on parte du fait actuellement observable, non d'une origine hypothétique, parfois chimérique, et en tous cas inaccessible à l'observation.

Chez nous, par exemple, le fait observable, c'est que le pré se loue bien plus facilement que le champ ; que d'ordinaire le paysan ne louerait pas le champ sans le pré avec lequel il nourrit les animaux dont il a besoin pour exploiter le champ ; et qu'il arrive souvent qu'après s'être défait du champ, le propriétaire tire du pré autant qu'il tirait du pré et du champ réunis. Cependant on ne saurait dire qu'en thèse générale le pré représente plus de *travail accumulé* que le champ : au contraire, il en coûte d'ordinaire beaucoup moins pour mettre ou pour remettre le pré en bon état, que pour entretenir le champ en bon état de culture ou pour l'y remettre après qu'il a été négligé. De même pour le bois où le travail productif de la nature se montre encore plus indépendant du travail de l'homme, et dont le mauvais état tient d'ordinaire à des abus de jouissance bien plus qu'à la paresse du propriétaire.

Si certains prés sont réputés plus fertiles que d'autres, et se louent mieux; si des coupes de bois de même superficie et de même âge s'adjugent à des prix inégaux; si pour cette raison la matrice cadastrale range les prés et les bois comme les champs, en diverses *classes*, cette classification n'est pas, comme le voudrait Ricardo, le *principe* de la rente, mais une *suite* de la rente et des inégalités qu'elle offre dans l'état actuel des choses, sans référence aucune aux états antérieurs dont on peut justement dire que ce qui est passé est passé, et dont le taxateur, l'expert ne s'occupent pas plus que l'enchérisseur. Celui qui, de notre temps, défriche un bois, ne s'attaque pas d'ordinaire aux bois de première classe et n'a pas la prétention de faire des champs de première classe; il ne s'occupe guère que du produit de la coupe blanche, des souches, et de ce que rapportera dans les premières années une terre fraîchement défoncée. Encore se trompe-t-il souvent dans son calcul. Il n'est même pas sûr que, dans un pays neuf, les terres les plus fertiles, celles qui doivent être un jour de première classe, soient, comme le voudrait Ricardo, défrichées les premières : car elles peuvent être celles dont le défrichement est le plus coûteux ou offre le plus de difficultés. En tout cas nous estimons que le perfectionnement de la doctrine consiste à mettre de côté ces subtilités scolastiques là où elles sont foncièrement inutiles, sauf à traiter plus subtilement ce qui dépend en effet de raisons plus subtiles.

En définitive, la rente foncière s'explique et se jus-
tifie par les mêmes raisons qui expliquent et justifient
le droit de propriété foncière dont elle est la suite naturelle. A ceux qui attaquent ce fondement de l'ordre
établi incombe toujours la tâche de prouver qu'on
peut asseoir la société sur d'autres bases sans se
heurter à des impossibilités ou sans tomber dans de
pires inconvénients. Pour le moment laissons là ces
utopies, sauf à y revenir plus tard.

§ 5. — *Du capital agricole.*

Il ne suffit pas, pour mettre l'agriculture en branle,
qu'il y ait des terres cultivables et des bras pour les
cultiver : il faut que le cultivateur ait à sa disposition
des instruments aratoires, des animaux de labour, des
pailles, des engrais, des provisions pour vivre et pour
faire vivre sa famille, ses ouvriers et son bétail en attendant la récolte. Tout cela s'appelle un *capital* dans
le langage des économistes modernes, qui ont surtout
en vue la somme d'argent avec laquelle le cultivateur
à qui tout cela manquerait, pourrait en quelques jours
se procurer tout cela : mais, à des époques de civilisation moins avancée où le commerce n'est pas si actif ni
si facile, où l'argent fait défaut, tout cela ne s'amasse
qu'à la longue, par la prévoyance et l'épargne ou
le bon ménage. Les coutumes locales mettent cette
épargne, soit à la charge du propriétaire, soit à celle
du cultivateur, sauf à régler en conséquence la part de
l'un et celle de l'autre dans les fruits. Tantôt elles

réputent adhérentes à la terre les choses vivantes ou inanimées, affectées par le propriétaire à l'exploitation de la terre ; tantôt elles règlent ce que le fermier sortant est tenu de laisser au fermier entrant ; et, sauf à plaider quelquefois, tout finit par s'arranger selon les nécessités du pays et les genres de culture et de tenure auxquels doivent s'adapter les dispositions de la coutume, de la loi ou du contrat.

Le mot de *capital* n'est lui-même qu'une forme moderne de notre vieux mot *cheptel* (en anglo-normand *chattel*), encore usité chez nous dans un sens plus particulier, pour désigner un contrat qui rappelle les temps de la vie pastorale, et qui consiste à confier à quelqu'un des *têtes* de bétail, à charge de les soigner, de les nourrir, et de partager avec le propriétaire le croît, la laine, le laitage. J'entendais encore dans mon enfance parler d'un temps plus éloigné où un pareil cheptel était souvent le cadeau d'une marraine à sa filleule. Aujourd'hui il n'en est plus question : le paysan connaît mieux les actions ou les obligations de Suez ; et l'on pourrait rayer le chapitre du Code civil qui traite de ce genre de contrat, sans qu'il y fît la moindre attention.

Certes il y a loin du *cheptel* de nos pères aux capitaux que tel puissant banquier remue de nos jours, mais pourtant le principe est le même et doit produire les mêmes conséquences. Car, pourquoi me déferais-je gratuitement de ce cheptel, de ces têtes de bétail que j'ai pris la peine d'élever et qui me donnent un revenu, dont profitera dorénavant le paysan à qui je les cède pour monter son train de labour ? Il est juste que je sois récompensé, indemnisé de quelque manière, soit une fois pour toutes, par la remise d'une valeur égale à celle du cheptel dont je cède la propriété, soit par une part à prélever annuellement dans la récolte jusqu'à la remise du cheptel dont la jouissance aurait fait l'objet d'une concession temporaire. Or, ce qui revient si légitimement à celui qui a fourni le capital ou l'argent avec lequel on se le procure, est ce que l'on nomme le *profit du capital*, là où les hommes, ayant l'esprit d'entreprise et l'amour du gain, sont prêts à changer d'industrie et d'attirail industriel, pour peu qu'il y ait de profit à en changer. Ailleurs où l'on ne travaille guère qu'en vue de se reposer plus tard et de jouir, la même part de jouissance se nomme le *loyer* ou l'*intérêt du capital*, par allusion à l'*intérêt de l'argent* avec lequel on pourrait se procurer ce capital, et parce que, dans la pratique actuelle, la remise du capital a lieu le plus souvent sous la forme d'un prêt d'argent. Mais l'expression de *revenu* ou de *rente du capital* serait encore plus convenable, rien ne ressemblant plus au *revenu* ou à la *rente de la terre*. Et même, la qualification de *rentiers* est habituellement donnée chez nous, plutôt à ceux qui vivent du revenu de leurs capitaux qu'à ceux qui vivent du revenu de leurs terres ; parce qu'on suppose, non sans raison, que ceux-là vivent encore plus libres de tracas et de soucis.

La notion de l'intérêt du capital ou de l'argent, quoique si naturellement suggérée par les conditions les plus rudimentaires du régime agricole et même de la vie pastorale, n'est pourtant pas si simple ; et il faut se rendre compte des aspects divers sous lesquels elle a été envisagée depuis l'origine des temps historiques jusqu'à nos jours, par les législateurs civils comme par les fondateurs de religions et par les auteurs d'utopies. Le mosaïsme et les deux grandes religions prosélytiques et charitables sorties de son sein, le christianisme et l'islamisme, ont proscrit en principe le prêt à intérêt, au moins entre coreligionnaires. La jurisprudence musulmane fait encore sa principale affaire de poursuivre en rigueur, à travers tous les déguisements, les conséquences juridiques de ce principe. L'Église romaine avait adopté à cet égard un système mixte et tempéré, marqué au coin de sa prudence ordinaire, et apparemment bien adapté à l'état des nations auxquelles il s'appliquait, mais dont elle a dû, de nos jours seulement, se relâcher dans la pratique, en face des exigences d'une situation nouvelle. L'école philosophique et révolutionnaire du dix-huitième siècle l'a tourné en dérision, en a fait table rase : après quoi, lorsqu'il s'est agi de reconstituer chez nous un régime nouveau, on a fait, sur ce point comme sur bien d'autres, un compromis avec le passé, en permettant le prêt à intérêt, même avec exigibilité du capital, et en fixant au taux de placement deux limites : l'une pour le commerce proprement dit, l'autre pour les transactions civiles. Enfin, comme à tout mouvement philosophique et radical doit succéder un mouvement contraire, une autre école s'est montrée qui, raillant à son tour la philosophie économique du dernier siècle, a proscrit, diffamé le loyer du capital ou l'intérêt de l'argent, beaucoup plus que l'Église n'avait songé à le faire.

Remarquez que les peuples peu avancés dans les voies de l'industrie et du commerce ignorent même le nom de capital, au sens où nous l'employons maintenant. Si les particuliers améliorent leurs terres, c'est pour obtenir de plus abondantes récoltes, non pour grossir des fermages; s'ils bâtissent ou agrandissent des maisons, c'est pour s'y loger plus à l'aise, non pour toucher de gros loyers; et quand le faste des grands ou la foi des peuples élèvent des palais et des temples, nul ne songe à se plaindre de la stérilité des capitaux enfouis dans de pareilles constructions. On remarque que bien des gens y ont dû trouver jadis leur subsistance, et l'on ne pousse pas l'analyse plus loin. La thésaurisation et l'épargne ne sont regardées que comme de vils moyens d'arriver à une fortune pour laquelle on n'était pas né, et de préparer cauteleusement l'exhérédation des hommes de naissance, de ceux dont le titre de propriété se perdait dans la nuit des temps. Là où de tels préjugés ne peuvent plus avoir cours et où le commerce, l'industrie manufacturière prospèrent à côté de l'agriculture, mais où celle-ci est ancienne et la grande industrie de date récente, il arrive au contraire ce fait singulier, que l'intérêt de l'argent, tel qu'il est déterminé par les profits de l'industrie et par les emprunts d'État, ne saurait descendre à un taux assez bas pour que l'agriculteur puisse emprunter sans se ruiner à la longue :

tant les profits du capital sont incertains, tant la nature
a de caprices, de délais, de chômages, pendant que
l'intérêt court suivant la loi du contrat, sans fléchir et
sans se lasser ! Dans le cours d'une vie d'homme le
prêteur finira presque toujours par ruiner l'emprunteur ; et le conseil qu'on ne manque jamais de donner
à un propriétaire obéré, c'est de vendre une partie de
ses terres pour payer ses dettes. Rapprochez ce fait de
la notion si simple du cheptel, du capital productif,
et de ses conséquences nécessaires au sens juridique et
économique, et vous aurez l'exemple de ce que l'on
peut nommer, dans le langage de Kant ou de Prou-
dhon, une *antinomie* ou une *contradiction économique.*

On conçoit donc parfaitement que, selon l'état de la
société et des mœurs, le législateur religieux ou civil
intervienne et réprime ou modère, soit par la limitation du taux de l'intérêt, soit même par la prohibition
absolue, non-seulement des rapines qui sont plus particulièrement du ressort de la satire ou de la comédie,
mais (ce qui a bien plus d'importance) cette grande
usure qui consisterait dans une anticipation habituelle
et normale de l'intérêt de l'*argent placé* sur les profits
du capital agricole dans lequel l'argent placé a dû d'a-
bord se convertir : anticipation qui ramènerait périodiquement l'expropriation ou la banqueroute. Les législateurs des peuples anciens, dont les idées religieuses
n'avaient rien qui combattît le fléau de l'usure, prati-
quaient le remède héroïque de l'abolition des dettes.
Le moyen âge offrait le spectacle des persécutions

des Juifs, des Cahorsins, des Lombards : car alors ce n'étaient plus les nobles qui prêtaient à la plèbe. Chez les peuples modernes, outre l'accroissement rapide de la richesse publique, dû à un développement jusque-là inouï de toutes les forces productives, des causes spéciales ont fait baisser la valeur intrinsèque des métaux précieux, de manière à atténuer l'empiétement du capital fiduciaire et nominal sur le capital concret et réel. Cela n'a pourtant pas tout à fait empêché des abolitions de dettes, partielles et déguisées, résultant parfois de l'altération des espèces monnayées, parfois de l'émission de papiers-monnaies avec cours forcé, parfois des retenues que les anciens édits autorisaient au profit des débiteurs de rentes constituées, comme pour les rendre complices des banqueroutes partielles que l'État faisait à ses propres créanciers.

Notre province était de celles où la jurisprudence des parlements s'était approprié la règle ecclésiastique, en n'autorisant le prêt à intérêt que dans le cas d'aliénation du capital, c'est-à-dire de constitution de rentes perpétuelles, dont le débiteur pouvait toujours offrir, mais dont le créancier ne pouvait jamais exiger le remboursement. Chez nous on les appelait tout uniment des *contrats*, comme on a dit plus tard des *obligations* pour désigner une créance à terme, par acte notarié, et plus tard encore un titre au porteur, négociable à la Bourse. Ces contrats entre petites gens étaient souvent de valeur minime, quelquefois de 100 fr. ou de 50 fr. en capital, et il m'en est encore passé par les mains. Un modeste bourgeois avait son *manuel* ou son 'egistre de contrats, comme jadis une abbaye avait son *pouillé* et un seigneur son *terrier* pour les censives. Aujourd'hui tous ou presque tous ont disparu par suite d'accommodements avec les crédirentiers, ou par a négligence que les débiteurs ont mise à se garer de a menace d'exigibilité contenue dans l'article 1912 du Code civil. Autres temps, autres mœurs.

Rien ne convenait mieux qu'une telle institution dans un pays et dans un temps où l'argent était rare, les revenus et les gains petits, les épargnes d'une formation lente. Lorsqu'on achetait une maison, un domaine rural, une charge, un office, rarement payait-on en espèces la majeure partie du prix : on faisait un *contrat* dont plus tard, en cas de revente, le second acquéreur se chargeait de servir la rente au vendeur originaire. C'est-à-dire qu'on soldait les dépenses courantes avec ses revenus et les titres de rentes avec d'autres titres, sans passer par la numération des espèces. Ainsi font encore (plus expéditivement il est vrai) nos agents de change avec leurs virements de comptes à la Banque, ou avec les *papiers rouges* que la Banque leur délivre.

S'agissait-il d'établir une fille? On n'aurait pu compter une dot en espèces, mais on promettait une pension, une rente, soit en argent, soit en denrées (à l'instar des canons de fermage), pension ou rente à laquelle on donnait le nom grossier de *relâche*. Il n'y avait d'exception que pour les dots comptées aux couvents : car les riches abbayes bénédictines ne recevaient que des filles nobles, sous le nom de *chanoinesses*; et les ordres de filles, fondés pour la plupart depuis la réaction catholique du xvie siècle, n'étaient pas riches ; de sorte que les nouvelles recrues étaient mangées par leurs anciennes.

— Nous avons parlé d'antinomies ou de contradictions économiques : l'économie forestière en offre un autre exemple remarquable sur lequel nous aurons plus tard à revenir. Depuis les expériences de Cotta et d'autres forestiers allemands, les auteurs semblent d'accord sur ce point, que l'aménagement le plus propre à donner le plus grand produit annuel en mètres cubes de bois, par conséquent le plus utile à la société, le plus avantageux au point de vue de l'exploitation des ressources de l'atmosphère et du sol dans l'intérêt de l'homme, est un aménagement séculaire dont aucun particulier ne pourrait s'accommoder [1]. Cela tient au calcul d'escompte auquel donne lieu le retard de jouissance, et à ce que le croît annuel du bois, bien qu'il faille le considérer comme un capital productif, surajouté au capital forestier de l'année précédente, est un capital placé à si petit intérêt, qu'aucune banque d'escompte ne voudrait s'en contenter. Supposons qu'un particulier hérite de deux forêts, l'une aménagée à l'état de taillis, l'autre à l'état de futaie sombre. Quant à la première, le sol est loin de rendre, en mètres cubes de bois, tout le produit annuel qu'il pourrait rendre par un plus long aménagement : mais, pour passer

---

1. *Théorie de l'aménagement des forêts,* par NOIROT. Paris, 1842, in-8. Nous recommandons la lecture de ce livre estimable et trop peu connu.

d'un aménagement à l'autre, il faudrait ajourner à long terme la perception d'une grande partie du revenu ; ce qui conduit à un calcul d'intérêt composé pour comparer, comme le ferait une banque d'escompte, le revenu dont la perception est différée au revenu dont la perception est actuelle. Le résultat du calcul est de prouver au nouveau propriétaire que, dans l'intérêt de sa descendance comme dans le sien (à supposer que l'intérêt de sa descendance le touche autant que le sien propre), il vaut mieux ne pas allonger l'aménagement. Quant à l'autre forêt, qu'il trouve justement à cet état d'aménagement séculaire, propre à donner en bois ou en richesse réelle le plus grand produit annuel, le propriétaire calculera, par la formule de l'intérêt composé, ce que doit rapporter un jour à lui-même ou aux siens le capital qu'il pourrait actuellement *réaliser*, ou plutôt faire passer de la réalité concrète à une existence fiduciaire ou idéale, sinon par une coupe blanche, du moins en abrégeant l'aménagement. De toute manière l'avantage général devra céder à l'avantage particulier ; et cet avantage général restera très-distinct de la somme des avantages particuliers de tous les propriétaires, en y comprenant l'État lui-même, s'il administre ses forêts en propriétaire ou en financier, plutôt qu'en tuteur ou en intendant ayant pour point de mire (on dirait aujourd'hui pour *objectif*) l'économie générale de la société.

Si l'on va au fond de la difficulté, on voit qu'elle tient précisément à ce que le capital réel ne peut suivre, comme le capital fiduciaire, la loi d'accroissement en

progression géométrique. Autrement, et si l'économiste pouvait calculer comme le financier ou le banquier, il serait de l'intérêt de la société, comme de l'intérêt particulier, de faire coupe blanche des futaies. Car
le produit de la coupe se conserverait comme capital
réel, sous forme de poutres, de mâts, de bordages, ou
même sous forme de fer forgé, de pièces de fonte,
d'ancres, de·blindages, etc. Ce capital réel en produi-
rait un plus grand au bout d'un an, un plus grand
encore au bout de deux ans, et ainsi de suite en progression géométrique croissante. Nous procurerions
ainsi à nos arrière-neveux, en abattant actuellement
toutes nos futaies, une prospérité fabuleuse. Dans cet
Éden d'un nouveau genre chacun aurait ce que chacun
désire tant, une cinquantaine de mille livres de rentes.
C'est à quoi répugne la nature des choses : le capital réel,
pas plus que la population, ne saurait croître en progression géométrique. Le sou placé à intérêt composé
depuis l'origine de l'ère chrétienne, et les sommes
étourdissantes qu'il produit sont des jeux d'esprit, bons
à laisser dans nos classes de mathématiques. Qu'est-ce
pourtant, à côté des périodes de la géologie et de
l'astronomie, qu'un laps de temps qui équivaut à la
durée d'une soixantaine de générations humaines !

§ 6. — *De la propriété communale et des servitudes
de la propriété foncière au profit de la communauté.*

Il rentre dans notre sujet d'observer comment, bien

avant les auteurs d'utopies et de systèmes, les sociétés humaines ont résolu d'instinct les plus scabreux problèmes d'économie sociale. Par exemple, la propriété des communautés (qu'il ne faut pas confondre avec la communauté des biens) et qui est une suite presque nécessaire du régime pastoral, s'est maintenue, surtout en ce qui concerne les pâturages et les forêts, même après la conversion définitive des populations à la vie sédentaire et agricole, de manière à offrir souvent la conciliation pratique de tous les intérêts légitimes dont nous cherchons encore la conciliation théorique ou utopique.

Dans la contrée où je prends mes exemples parce qu'elle m'est mieux connue, les *communes* (on disait jadis, comme on dit encore en Angleterre, les *paroisses*) possèdent de temps immémorial des pièces de prés où les bestiaux de tous les paysans établis dans la commune, où la vache du pauvre comme les bœufs d'attelage du fermier vont paître dans la saison sous la garde du pâtre communal. Peut-être le riche cultivateur préférerait-il obtenir gratuitement la concession en toute propriété d'un morceau de cette prairie communale, proportionné au nombre de têtes de bétail pour lesquelles il profite de la jouissance commune : mais qui ne voit combien l'humanité s'accommode mieux de cette ressource inaliénable, laissée à la disposition du pauvre comme l'épi à la glaneuse ? Et chaque fois qu'on a voulu, pour cause d'abus ou sous prétexte d'abus, supprimer sur une grande échelle des ressources de ce genre, n'a-t-on pas excité la colère des populations souffrantes, ou n'a-t-on pas eu à pourvoir à leurs besoins d'une autre manière, souvent plus coûteuse ou moins efficace ?

Quelquefois la commune, au lieu de posséder des prés en toute propriété (parfois même sur le territoire d'une autre commune), jouit du droit d'envoyer ses bestiaux pâturer « après les premiers fruits » sur des prés appartenant à des particuliers ; et souvent cette servitude (comme les jurisconsultes l'appellent) qui profite à une communauté d'habitants, n'est même pas réputée onéreuse pour le propriétaire : l'amendement du pré par suite de l'engrais et du piétinage des bestiaux étant regardé comme une compensation presque suffisante de la perte des *regains* ou seconds fruits.

La plupart des communes sont aussi dans nos contrées propriétaires de bois avec un avantage non moins clair pour la communauté. D'abord chaque habitant a son affouage, qui équivaut pour les plus nécessiteux à un secours pécuniaire, plus quelques bois de service, destinés à la réparation des bâtiments qu'il occupe. Ces livraisons distraites, la commune se fait un revenu de ses coupes annuelles, et un capital ou une épargne de ses « quarts de réserve ». Elle entretient ainsi, ou répare, ou construit à neuf sa mairie, son église, sa maison d'école, sa fontaine, son lavoir, ses chemins vicinaux ; elle rétribue son instituteur, ses sœurs de charité, son garde champêtre ; elle rend plus supportable le désastre d'un incendie, d'une inondation, d'une épizootie, d'une invasion ; elle pourvoit à une foule de dépenses utiles à la communauté et à chaque habitant en particulier, dépenses qui nécessiteraient autant de taxes ordinaires et extraordinaires. Tous nos administrateurs habitués à voyager d'un bout à l'autre de la France savent à quel point les services sont facilités moyennant l'attribution de pareilles ressources aux communes ; ils trouvent leur tâche moins lourde dans les pays où les particuliers passent pour pauvres et les communes pour riches à cause de leurs bois, que dans d'autres où les particuliers sont riches et les communes pauvres, en ce sens qu'elles n'ont pour ressources que les taxes assises sur les particuliers.

L'attribution aux communes d'une portion notable de la richesse forestière du pays offre d'autres avantages pour la conservation et le meilleur aménagement de cette richesse, surtout depuis que l'État s'est vu forcé d'aliéner la plus grande partie de son ancien domaine forestier. Nous avons expliqué tout à l'heure comment cela est une conséquence de la loi mathématique de l'intérêt composé et du conflit qu'elle amène entre l'avantage des particuliers, des familles, et l'avantage de la société. Car, quoique la commune ne soit qu'une image bien réduite de la grande société, elle peut comme toutes les communautés, comme tous les « gens de mainmorte », s'imposer des privations temporaires de jouissance, sans en souffrir au même degré que des particuliers ou des familles. Ce qui, dans l'aménagement du sol forestier, ne cadrait pas avec les conditions ordinaires de l'économie rurale, à cause de la lente croissance du bois, n'offre plus des discordances aussi prononcées lorsque la propriété forestière est mise en mainmorte, c'est-à-dire lorsque la longévité du propriétaire est mieux assortie au mode de croissance et de récolte.

Jadis il y avait sur les bois des particuliers, et spécialement sur les bois des anciens seigneurs féodaux, des servitudes ou droits d'*usage* au profit des communautés d'habitants, fort analogues à ce qui vient d'être mentionné pour les prairies. Mais ces servitudes forestières, telles que la glandée, si elles étaient de même instituées en considération du pauvre, n'offraient pas à la propriété les mêmes dédommagements. Au contraire, la dent du bétail faisait bien plus de tort au seigneur que la communauté ne retirait d'avantage de son droit de glandée ou de parcours. Aussi, à mesure que les produits forestiers acquéraient plus de valeur, la plupart des servitudes de ce genre ont-elles été remplacées par le *cantonnement* des communes, ou par l'attribution aux communes de cantons de bois en toute propriété ; et c'est en vertu de pareilles transactions que la plupart de nos communes sont devenues propriétaires de bois. Aujourd'hui les seigneurs à haubert et à crosse ont disparu ; l'État qui leur avait succédé a dissipé l'héritage ; et il ne reste plus guère dans nos contrées que les bois des communes et des hospices qui soient soumis au régime forestier de l'État.

Les terres arables ne sont pas chez nous, à l'instar des prés ou des bois, l'objet de propriétés communales. Il semble qu'il y ait bien des motifs de s'en remettre, pour la plus avantageuse exploitation de cette portion du sol, à la vigilance de toutes les heures, à la sollicitude inquiète des intérêts privés ; et d'un autre côté la pro-

priété communale a été instituée pour venir en aide au
pauvre en l'excitant au travail, plutôt que pour en faire
un rentier ou une fraction de rentier. Cependant, tra-
versez nos montagnes et, sans quitter le pays romand
ou l'ancien territoire des Burgondes, passez des pentes
du Jura français à celles du Jura helvétique : là vous
trouverez un régime différent, celui des bourgeoisies
rurales. La bourgeoisie d'un bourg ou village suisse ne
possède pas seulement des bois, des pâturages ; elle
a jusqu'à des terres labourables dont la jouissance est
partagée par lots entre les bourgeois qui se font ainsi
de petites rentes, et qui ont droit à des secours plus
abondants en cas de vieillesse ou d'infirmités. C'est un
exemple de solidarité sociale ou *socialiste* du meilleur
aloi, puisque les bourgeoisies doivent leur fortune à
leur économie, et puisque le pauvre est admis à faire
valoir ses droits à l'assistance, non ses titres à l'aumône, ce qu'aujourd'hui l'on trouve humiliant pour
un membre du souverain. Seulement, comme il serait
par trop commode que le natif d'un village dont la
bourgeoisie est pauvre n'eût qu'à passer dans celui
dont la bourgeoisie est riche pour se faire des rentes,
il a bien fallu que les bourgeoisies suisses devinssent
ce qu'on appelle « des corporations fermées ». On se
procure donc, pour soi et pour les siens, des lettres de
bourgeoisie dont le prix varie selon la richesse de la
corporation bourgeoise à laquelle on veut s'agréger, et
qui auraient un prix par cela seul que les lois du pays
en font la condition préalable de la concession de l'indi-
génat. On perd le titre en se mariant sans l'agrément

du corps qui peut aussi expulser la fille dont l'inconduite menace d'aggraver ses charges, attendu que les bâtards de la fille seraient bourgeois comme la mère. Il y a donc dans chaque bourgade suisse, comme jadis à Athènes, deux catégories d'habitants, bourgeois et métèques ou non-bourgeois. Il y a par suite deux administrations municipales : celle de la généralité des habitants qui a pour chef électif et rétribué le *maire*, et celle de la corporation fermée dont le chef se nomme le *président des bourgeois*. De là tout l'attirail des distinctions et des prérogatives héréditaires qui froissent tant l'esprit moderne, et qui vont en se minant en Suisse comme partout. Aussi maintenant la fortune de la corporation fermée est-elle de plus en plus entamée par des subventions au profit de la commune, de ses écoles, de ses hospices : ce qui revient à dire que même dans ce pays, le vieux régime tire à sa fin, et que ce n'est pas le moment de songer à l'implanter parmi nous.

§. 7. — *Des caractères de la richesse foncière et de la formation des idées juridiques sous l'influence du régime agricole.*

Ainsi que nous le remarquions au début, l'homme a l'idée des biens et de la propriété longtemps avant d'avoir l'idée précise de la richesse. Sur ce point comme sur bien d'autres, l'histoire des mots est très-propre à éclaircir l'histoire des idées. La racine teutonique *rik* ou *reich*, qui a passé dans toutes les langues

romanes comme un signe de la conquête, exprimait
vaguement la notion de supériorité, de force, de puissance. *Los ricos hombres* se dit encore en castillan des
nobles de distinction, de ceux que Saint-Simon appelle
des seigneurs, par opposition à celui qui n'est « que
gentilhomme tout au plus », et telle est l'acception des
mots *riches hommes* dans la langue de Joinville. Les
idées plus analogues aux nôtres, qu'avait déjà fait
naître la civilisation romaine, quand le poëte disait

Dives agris, dives positis in fœnore nummis,

disparurent avec cette civilisation, et par suite les mots
dives, divitiæ, opes disparurent aussi de la langue des
vaincus ; il y resta le mot *pauper*, parce que la pauvreté est de tous les temps.

La féodalité est née de cette confusion entre les
idées de force, de supériorité, de puissance et celle de
richesse, à l'époque où il ne pouvait guère y avoir
d'autre richesse que celle de la terre, et où dépendre
d'un homme, c'était tenir de lui sa subsistance en
échange de devoirs ou de services. Il est si naturel que
celui à qui la terre appartient devienne le seigneur de
la plèbe qui la cultive, de l'homme d'armes ou d'église
à qui il concède une portion de sa terre à charge
d'hommage et tout en en retenant le haut domaine ! Il
est si naturel que le seigneur maintienne l'ordre dans
la terre qui relève de lui, y rende la justice, conduise
en guerre ses gens d'armes et de *roture*, c'est-à-dire
de *culture*, et qu'il ait dans la tribu guerroyante une
importance proportionnée à l'importance de sa sei-

3.

gneurie! Puisque la propriété confère l'autorité, l'on sera amené par le mouvement des idées à convertir en propriété toute autorité, et le système de la féodalité sera complet. Malgré tous ses inconvénients, il a rendu de grands services à la civilisation des peuples modernes, par sa tendance à *civiliser* le droit politique, tant intérieur qu'international, c'est-à-dire à les mouler sur le droit *civil*, qui touche de plus près le commun des hommes et qui est mieux compris par eux. Les abus de la force, partout inévitables, sont moins fréquents et moins extrêmes quand il faut leur donner le prétexte d'une répétition de dot ou d'une compétition d'héritage, et c'est en partie à cela que les annales de l'Europe occidentale, si troublées qu'elles nous paraissent, doivent d'être exemptes de ces subversions complètes, de ces destructions de capitales, d'empires et de dynasties dont est pleine l'histoire du monde asiatique, malgré la persistance des mœurs et des religions. Ni l'idée d'une balance des forces politiques, ni celle des droits naturels de l'homme, tant préconisée dans les nouvelles écoles de philosophes et de publicistes, n'ont valu pour le repos des peuples et le progrès paisible des institutions cette idée d'un droit seigneurial et héréditaire, que quelques-uns nomment dans leur langage mystique légitimité ou droit divin, et dont la disparition complète livrerait peut-être à une instabilité continuelle les bases de notre civilisation européenne.

Il faut remarquer que l'époque où, sous l'influence d'un genre de vie rustique et grossier, le droit politique se moule sur le droit civil, est justement celle où le roi justicier est célébré presque à l'égal du roi guerrier, où l'idée *juridique*, celle de la coutume nationale et du privilége de race, a le plus de vigueur et pénètre le plus avant dans la conscience des hommes, tandis qu'on s'y occupe peu de ces idées *économiques* où se complaisent nos sociétés vieillies et qui semblent appelées à jouer un rôle encore plus important dans l'avenir. On ne se soucie guère alors de savoir si la propriété du sol représente du travail accumulé (p. 25), ou une avance de vivres et d'outils faite aux premiers défricheurs. On est plus porté à croire, du moins dans les classes nobles, qu'elle est le prix du péril bravé et du sang versé par ceux qui en ont fait la conquête, et l'on n'en tient que plus fortement au droit de propriété ainsi qu'au droit de transmettre la propriété à un héritier de son sang ou de son choix. Alors interviennent les jurisconsultes qui voient avec raison dans la propriété foncière le fondement solide de toutes leurs abstractions, la garantie réelle de tous les autres droits, et qui ne négligent rien pour l'entourer de priviléges et de protection. Ils tâchent de donner à des choses mobiles de leur nature, à des bestiaux, à des esclaves, à des serfs, par une incorporation fictive à la propriété du sol et des édifices, les qualités juridiques de la propriété immobilière : tandis qu'aux époques tardives où prévalent, par suite des progrès de l'industrie, les idées économiques, il ne manque pas de gens qui s'ingénient à trouver des artifices propres à communiquer aux choses immobilières de leur nature une mobilité fictive, favorable à la circulation des richesses et à l'utilité de l'emploi qu'on en peut faire.

La propriété même est définie par le jurisconsulte le droit d'user et d'abuser, c'est-à-dire de ménager et de détruire, fût-ce pour la satisfaction d'un caprice : tandis que l'économiste est porté à ne voir dans la propriété qu'une sorte de fonction sociale, instituée dans l'intérêt commun pour la conservation, l'aménagement et l'amélioration des choses qui, sans cette institution salutaire, se conserveraient, s'aménageraient moins bien et n'auraient pas la même vertu productive.

Où le barbare voit un trésor, où le jurisconsulte voit une somme d'argent réservée pour les besoins futurs, l'économiste voit un capital amassé sous la forme qui se prête le mieux aux transformations ultérieures. Dans le prêt à intérêt, ce qui frappe le jurisconsulte, c'est l'obligation, le lien de droit, l'espèce de servitude dans la personne ou dans les biens[1] qui en est la suite ; ce qui frappe l'économiste, c'est la remise d'un instrument faite à une main plus habile par la main qui se sentait inhabile à le manier. Quand le prince ou l'État frappe de la monnaie, il use, selon le jurisconsulte, d'un droit régalien : selon l'économiste, il se fait le serviteur du public qui ne doit payer le service rendu qu'à son juste prix. L'argent monnayé est réputé par le jurisconsulte une chose *fongible*, ou dont le propriétaire ne peut user qu'en la consommant, et aussi une chose naturellement stérile, qui ne devient capable de

---

1. *Qui accepit mutuum, servus est fœnerantis.* PROVERB. XXII.

fructifier que par une fiction de la loi et par le bon plaisir du législateur. Au jugement de l'économiste, l'un des grands mérites de la monnaie consiste à être tout ce qu'il y a de moins fongible et à ne s'user que très-lentement par les services qu'elle rend à la circulation commerciale. Cette circulation même en fait un instrument très-actif de la production à laquelle elle concourt, comme le sol composé de calcaire, de sable et d'argile concourt à la production du blé, quoique aucun de ces éléments ne se retrouve dans la composition de la farine. Le prince ou l'État n'ont pas plus qualité pour fixer la valeur de l'argent que pour fixer la valeur des marchandises avec lesquelles on l'achète ou qu'on achète avec de l'argent; et il ne leur appartient pas plus de réglementer le prêt du capital mis sous cette forme, que s'il était remis à l'emprunteur sous forme d'outils, de machines ou d'approvisionnements. En un mot, l'économiste voit presque toujours les choses d'un autre point de vue que le jurisconsulte : et comme notre droit civil est un mélange de traditions romaines, ecclésiastiques, féodales, toutes accommodées à des temps où la propriété de la terre et le régime agricole avaient une influence prépondérante, où le commerce et l'industrie jouissaient de peu de faveur auprès des gens d'épée, de robe ou d'église, il est probable que, si notre droit civil subit encore de notables changements, ce sera dans le but de mieux l'adapter à nos modernes théories économiques, à moins que ce ne soit pour confondre l'ancien et le moderne dans une commune éversion.

DEUXIÈME SECTION

L'ÉCONOMIE INDUSTRIELLE

——

§ 1er. — *De la richesse, chez les peuples avancés dans les voies du commerce et de l'industrie.*

L'homme recherche les choses qui servent à ses besoins ou à ses plaisirs, d'abord pour elles-mêmes, ce qui est conforme à l'instinct naturel dans l'état d'enfance de l'individu et de la société ; puis à cause de leur valeur commerciale et parce qu'en les possédant il possède virtuellement ce qu'il peut à son gré se procurer par échange : ce qui est surtout une affaire de raisonnement et de calcul, répondant à un âge plus avancé de l'homme individuel et des sociétés humaines. A la rigueur, de toutes les choses que nous apprécions ou auxquelles nous attribuons une valeur d'échange, il n'y en a point que nous puissions à notre gré et aussitôt qu'il nous plaît, échanger contre toute autre chose réputée d'égale valeur. Dans l'acte de l'échange, comme dans la transmission de la force vive par nos machines, il y a des frottements à vaincre, des déchets à subir, des limites que l'on ne doit point franchir. Mais, de même qu'un habile mécanicien se rapproche des conditions du calcul théorique en atténuant les effets du frottement par le poli des surfaces et la précision des engrenages, de même l'extension du commerce et le perfectionnement des procédés commerciaux tendent à rapprocher de plus en plus l'état réel des choses de cet ordre de conceptions dont la rigueur abstraite est l'un des postulats de la théorie. Les lois de l'esprit humain veulent qu'il cherche à mesurer tout ce qui est mesurable; et en fait de commerce ou d'échange des choses et des services, tout devient de plus en plus, par suite du progrès des institutions commerciales, susceptible d'évaluation et par conséquent de mesure. Les démarches pour parvenir à l'échange se résolvent en frais de courtage, les délais en frais d'escompte, les chances de perte ou d'avaries en frais d'assurance, et ainsi de suite. Quelquefois cependant il faudrait recourir pour cela à des abstractions, à des fictions auxquelles la nature des choses répugne, ou qui du moins cessent d'être applicables dans des cas extrêmes; et l'on en a vu des exemples (p. 33, 36) à propos des calculs d'escompte ou d'intérêts, c'est-à-dire à propos de la mesure économique du temps et des retards de jouissance. Le propre de l'économie industrielle, par opposition à l'économie rurale dont il était question dans la section précédente, est de se mouler sur les lois de l'esprit humain, en s'affranchissant de plus en plus des conditions restrictives imposées par les lois du monde extérieur, par la constitution des agents naturels, opérant, les uns périodiquement, d'autres suivant une progression continue, d'autres avec intermittence. Tous les perfectionnements de l'économie industrielle doivent donc tendre à diminuer le nombre des cas où nos conceptions abstraites cessent d'être applicables.

D'un autre côté, toutes les modification introduites dans nos institutions politiques et civiles, même par des causes absolument étrangères à l'ordre économique, concourent à cette facilité d'échange ou à cette mobilité commerciale qui permet d'appliquer, sans trop de mécomptes, aux réalités de la vie sociale, les théories fondées sur le type idéal d'une mobilité parfaite. Lorsque les nations cheminent dans cette voie, on dit qu'elles font des progrès dans le système commercial ou mercantile ; expressions étymologiquement équivalentes, mais dont l'une se prend en bonne, l'autre en mauvaise part, comme il arrive d'ordinaire, selon la remarque de Bentham, à propos de ce qui entraîne avec soi des avantages et des inconvénients dans l'ordre moral. Il ne s'agit pas de disputer sur les uns ni sur les autres, car il nous appartient de constater, non de glorifier ou de maudire les lois irrésistibles qui président aux développements des sociétés humaines. Tout ce que l'homme peut mesurer, calculer, systématiser, finit par devenir l'objet d'une mesure, d'un calcul, d'un système. Partout où une gradation précise, même artificielle, peut se substituer à des rapports que nous ne saurions autrement déterminer, la substitution s'opère finalement. Ainsi s'organisent les sciences, l'industrie et toutes les institutions humaines [1].

De même encore que l'art de fabriquer le verre a favorisé beaucoup l'esprit de découverte en astronomie et en physique, sans être foncièrement le principe ni la condition absolue des plus importantes découvertes, ainsi l'usage des métaux précieux et l'invention de la monnaie ont particulièrement contribué à faciliter l'échange, à fixer la valeur d'échange, sans être pour cela absolument nécessaires (p. 3). Et l'on a lieu de croire que, dans les progrès ultérieurs de l'organisation commerciale, le rôle de la monnaie métallique diminuera d'importance, jusqu'à réaliser, non dans un sens littéral et grossier qui nous reporterait à l'enfance des sociétés, mais indirectement et par la vertu des institutions de commerce, cette utopie où toutes les choses appréciables s'échangeraient entre elles, presque aussi facilement que toutes s'échangent contre l'or, et l'or contre toutes [2].

Le phénomène de la richesse eût été inconnu dans l'Éden : mais aussi l'homme de l'Éden, exempt de travail et de peine, heureux de son innocence et, si l'on veut, de son ignorance, n'est pas ce pionnier intrépide, ce martyr de la science et de la civilisation, qui arrose de ses sueurs et parfois de son sang, la voie douloureuse du progrès. L'homme à qui nous avons

---

1. *Essai sur les fondements de nos connaissances*, chap. XIII. — *Traité de l'enchaînement des idées fondamentales*, liv. 1, chap. I.

2. « Ἀνταμείβεσθαι πάντα ἀπάντων, ὥσπερ χρυσοῦ χρήματα καὶ χρημάτων χρυσός. » PLUT. *De εἰ ap. Delph.*, VIII.

affaire, est né bien moins pour jouir que pour agir. La richesse doit être considérée, pour les individus et surtout pour les peuples, bien moins comme un moyen de jouissance que comme un instrument de puissance et d'action. La mobilisation, la transformation des richesses circulantes ou des choses échangeables, par suite des perfectionnements de la science et de l'industrie, permettent à la volonté individuelle ou nationale de diversifier les moyens, de combiner les plans, de concerter les efforts, d'en mesurer la portée, d'en assurer la continuité. C'est un accroissement de puissance dont l'homme peut user ou mésuser, mais qui en soi est un progrès, à moins de renverser toutes les idées que nous pouvons nous faire du progrès.

Quoi de plus incertain, de plus vague que notre appréciation des jouissances et des privations! Comment comparer ce que l'on appellera, si l'on veut, le bonheur du pâtre des Alpes avec celui du fainéant lazzarone ou de l'ouvrier de Manchester, bien repu de bœuf et d'ale; l'aumône des couvents à la taxe des pauvres, la servitude de la glèbe à la servitude de l'atelier; les jouissances d'un chef de clan entouré de sa clientèle, ou d'un noble normand dans son manoir féodal, aux jouissances de leurs arrière-neveux dans un hôtel de Londres ou sur les grands chemins de l'Europe? Mais si vous demandez lequel, du membre de la chambre des lords ou du baron de Jean-sans-terre, pèse le plus dans le monde, débat de plus graves intérêts, traite de plus grandes affaires, la réponse ne se fera pas attendre. Je conviens que tel conducteur de chameaux a pu, dans son temps, agir sur les destinées du monde plus énergiquement encore qu'un lord d'Angleterre : aussi ne prétend-on pas dire que la richesse soit la seule, ni même la plus énergique des puissances dont l'homme dispose ; il suffit qu'elle y tienne un rang considérable et qu'elle se distingue par la propriété qu'elle a de s'accroître à l'âge, aux époques où les autres s'affaiblissent. Tant que la poursuite de la richesse aura pour but principal l'exercice des forces acquises et l'acquisition de forces nouvelles, la dignité de la nature humaine sera sauve : elle ne se trouverait gravement compromise que le jour où l'on ne verrait plus dans la richesse que le moyen vulgaire d'acheter des jouissances.

Outre l'Éden de l'inspiration ou du mythe, dont l'image poétique ou religieuse plane sur le berceau de l'humanité, il y a l'Éden des millénaires et des utopistes de toutes sortes, présenté comme le terme vers lequel tend le genre humain dans son laborieux pèlerinage, Éden d'où le travail ne peut être banni, mais où ne se retrouveraient plus les institutions sociales que nous sommes habitués à regarder comme les stimulants nécessaires et les principes régulateurs du travail : la propriété foncière, l'appropriation des instruments de travail, le patrimoine, l'héritage. De même que le pasteur des anciens temps, sans être riche selon nos idées modernes, partage libéralement avec ses serviteurs, ses esclaves, ses clients ou ses hôtes, la viande, le lait, la laine que ses troupeaux lui donnent en abondance, de même, dans cet avenir dont on nous berce ou dont on nous menace, il y aurait des ouvriers, des contre-maîtres, des chefs d'ateliers, des directeurs des travaux, des économes et des comptables chargés de la distribution des produits. Il y aurait ou il pourrait y avoir de l'abondance, même du loisir (tant l'homme serait parvenu à s'asservir les forces naturelles), mais il n'y aurait plus de richesse. Comment répartir équitablement les tâches, si l'autorité régulatrice n'appréciait par elle-même les valeurs comparatives de chaque service? Comment répartir équitablement les produits, si cette même autorité n'appréciait les valeurs comparatives de chaque produit? Il faudrait donc que l'échange se fît aussi à bureau ouvert, sous les yeux de l'autorité. Voilà ce qui exclut absolument l'idée du libre échange, du libre louage, de la libre concurrence, tout ce que nous comprenons sous le nom de phénomènes économiques, dans la phase actuelle des sociétés. Mettons qu'il y eût encore place dans ce futur ordre de choses pour une science de l'agriculture, pour une science des industries manufacturières, pour une science plus générale de l'organisation du travail et de la distribution des produits : il n'y aurait certainement plus lieu d'écrire sur ce qui a tant occupé depuis deux siècles nos économistes, et leurs livres seraient passés de mode comme un traité de jurisprudence féodale ou coutumière. L'inconvénient serait léger en comparaison de tous ceux qu'on pourrait craindre, par suite d'une réforme si radicale et d'une transformation si complète.

Dès à présent une foule de choses éminemment utiles à l'homme n'ont point de valeur vénale, ne figurent point parmi les richesses, parce qu'elles lui ont été données par la nature avec tant d'abondance et dans de telles conditions qu'elles ne sont pas susceptibles d'appropriation, d'échange, d'évaluation, de circulation commerciale. En thèse générale, il faut en remercier la nature. Apparemment l'on ne se plaindra pas de ce que l'air respirable ne se paye pas comme le gaz pour l'éclairage, et comme l'eau qui se débite dans les grandes villes, au profit des caisses municipales ou des compagnies. La constitution de la propriété et la valeur vénale des choses, principes si utiles quand ils agissent comme stimulants de la production, deviennent nuisibles dans le cas contraire; quoique, même alors, ils puissent conserver une utilité d'un genre plus élevé, comme garanties de l'ordre et de la paix publique, jusqu'à ce qu'on en ait trouvé de meilleures. Une caravane qui a plus d'eau qu'il ne lui en faut, rencontre une autre caravane dans le désert et lui vend des outres d'eau. Il vaudrait mieux que la nature se fût montrée moins avare d'eau dans le désert et que l'eau n'y pû être un objet de trafic; mais il vaut mieux en trafiquer que de s'égorger pour savoir à qui resteront les outres d'eau.

§ 2. — *De la distinction des richesses.*

A l'instar des jurisconsultes qui reconnaissent des *biens corporels* et des *biens incorporels*, les économistes ont admis pour la plupart des *richesses maté-rielles* et des *richesses immatérielles*. S'il fallait choisir, nous préférerions encore les épithètes employées par les jurisconsultes : car tous les hommes ont naturelle-ment la notion des corps et des choses corporelles, tandis que la plupart de ceux qui ont sans cesse à la bouche le mot de *matière* seraient fort empêchés de dire quel sens ils y attachent. Mais ce n'est pas ici le lieu de s'arrêter à ces subtilités.

Les créances, les actions qui composent la plus grande partie des biens incorporels et qui figurent à ce titre dans l'inventaire d'un particulier, ne pour-raient sans double emploi figurer à titre de richesses immatérielles dans un bilan de la richesse générale. Ce serait une erreur grossière que d'y comprendre à la fois, pour toute sa valeur, l'immeuble hypothéqué et la créance dont l'immeuble est le gage, ou bien encore le capital matériel d'un chemin de fer, et les actions dans lesquelles la valeur de ce capital matériel, grossie de la valeur du privilége temporaire d'exploitation, est censée divisée. *L'assignat*, dans la pensée de ceux qui l'ont inventé, était un moyen de suppléer à la monnaie, en mettant promptement en circulation la valeur des biens nationaux : mais l'émission des assignats n'ac-croissait pas la richesse nationale. Au contraire on devra comprendre dans le bilan de la richesse générale, ainsi que dans le patrimoine du particulier, aussi bien la propriété littéraire que le fonds de terre, tant que les ennemis de la propriété littéraire et ceux de la pro-priété du fonds de terre n'auront pas définitivement gagné leur procès. Quoique immatérielle ou incorporelle, la propriété littéraire, le brevet d'invention sont des fonds aussi *réels* que le fonds de terre, car il ne faut pas confondre le degré de réalité avec le degré de solidité ou de résistance aux causes de destruction. Et d'ailleurs, si la propriété littéraire avait été connue des anciens Grecs, la propriété de l'*Iliade* eût été plus solide que celle d'une maison de Smyrne ou de Milet, exposée à être renversée tous les cinquante ans par un tremblement de terre.

Un économiste contemporain, qui se pique d'être versé dans les sciences exactes et d'en faire des applications utiles à la science qu'il cultive, M. Macleod, a eu une idée qu'il croit lumineuse et qui, nous le craignons fort, ne serait propre qu'à égarer ceux qui la prendraient au sérieux. Il remarque qu'en algèbre les quantités *négatives* sont aussi *réelles* que les *positives*, et que dans les applications de l'algèbre à la géométrie, à la physique, l'opposition des signes algébriques exprime une opposition de sens ou de direction entre des grandeurs comptées à partir de la même *origine* ou du même *zéro*. Ainsi pour les températures comptées au-dessus ou au-dessous du zéro thermométrique; ainsi pour les latitudes boréales et australes comptées de part et d'autre de l'équateur. Or, on ne contestera pas que les latitudes australes aient autant de réalité que les latitudes boréales, les températures inférieures au zéro thermométrique autant de réalité que les températures supérieures. L'analogie veut donc, suivant M. Macleod, que, si l'on regarde comme posi-

tives les richesses qu'un fonds productif a déjà produites
dans le passé, on regarde comme négatives celles qu'il
produira dans l'avenir; et (ce qui fait l'importance,
comme aussi le danger de la remarque) ces richesses
positives ou négatives seront aussi réelles les unes que
les autres, pourront au même titre être lancées dans
le commerce. Le premier qui profitera de la découverte
pourra, comme un autre Law, doubler sa richesse et
la richesse du pays, la richesse du monde !

M. Macleod ne paraît pas se douter des conditions
de symétrie qui justifient le plus ordinairement, quoique pas toujours[1], l'application que l'on fait de la
réalité et de la symétrie au sens algébrique, à la réalité
et à la symétrie au sens géométrique ou physique. Sans
doute une latitude australe est en cosmographie l'analogue ou le pendant d'une latitude boréale; ce sont des
grandeurs homogènes, symétriques et tout aussi réelles
l'une que l'autre. Mais, comment accorder l'homogé-
néité, la symétrie et le même degré de réalité aux anciennes récoltes de blé, qui sont en sacs sur le grenier,
qu'on peut envoyer au moulin, et aux récoltes futures
que peut-être la grêle ou l'inondation détruiront avant
leur maturité, que le charançon rongera, que l'ennemi
pillera, qu'un incendie consumera, et qui certainement
n'empêcheront personne aujourd'hui de mourir de
faim? A la vérité le propriétaire du champ pourra sous-

---

1. On peut consulter à ce sujet le volume que nous avons publié
en 1847, sous ce titre : *De l'origine et des limites de la correspondance
entre l'algèbre et la géométrie.* — Les progrès récents de l'analyse
permettraient de reprendre la question de plus haut.

crire une délégation de la future récolte, trouver sur ce gage un prêteur à gros intérêt, et même, si le titre est au porteur, émettre ainsi une sorte de monnaie qui dispensera d'employer une monnaie plus coûteuse. Les conditions physiques de la production du blé, les besoins réels de la consommation, voilà ce qui règle essentiellement la valeur du blé, la rente du propriétaire, la part pour laquelle le champ figure comme richesse, tant dans le patrimoine du propriétaire que dans le bilan général. Voilà ce que l'on ne changera pas en mettant en vente et en circulation, sous un signe quelconque, les futures récoltes de blé. Tous les avantages réels, tout l'accroissement de richesse que cette circulation peut procurer, tiennent au rôle du crédit et de la monnaie dans le système économique, et nous aurons à en parler sous ces deux rubriques. Le surplus n'est que fiction, illusion, déception, comme le raisonnement et l'expérience l'ont maintes fois prouvé.

Puisque nous sommes en train de faire de la *philosophie économique*, on nous permettra quelques considérations d'un ordre plus élevé, qui se rattachent également à l'histoire de la nature et à celle de l'homme; car il a bien fallu que les sociétés humaines, dans leurs développements, s'adaptassent au plan général de la nature dans la construction du monde.

Le sauvage vit de sa pêche ou de sa chasse; la vie pastorale est la première étape sur la route de la civilisation; les travaux de l'agriculture viennent ensuite, puis ceux de l'industrie et du commerce en grand. Sous le régime pastoral certaines espèces animales donnent leur chair, leur lait, leur toison, c'est-à-dire autant de produits de la vie organique et végétative qui réside en elles. A vrai dire, ces espèces animales sont pour l'homme comme autant d'espèces végétales d'une nature exceptionnelle, ayant de plus que les végétaux proprement dits la faculté de se mouvoir et l'instinct de chercher leur pâture [1]. Au point de vue économique, ce sont des appareils chimiques destinés à extraire de la création végétale (quelquefois même en leur donnant un commencement de mise en œuvre) les matières premières que la végétation a élaborées et qui, sans ce triage préalable, seraient en grande partie perdues pour l'homme. Mais de plus, pour que l'homme se livre avec succès aux travaux de la vie pastorale et de l'agriculture, même à ceux de la chasse, il faut d'abord qu'il ait su utiliser dans un petit nombre d'espèces choisies, telles que le chien, le cheval, le bœuf, le chameau, les forces et les instincts de la vie animale. Il faut qu'il ait d'abord trouvé parmi ces animaux que la nature a placés le plus près de lui dans l'échelle des êtres, des compagnons, des aides, des amis ou des esclaves. Les uns fournissent principalement leur force musculaire, les autres leur instincts de garde, de chasse, de guerre ou de voyage.

Au premier degré de la civilisation, ces animaux à instincts développés sont pour l'homme la plus précieuse et presque l'unique richesse. Si la civilisation

---

1. Ce rapprochement avait frappé Aristote bien avant les chimistes de nos jours. « Ὥσπερ γεωργίαν ζῶσαν γεωργοῦντες », dit-il des peuples pasteurs. *Polit.*, I, VIII.

fait quelques pas de plus, ils commencent à ne plus guère figurer que comme des objets de luxe et en quelque sorte comme une marque de noblesse : leur rôle, en tant que sources de force mécanique, acquiert au contraire une importance croissante. Enfin il vient un temps où l'homme, par une organisation plus savante de l'industrie, remontant jusqu'aux principes des choses, trouve de l'avantage à substituer à la force musculaire des animaux les forces élémentaires du monde inorganique, la chaleur, l'électricité. Le cheval de l'Arabe du désert, avec les poétiques images qu'il réveille, le *cheval-vapeur* de l'industrie moderne, avec le nom grotesque dont on l'a affublé, marquent ces étapes extrêmes de la civilisation. D'un compagnon, d'un ami, l'homme fait d'abord un esclave, puis une machine : puis il finit par préférer à cette machine naturelle une machine qu'il a pu construire sur un plan plus simple, et dont il peut mieux régler le service et la dépense. Il parcourt en sens inverse la route que la nature a suivie en allant du simple au composé, en subordonnant aux lois les plus capitales, aux faits les plus généraux, les manifestations les plus compliquées et les plus délicates de son art divin.

En même temps que l'industrie humaine se perfectionne, les emprunts qu'elle fait au règne inorganique acquièrent plus d'importance. Les produits de l'organisme végétal et animal, en raison même de leur complexité, jouissent de propriétés plus immédiatement adaptées à notre propre organisation, mais d'ordinaire moins tranchées et moins énergiques, ce qui fait qu'ils

peuvent plus aisément tenir lieu les uns des autres.
Une fécule en remplace une autre, une boisson alcoo-
lique dispense d'une autre boisson, une plante fournit
ses filaments en se substituant à une autre plante tex-
tile. Au contraire, les matériaux plus simples pour
l'extraction desquels on exploite la richesse minérale,
sont doués de propriétés plus prononcées, dont l'énergie
exclut pour l'ordinaire de telles substitutions. Par là,
ils deviennent les instruments indispensables d'une
industrie perfectionnée, systématisée, attendu que l'industrie, comme les sciences, doit remonter aux principes des choses pour les soumettre à cette coordination systématique, qui est la condition du progrès
indéfini (p. 52).

Les métaux surtout possèdent éminemment ces caractères distinctifs de la richesse minérale. Les mêmes
raisons qui donnent tant d'importance aux métaux
dans l'ordre de la science pure, font que l'acquisition
des métaux est la condition préalable de l'organisation
de tous les arts physiques et chimiques : tandis que
l'exploitation économique de telle espèce végétale ou
animale tient le plus souvent à des détails subalternes
d'une organisation fort complexe, sans relation avec
l'importance de l'espèce dans l'économie de la nature.

Une autre conséquence découle de là. Les espèces
végétales et animales, à cause de leur complexité et de
leurs conditions d'origine, ont une *patrie* : les espèces
minérales, et en particulier les métaux, se trouvent à
toutes les latitudes, dans toutes les conditions actuelles
de température, d'exposition et de climat. C'est une

raison de plus pour que la richesse minérale et métallique tende à devenir la pièce maîtresse du système économique et commercial : elle arrive sur tous les marchés et rend partout les mêmes services.

En thèse générale, les richesses susceptibles de reproduction et d'aménagement régulier se reproduisent au moyen de la direction donnée par l'homme aux forces de la nature, tandis que les richesses qui s'épuisent et dont l'exploitation est irrégulière comme les trouvailles qui y donnent lieu, sont des richesses minérales ou plutôt fossiles. Car les anciens dépôts de houille, de bitume, d'ivoire fossile, de guano, s'épuisent comme les gîtes métallifères, quoique les uns contiennent des produits qui ont eu vie, et les autres des produits bruts ou minéraux dans le propre sens du mot. D'un autre côté, les cours d'eau sont des forces que l'homme applique à ses besoins, et qui se régénèrent sans cesse ou périodiquement avec les saisons. Sur les bords de la mer, à des latitudes convenables, la chaleur du soleil d'été suffit à l'exploitation des marais salants, et en ce sens l'on peut dire que la seule chaleur solaire produit annuellement une récolte de sel. Au point de vue de l'économiste, on peut ranger parmi les richesses minérales qui ne s'épuisent pas, celles dont la source est tellement abondante, que l'exploitation s'aménagera toujours en raison des besoins : car, qui s'avisera de craindre que les hommes manquent jamais de sel marin, pas plus que d'eau ou d'air atmosphérique? On craindrait plutôt l'affaiblissement progressif de la chaleur solaire avec laquelle on obtient le sel marin par l'évaporation. Inversement, il faut ranger parmi les richesses qui s'épuisent, les dépouilles des espèces vivantes dont l'intérêt privé ou la police des nations ne peuvent pas régler l'aménagement, ainsi qu'il arrive pour les espèces de grands cétacés que l'homme poursuit jusque dans les mers polaires, et dont l'extinction paraît prochaine. L'homme a pu longtemps se considérer comme un *planteur* à qui la terre avait été donnée en héritage : avec les progrès de l'industrie, son rôle ressemble davantage à celui du *concessionnaire* d'une planète ; et rien ne mérite plus d'intéresser celui qui considère d'un œil de philosophe les destinées du genre humain.

§ 3. — *De la production industrielle.*

Les physiciens de notre siècle, reprenant une idée de Leibnitz, que ses contemporains n'avaient que très-imparfaitement comprise, sont en train de nous montrer, dans les lois qui président au travail de nos machines, un cas particulier de lois plus générales sous l'empire desquelles s'opère l'incessante conversion des forces naturelles les unes des autres. On peut de même établir une comparaison entre le phénomène de la production industrielle et le travail des machines, au point de rendre évidentes les analogies qu'ils présentent.

Figurons-nous une machine à vapeur qui élève sur un plateau un grand volume d'eau. Cette eau, mise en réserve, pourra être ensuite utilisée comme moteur et régénérer par sa chute la force qui a été dépensée pour l'élever à la hauteur voulue, sauf un déchet que le perfectionnement du mécanisme atténuera de plus (p. 51), et dont il convient d'abord de faire abstraction. Le même volume d'eau pourra être sacrifié comme magasin ou réservoir de travail mécanique, mais en recevant un emploi non moins utile s'il sert à abreuver les habitants d'une ville, à la débarrasser de ses immondices, à y entretenir la salubrité. Enfin, il arrivera quelquefois, comme à Versailles, que ce volume d'eau aura été élevé avec une grande dépense de force ou de combustible générateur de la force, uniquement pour charmer les yeux du spectacle de jets d'eau, de gerbes, de cascades, pour amuser la foule ou satisfaire la curiosité des étrangers. Il y aura eu non-seulement dépense ou consommation de force vive, au point de vue du mécanicien ou de l'ingénieur, mais consommation stérile, voluptuaire ou improductive, au sens de l'économiste.

De même, lorsqu'on suit le travail d'une usine, d'une manufacture, on voit qu'elle consomme sans cesse des approvisionnements de matières premières, de combustibles et de denrées de toutes sortes : mais la valeur de toutes les matières consommées doit se retrouver et se retrouve dans la valeur des nouveaux articles que l'établissement industriel livre au commerce, sans quoi il fabriquerait à perte et ne pourrait se soutenir. Les ouvriers employés ont consommé pour leur propre usage et pour celui de leurs familles, des aliments, des vêtements, du combustible, mille choses nécessaires à la vie, dont il faut bien que la valeur se retrouve dans celle des articles fabriqués, puisqu'elles ont été achetées avec des salaires payés par les maîtres de l'établissement, et que la population ouvrière disparaîtrait si ses salaires ne lui fournissaient de quoi suffire aux consommations obligées des ouvriers et de leurs familles. Il faut encore que les maîtres de l'établissement retrouvent dans la valeur des articles fabriqués de quoi entretenir leurs bâtiments, leur attirail de machines et d'outils, de quoi rémunérer les capitaux *fixes* engagés dans la construction et la première acquisition de ces instruments de travail, ainsi que les capitaux *de roulement*, représentés par les approvisionnements de matières premières, par l'assortiment d'articles fabriqués mis à la disposition du commerce, enfin par les avances faites aux ouvriers sur leurs salaires, et dans les crédits ouverts aux négociants qui se chargent de l'écoulement des articles fabriqués. Le surplus de valeur, s'il y en a, représentera les *profits* de l'établissement; et il doit habituellement y en avoir, sans quoi l'établissement ne s'ouvrirait pas ou se fermerait promptement.

On le voit : la symétrie des deux tableaux est parfaite, le parallélisme exact, à cela près que la limite idéale vers laquelle les résultats tendent, est ici un *minimum*, là un *maximum*. La perfection de la machine serait de rendre *toute* la force vive qu'elle recueille; il faut que l'établissement industriel fasse *au moins* ses frais, c'est-à-dire que les choses produites valent au moins ce qu'elles coûtent à produire; et même l'heureux effet de la concurrence, selon les économistes les plus accrédités, sera de mettre obstacle à ce qu'il y ait longtemps des écarts sensibles entre la valeur commerciale des choses et cette limite *minimum*. Ainsi, pour mieux distinguer ce que l'on confond souvent sous la dénomination de *profit*, et les diverses natures de services que le profit rémunère, considérons une entreprise industrielle mise en actions, telle qu'un chemin de fer : ce que nous appelions tout à l'heure profit se répartira en dividendes pour les actionnaires et en un splendide traitement pour le gérant. Or, la perfection économique sera que ce traitement, si splendide qu'on le suppose, ne représente que le juste salaire d'une capacité et d'un travail hors ligne, et que d'un autre côté les dividendes ne représentent que l'intérêt légitime des capitaux engagés, intérêt évalué en raison de la gravité des risques à courir.

Poursuivons notre comparaison. Toutes consommations faites en vue d'une régénération de valeur au moins égale, sont dites des consommations *productives*; les autres sont ordinairement qualifiées d'*improductives*. Mais, parmi celles-ci, l'économiste distingue soigneusement les consommations purement *voluptuaires*, comme celle de la force vive dépensée en gerbes et en cascades, d'avec celles qui contribuent par voie directe ou indirecte à la protection des intérêts privés, au bien-être de la population, au bon ordre dans la société, à la défense nationale, et en général à l'entretien, au développement, à l'excitation de toutes les forces productives qui appartiennent, soit aux individus, soit à la société prise en corps.

De même que la force vive des mécaniciens peut disparaître éteinte ou absorbée par des frottements, des collisions, des chocs, mais à la condition d'engendrer d'autres forces naturelles, comme la chaleur, l'électricité, dans lesquelles une mécanique et une physique perfectionnées retrouvent des sources de force mécanique (comme si la force originelle avait été plutôt dissimulée ou transformée que perdue), ainsi, la valeur qui a semblé disparaître dans des consommations mal à propos qualifiées d'improductives, subsiste encore virtuellement ou à l'état latent, alors qu'elle a servi à créer des aptitudes, à susciter des forces physiques, morales, intellectuelles, individuelles, collectives, qui, plus tard, lorsqu'elles seront placées dans des circonstances propices et convenablement sollicitées, régénéreront la valeur consommée ou même l'accroîtront. Nous avons une image d'un pareil accroissement dans la fabrication de la masse de poudre qui produit par l'explosion plus de force mécanique qu'il n'en a fallu pour la fabriquer. Car la force mécanique due à l'explosion tire son origine de réactions chimiques qui sont sans relation aucune avec la dépense de force mécanique dans l'acte de fabrication de la poudre ; et c'est par une pure hypothèse que les chimistes rapportent la manifestation de force vive lors de l'explosion à une disparition de forces vives imperceptibles dont seraient animés des atomes ou groupes d'atomes que nos sens n'atteindront jamais, qui n'auront jamais pour nous qu'une existence idéale.

Tout, dans la nature, subit un perpétuel changement : il faut que tous les produits se consomment en définitive, sans quoi le jeu des fonctions économiques s'arrêterait ; comme il faut que l'être vivant consomme des aliments, absorbe de l'oxygène, brûle du charbon pour vivre. Cependant le physiologiste, le médecin, conçoivent très-bien un régime où toutes les satisfactions données aux appétits de l'animal tendraient à développer ses forces, à l'entretenir en santé, à prolonger son existence, à le rendre capable de propager son espèce. De son côté, le saint ne regarde comme permises les satisfactions des sens et même les satisfactions du cœur et de l'esprit, que dans la stricte mesure de l'accomplissement d'une fin marquée par une volonté supérieure. Au besoin, l'on concevrait de même un idéal d'hygiène ou de morale économique, où toute consommation voluptuaire serait interdite à d'autres titres qu'à celui de délassement pour la réparation des forces productives ou de stimulant pour un déploiement ultérieur de force. Bien entendu que nous ne nous chargeons point de prêcher ce puritanisme économique, qui, en tout cas, tiendrait plus du conseil que du précepte.

Quand un produit ne vaut pas pour les besoins de l'industrie, c'est-à-dire pour la création immédiate d'autres produits, au moins tout ce qu'il coûte à produire, il cesse d'être l'objet d'une production *industrielle* ou *économique ;* ce qui n'empêche pas qu'il ne puisse encore être produit en vue d'une destination différente, et qu'il n'ait alors, comme les autres produits, une valeur vénale ou commerciale, réglée sur ce

qu'il coûte à produire. Ainsi, beaucoup de produits
chimiques ne peuvent être obtenus à l'état de pureté,
ni même impurs, sans des frais hors de rapport avec
l'emploi économique que l'industrie pourrait en faire.
C'était le cas de l'*aluminium* avant que M. Sainte-
Claire Deville n'eût enseigné les procédés qui ont considérablement réduit le prix du *sodium*. Cependant,
de tels produits se fabriquent et trouvent un débit restreint pour les besoins des laboratoires et des cours
publics, pour la satisfaction des amateurs et des curieux, en attendant que quelque progrès des arts chimiques en abaisse le prix de revient, jusqu'au point
d'en provoquer la consommation dans un but de production industrielle ou économique.

§ 4. — *De la mesure de la valeur des produits industriels.*

Les mêmes raisons qui ont porté plusieurs économistes à ne voir dans la valeur de la terre que la rémunération d'un *travail accumulé* (p. 25), les ont portés
à regarder aussi la quantité de travail emmagasinée ou
accumulée dans les produits industriels comme le fondement et la mesure de leur valeur d'échange, de leur
valeur commerciale. Dans un cas comme dans l'autre,
ils ont prétendu justifier leur théorie en remontant
jusqu'à l'origine des choses. Aujourd'hui, l'on en convient, il ne suffit pas d'avoir des bras pour travailler, il
faut des instruments de travail, des outils, des ma-

chines, un capital. Mais il a bien fallu façonner avec la main le premier outil, le silex tranchant dont se servait l'homme préhistorique, puis avec le secours de cet outil et de la main un second outil moins imparfait, et ainsi de suite jusqu'à la machine de Watt inclusivement. Donc en définitive, tout vient du travail, ce qu'on peut accorder sans inconvénient; et le travail est la mesure naturelle de toutes les valeurs, ce qui, à ne considérer que l'ordre actuel des choses, est une conclusion insoutenable. Car les machines, les outils, les instruments de travail figurent dans la valeur des produits industriels pour ce qu'ils coûtent à fabriquer, maintenant qu'on les fabrique avec d'autres outils, d'autres machines, en s'aidant de toutes les ressources d'une industrie perfectionnée, non par le travail qu'ils coûteraient à un autre Robinson, réduit à tout faire de ses mains ou des mains de quelques sauvages. La machine de Watt ainsi fabriquée serait impayable, ou plutôt on ne viendrait jamais à bout de la fabriquer. Autant vaudrait charger le chimiste de refaire ce qui s'est fait à l'origine du monde, de fabriquer avec de l'aluminium l'argile du potier et le kaolin de la porcelaine. Ou bien, à l'inverse, autant vaudrait la prétention de payer une toile du Dominiquin, en remboursant le prix de la maigre pitance que le grand artiste recevait, dit-on, chez les moines qui l'employaient.

Quand le cuir, pour être réputé de bonne qualité, devait passer plusieurs années dans les fosses des tanneurs, ce qui grossissait beaucoup le capital de roulement pour cette branche d'industrie, il fallait bien que le prix du cuir payât l'intérêt de ce surcroît de capital ; et l'on ne voit pas comment le repos du cuir dans les fosses, le temps requis pour la production du cuir, auraient représenté du travail accumulé. La houille que consomme le manufacturier, les pièces de bois qui entrent dans la construction de ses machines et de ses magasins, figurent dans son capital de roulement ou dans son capital fixe, dont la rémunération concourt à déterminer le prix de revient et la valeur commerciale des articles fabriqués. Or, les prix d'achat de la houille et du bois de charpente ne répondent que pour une part à la rétribution d'un travail humain : le reste va à la compagnie concessionnaire de la mine, au particulier propriétaire de la forêt, lesquels font travailler les autres, mais ne travaillent pas. Il est vrai que les partisans de la thèse du travail accumulé prétendent raisonner dans l'hypothèse de l'affranchissement de tout monopole, et que, pour quelques-uns d'entre eux, la propriété est un monopole dont la suppression ne les fâcherait guère : mais, si ce monopole tenait essentiellement à la nature des choses, ce serait une raison de plus pour reconnaître que la dépense de travail ne fait que concourir à la fabrication des produits industriels et n'est en aucun sens la mesure de leur valeur.

Au contraire, il résulte de tout ce qui a été dit dans le paragraphe précédent, que le coût de production des articles industriels (avec un profit modéré qui n'est lui-même que la juste rétribution d'un agent industriel, et que les capitalistes intéressés comprendront à ce

titre dans les frais de production) est bien la juste mesure de la valeur des articles produits. La seule condition requise pour cela, c'est que la fabrication de l'article dont il s'agit soit libre de tout monopole, de toute
restriction naturelle ou légale, quels que soient les monopoles, les [restrictions artificielles ou naturelles, qui
gênent la production des matières premières ou des
instruments de travail employés dans l'industrie que
l'on considère.

Sans que nous ayons besoin d'examiner dès à présent comment se fixe la valeur des métaux employés à
la fabrication de la monnaie, et sans prétendre en assimiler ici la production à celle des articles de pure industrie, il suffit d'admettre que ces métaux ont actuellement un cours, une valeur commerciale, pour que l'on
puisse concevoir évalués en argent le coût de production aussi bien que l'article produit, et dire en conséquence que le *prix* de l'article industriel, sous le
régime de la libre concurrence, ne diffère pas sensiblement du coût de production, ou tend sans cesse à
s'en rapprocher. Bien entendu que le consommateur
doit ajouter aux frais de fabrication et au coût de l'article en fabrique, tous les frais de transport et autres,
nécessaires pour mettre l'article à la disposition du
consommateur.

Telle est la seule manière raisonnable d'entendre ce
que tant d'économistes ont dit d'une *valeur intrinsèque*
et d'un *prix naturel* des choses, c'est-à-dire d'une valeur et d'un prix fondé sur les rapports naturels des
choses, non sur les caprices de l'homme et les fantai-

sies de la mode. Car, si le caprice, la mode activent la demande et élèvent le prix de l'article sensiblement au-dessus du coût de production, la concurrence des fabricants augmentera la production et ramènera le prix normal, tandis que, si le caprice, la mode diminuent la demande, et abaissent le prix de l'article au-dessous du coût de production, la production s'arrêtera et bientôt il ne sera plus question de l'article, sinon pour d'autres usages que les usages économiques. Que s'il s'agit d'un article dont le besoin se fait essentiellement sentir, il faudra bien que le prix s'élève au niveau du prix de production, sans égard à la mode ou au caprice.

Mais cette valeur intrinsèque, ce prix naturel, loin de pouvoir être considérés comme quelque chose d'essentiel et d'invariable, seront dans une fluctuation continuelle. Mettons à part les causes qui influent, comme nous le verrons plus loin, sur la valeur de l'argent, et par conséquent sur le prix prétendu naturel, en ce sens qu'il serait l'expression de la valeur intrinsèque ou du coût de fabrication de l'article, et considérons ce coût de fabrication en lui-même. Il dépendra pour beaucoup du prix du travail, en tant que le travail s'applique immédiatement à la fabrication de l'article, et plus encore, en tant qu'il s'applique à la production de toutes les matières premières, de tous les approvisionnements, de tous les instruments de travail, machines, bâtiments, qui composent le capital fixe de l'établissement industriel. Or, le prix de ce travail variera selon les habitudes de sobriété ou

de dépense de l'ouvrier, selon que les bras s'offriront
ou que les entrepreneurs seront à la recherche des
bras.

Le coût de fabrication de l'article industriel ne dépendra pas moins (soit de première, soit de seconde
main, ainsi qu'il vient d'être expliqué à propos du travail) du taux habituel de l'intérêt, ou de la rémunération ordinaire des fonds engagés dans les divers
genres de production. Comme ces fonds viennent de
l'épargne, il s'agira de savoir si les institutions et les
mœurs du pays encouragent ou découragent l'épargne, s'il y a des entrepreneurs en quête de fonds ou
des fonds en quête d'emploi; si l'affermissement de la
paix publique, les progrès de l'industrie, du commerce, du luxe, ouvrent aux capitaux de nouveaux débouchés, ou si, au contraire, les révolutions, les guerres, la stagnation du commerce, la marche rétrograde
de l'industrie ferment des débouchés anciennement
existants.

Enfin, le coût de fabrication de l'article industriel,
à cause de tout ce que la fabrication consomme, sera
affecté par tout ce qui affecte la production des articles consommés : insuffisance des ressources naturelles, taxes, monopoles artificiels, droits de propriété qui
entraînent une rémunération pour le propriétaire, et
qui sont une conséquence de la limitation des ressources naturelles. Ainsi, par exemple, il suffira d'un
changement dans le système des impôts pour changer
diversement les coûts de production des divers articles industriels, et leur valeur prétendue intrinsèque,

en tant qu'elle serait déterminée par le coût de fabrication.

Ceux qui ont voulu mesurer la valeur commerciale,
soit par la dépense de travail, soit par les frais de production, ont toujours été obligés de faire exception
pour une foule d'objets. Un gramme d'or a la même
valeur, soit qu'il provienne d'une pépite trouvée par
hasard, ou de la récolte pénible de l'orpailleur, ou de
la pulvérisation des blocs de roches, broyés par les
puissantes machines que met en jeu l'industrie moderne. Sous la forme d'une médaille à fleur de coin,
recherchée des antiquaires, ou sous celle d'un bracelet
trouvé dans le tombeau d'une dame étrusque, il a une
tout autre valeur, pourvu qu'on n'ait pas de motifs de
craindre la supercherie, et par la raison bien simple
qu'on ne peut pas multiplier au gré des curieux des
objets dont l'antiquité fait le prix. De même pour
toutes les œuvres des grands artistes, dont le nombre
est actuellement limité, s'il s'agit d'artistes morts, ou
le sera bientôt, s'il s'agit d'artistes vivants; et dont,
en tous cas, la multiplication par voie industrielle est
impossible.

On pourrait se contenter de mentionner de telles
exceptions, si elles étaient peu nombreuses et de peu
d'importance économique. Mais nous venons de voir
que des restrictions, sinon de même espèce, du moins
de même genre, en tant qu'elles tiennent à une limitation des forces productives, affectent les maîtresses
pièces du système économique, le travail, les denrées
alimentaires, les matériaux des instruments de travail,

et par suite, affectent jusqu'aux produits de l'industrie la plus libre. On ne peut donc pas fonder une théorie sur ce qui n'est, en réalité, que l'exception, même au point de vue économique.

D'ailleurs, l'insuffisance de cette théorie se trahirait aussi bien pour les produits industriels que pour les autres. La valeur de l'article produit doit couvrir les frais de production, voilà qui est clair : mais, s'il était plus demandé, on pourrait produire davantage, sauf à faire enchérir la main-d'œuvre, les matières premières, les instruments de travail. Pourquoi donc n'est-il pas plus demandé ? Il faut ainsi en revenir à la demande, considérée comme la raison ou la mesure de la production. Et, attendu que la demande peut subir des influences irrégulières, souvent capricieuses, comme ce qui tient aux goûts et aux habitudes de l'homme, on doit, sans viser à une perfection chimérique de la théorie, reconnaître qu'il y a de ce chef une large part laissée à l'empirisme dans la détermination des faits économiques. — Nous tâcherons de montrer dans notre quatrième section comment, nonobstant cette complication inévitable, on peut aborder quelques-unes des questions générales qui font l'objet de la théorie.

§ 5. — *De la rémunération des capitaux engagés dans l'industrie.*

Lorsque l'entrepreneur d'une industrie possède lui-même le capital à l'aide duquel il la met en mouvement, les *bénéfices* qu'il réalise représentent à la fois la rémunération due à son activité, à ses talents, et celle qui lui est due pour le capital qu'il fournit. Dans la même industrie, ces bénéfices varieront d'un entrepreneur à l'autre, selon son habileté et les chances de la fortune ; et d'une industrie à l'autre ils varieront encore en moyenne, selon que le genre d'industrie offrira plus d'attrait ou provoquera plus de répugnance, et surtout selon les chances moyennes de gain ou de perte. Quand le chef d'industrie n'est plus que le directeur des travaux et le gérant d'un capital fourni par d'autres, on lui alloue sur les bénéfices de l'entreprise une part fixe ou proportionnelle, prix de son talent et de son travail : le surplus représente le *profit du capital*. Ce profit est encore susceptible de varier beaucoup d'une entreprise à l'autre et d'un exercice à l'autre, selon qu'elle est réputée plus ou moins solide et qu'elle est sujette dans sa marche à plus ou moins d'irrégularité. Enfin, s'il ne s'agit plus d'associés, mais de souscripteurs à un emprunt pour lequel la société industrielle offre des gages, il ne sera plus question pour ceux-ci du *profit du capital réel*, mais de *l'intérêt de l'argent prêté* ou du capital fiduciaire. Leur attention ne se portera ni sur la nature de l'entreprise (ce qui regarde le gérant), ni même sur le degré de solidité de cette entreprise (ce qui regarde les associés), mais sur la solidité du gage. Si l'on retranche du profit moyen de l'associé (eu égard à la valeur du capital qu'il a fourni) ce qui représenterait une *prime d'assurance* contre la défaillance de l'entreprise, et des arrérages du prêteur (en raison de la somme prêtée) ce qui représenterait une prime d'assurance contre la défaillance du gage, primes variables d'une entreprise à l'autre, d'un gage à l'autre, d'une époque à l'autre, le reste représentera, dans un cas comme dans l'autre, *l'intérêt de l'argent*, dont le taux ne pourra plus être affecté que par des causes générales, capables d'influer à la fois sur toutes les entreprises et sur tous les gages.

Malgré le nom qu'on lui donne, il ne faut pas croire que cet intérêt suppose l'emploi de l'argent ou de la monnaie : il n'implique essentiellement que l'existence d'une mesure commune de toutes les valeurs. Quand les progrès de l'industrie et du commerce ont mis en circulation cette idée du taux de l'intérêt, il est clair que la détermination du taux échappe au pouvoir du législateur, à la compétence du jurisconsulte et du canoniste (p. 31).

D'ordinaire l'abaissement du taux de l'intérêt (à risques égaux ou toute prime d'assurance défalquée) est le symptôme d'un progrès de la richesse publique, quoiqu'il annonce que le progrès va en se ralentissant, puisque les nouvelles branches d'industrie qu'on exploite ne peuvent plus procurer aux capitaux qu'elles emploient la même rémunération. Les choses se passent autrement dans un pays neuf et qui offre à l'activité industrieuse un champ pour ainsi dire indéfini : les capitaux ont beau s'accumuler par l'épargne, ils trouvent si aisément de l'emploi que leur rémunération ne s'en maintient pas moins à un taux elevé. Par contre, lorsqu'une nation industrieuse éprouve une de

ces crises qui suspendent tout à coup le mouvement
des affaires, qui restreignent les débouchés et par
contre-coup la production, des capitaux naguère recherchés cherchent péniblement un emploi ; et la baisse
du taux de l'intérêt devient un symptôme, non du
progrès, mais du déclin de la richesse publique.

En thèse générale, le placement le plus avantageux
est celui que l'épargne recherche d'abord. A mesure
que les épargnes s'accumulent, il faut attaquer des entreprises moins fructueuses ou exposées à plus de risques, et consentir à une baisse du taux de l'intérêt. Si
l'on ne trouvait en fait d'industrie de nouveaux filons
ou de meilleurs procédés pour exploiter les filons anciens, ou bien encore si les calamités publiques, les
révolutions, les guerres, les emprunts d'État venus à
la suite ne détruisaient ou n'absorbaient une grande
partie des anciennes épargnes, le taux de l'intérêt s'a-
baisserait ainsi successivement jusqu'au décourage-
ment complet de l'épargne, ou jusqu'à ce que les hommes fussent revenus, par une pléthore de richesses et
un raffinement de civilisation, à ce goût des jouissances actuelles, à cette insouciance de l'avenir, qui
caractérisent les peuples enfants.

Lors même que des hémorragies accidentelles ou de
copieuses saignées ne préviendraient pas trop souvent
cette pléthore, la *consolidation* des capitaux pourrait,
aussi bien que leur destruction, mettre obstacle à l'a-
baissement du taux de l'intérêt, uniquement réglé par
la concurrence des capitaux *disponibles*, c'est-à-dire
des capitaux en quête d'emploi, ou qui pourraient se

soustraire à la baisse en cherchant un autre emploi. Ainsi, par la consommation d'un capital dépensé en matières premières, en approvisionnements, en main-d'œuvre, on construit des maisons à loyer, des bâti-ments d'exploitation, des magasins, des docks, des canaux. La seule installation des chemins de fer, dans le cours du siècle actuel, a consolidé ou absorbé d'immenses capitaux. Qu'est-ce que le capital vraiment disponible d'un pays, en comparaison de ce capital immobilisé ou consolidé, que les siècles ont accumulé et que les générations se transmettent! Cependant ces capitaux consolidés, devenus comme autant d'immeubles factices, n'ont pas plus d'influence sur la fixation du taux de l'intérêt que n'en auraient des étangs ou des prairies dont la nature seule a fait les frais. C'est au contraire le taux moyen de placement des capitaux disponibles, taux déterminé ainsi qu'on vient de le dire, qui sert de régulateur entre le montant de la rente d'un fonds productif, naturel ou factice, et la valeur vénale de ce même fonds productif : ce qui n'exclut pas la différence de prix, à rente égale, d'un genre de propriété à l'autre, suivant que l'opinion commune apprécie les prérogatives et les agréments qu'elles donnent, ou les charges et les ennuis qu'elles imposent.

En quelques mains que passent les fonds productifs, créés par la nature ou par l'industrie de l'homme, et les capitaux disponibles, incessamment fournis ou restaurés par l'épargne, l'afflux du capital disponible, soustrait à la consolidation comme à la dissipation ou à la consommation improductive, est toujours ce qui règle l'intérêt moyen et le taux moyen des placements. Pierre fait des économies, et au lieu de les placer dans le commerce ou l'industrie, sous forme de capital disponible, il les emploie à acheter la forêt de Paul. De deux choses l'une : ou Paul affecte le prix de vente à ses plaisirs, auquel cas sa prodigalité neutralise exactement l'économie de Pierre ; ou bien il offre ce capital à l'industrie, absolument comme Pierre aurait pu l'offrir si l'acquisition de la forêt ne l'eût tenté. On aurait donc tort de croire que la suppression des entraves mises à la circulation des propriétés pût influer directement sur le taux de placement ou sur l'intérêt des capitaux. Mais, en tant qu'elle ferait passer les propriétés dans les mains de ceux qui se sentent capables de les exploiter avantageusement et qu'elles éveilleraient ainsi des forces inactives, elle pourrait contribuer à l'accroissement du capital disponible, et par suite influer d'une manière indirecte sur le taux de placement.

Quand la prospérité du pays décline, non-seulement le travail de la capitalisation s'arrête, mais les capitaux anciennement formés perdent de leur valeur ou même sont livrés à une destruction physique. Ainsi les têtes de bétail qui forment un troupeau, c'est-à-dire un capital productif et disponible, sont vendues pour la boucherie ; les approvisionnements d'une usine sont éparpillés et vendus au détail pour les besoins journaliers de la petite consommation ; la réserve métallique d'une banque sort de ses coffres pour suivre le sort du numéraire circulant. Quant aux fonds factices, produits de la consolidation des capitaux disponibles, et dont la rente ne suffit plus aux frais d'entretien, ils ne tardent pas à disparaître en ne laissant que des vestiges improductifs. Une bien faible partie seulement de leur valeur, sous forme de moellons, de bois à brûler et de ferraille, peut être remise en circulation à titre de capital disponible. D'ailleurs, on comprend de reste qu'il y a des degrés dans la disponibilité et dans la consolidation, quoique les écrivains spéculatifs négligent trop souvent d'en tenir compte, et qu'il leur soit plus commode de comprendre sous la même rubrique des bâtiments, des machines, des approvisionnements, un stock de produits, une caisse, un portefeuille, des comptes au livre, choses foncièrement si disparates, au su de tous les conducteurs et liquidateurs d'entreprises.

Singulière fortune que celle de ce mot de *capital*, devenu enfin dans ces derniers temps l'un des noms de la bête de l'Apocalypse, DAS KAPITAL, comme le dit dans son allemand le grand-prêtre de l'*Internationale*, M. Karl Marx! D'ordinaire la marche de l'esprit humain consiste à passer du sens concret au sens abstrait, et l'on en a justement un exemple dans la suite des acceptions de notre vieux mot *cheptel* ou *chattel* (p. 29). En reprenant le même mot sous sa forme moderne, notre langue est plutôt revenue de l'abstrait au concret : elle n'a appliqué que fort tard à un train d'agriculture ou à un matériel d'usine le terme qui déjà était employé depuis longtemps à désigner les valeurs fiduciaires (*nomina* au sens du juriconsulte) dont on rassemble dans un portefeuille les titres ou les signes représentatifs. Encore aujourd'hui le langage du monde oppose en ce sens les *capitalistes* aux possesseurs d'immeubles, naturels ou factices, comme aux industriels qui donnent une existence concrète aux capitaux qu'on leur confie. C'est que les études spéciales des économistes les ont amenés à approfondir la réalité des choses plus qu'on n'est tenu de le faire dans le langage de la conversation ; et de là des expressions techniques, éloignées de l'usage commun.

Mais, comme l'abus vient toujours vite, on a bientôt étendu outre mesure l'application du terme générique, moins à l'avantage de la doctrine qu'au risque de la faire tourner à une sorte de nominalisme scolastique. On est allé jusqu'à dire que les bras de l'ouvrier, le goût et le talent de l'artiste, la capacité inventive du savant sont des capitaux. Mais en quoi cette découverte avance-t-elle la science, et ne vaut-il pas autant dire avec tout le monde que les uns vivent de leurs bras, d'autres de leurs talents, d'autres de leurs capitaux ? Passe encore si l'on pouvait mettre à l'encan, comme jadis sur le marché de Rome, l'esclave de choix qui avait été élevé pour être un grammairien, un pédagogue, un secrétaire, un médecin, et qu'on payait beaucoup plus que celui dont l'emploi devait consister à arroser un jardin ou à tourner la meule. Mais aujourd'hui l'on ne vend plus, Dieu merci, les grammairiens et les médecins : on se contente de faire des bacheliers et des docteurs, ce qui ne laisse pas encore que d'offrir des difficultés et de donner lieu à beaucoup de disputes.

§ 6. — *Du crédit.*

Passons à l'analyse de la fonction du crédit, et d'abord insistons sur cette notion si simple et par elle-même si claire, que le crédit n'est point une richesse actuelle et effective (p. 61), ni même une force productive, au propre sens du mot, quoiqu'il faille le regarder comme l'un des plus puissants auxiliaires de la production des richesses. « Le crédit double la richesse, » entend-on souvent répéter : assurément, de même qu'une pluie venue à propos peut doubler la récolte de vin, non en ce sens qu'il suffise de mêler un tonneau de vin avec un tonneau d'eau pour avoir deux tonneaux de vin. Des charlatans en affaires, qui veulent créer la richesse de toutes pièces par la seule vertu du crédit, sans l'intervention des forces naturelles et du travail ou de l'industrie de l'homme, et sans s'assujettir aux délais que cette intervention nécessite, ressemblent à ces frelateurs qui remédient après coup à l'insuffisance de la récolte, en faisant dans leurs caves du vin avec de l'eau.

En général, le crédit remplit sa fonction normale lorsqu'il met en jeu les forces productives appliquées à la richesse actuelle, de manière à la faire fructifier et grossir : tandis que l'usage en est pernicieux ou, tout au moins, très-périlleux, lorsqu'il consiste à escompter le futur accroissement de richesse et à le jeter dans la circulation, sous un signe ou sous un autre, comme une richesse actuelle. La chose saute aux yeux, lorsqu'il s'agit d'escompter la richesse future pour la consommer à l'avance; mais l'opération reste encore foncièrement mauvaise, hormis peut-être pour celui qui la *lance*, lors même que l'on affecte de vouloir employer comme instrument de production le produit de l'escompte.

C'est dans la génération et dans l'emploi des capitaux industriels que se montrent particulièrement sur une grande échelle, chez les nations industrieuses et riches, les avantages du crédit : de manière à mettre en évidence la liaison de la fonction du crédit avec le principe de tout perfectionnement d'organisme, celui de la division du travail et des fonctions. Car, comment les capitaux s'accumuleraient-ils au profit de l'industrie, s'il fallait que la même personne réunît l'habileté professionnelle à l'aide de laquelle elle réalise des profits et des épargnes, et l'habileté à faire valoir les épargnes réalisées ; s'il fallait que celui qui a des revenus et une prévoyance qui le porte à l'économie, eût en même temps l'âge, la santé, la hardiesse, l'expérience, l'habileté technique que chaque industrie réclame ? C'est déjà quelque chose que de lui demander l'expérience et le tact requis pour éviter les placements imprudents.

Sous quelle forme spécifique le capital épargné se conserverait-il, en attendant qu'il eût acquis une importance assez grande pour qu'il pût devenir, entre les mains de celui qui l'accumule, un instrument de production? Ce ne pourrait être sous la forme de denrées encombrantes et sujettes à dépérissement. La société

et les particuliers y perdraient trop par l'inertie et le
déchet des matières accumulées ; et bientôt l'encombrement de toutes ces matières inertes éteindrait chez
l'homme le plus prévoyant et le plus intéressé le goût
de l'épargne. On enfouirait donc, comme l'avare, les
métaux précieux, ou bien, on les entasserait dans un
coffre pour les rejeter plus tard dans la circulation, ce
qui les exposerait à de fâcheux soubresauts de valeur ;
et, de plus, la portion soustraite à la circulation
serait un capital inerte, tenant la place d'un capital
productif, au dommage évident de la société.

Grâce au crédit, l'influence de la division du travail
se fait sentir, ici comme partout. L'un met ses soins à
accroître le capital et l'autre à le faire valoir. Les
épargnes successives, un instant réalisées sous la
forme d'espèces monnayées ou de numéraire conventionnel, passent à des emprunteurs qui se chargent
d'en faire un emploi productif. L'emprunteur dispose
d'un capital réel dont il doit la valeur : aux mains du
prêteur se trouve un signe, un titre qui représente
une valeur confiée à l'emprunteur, et qui mérite pour
cela le nom de capital fiduciaire.

Dans un pays où les habitudes et les mœurs commerciales se sont développées, la confiance tient surtout à des garanties *personnelles ;* et l'opinion que l'on a
de la probité du négociant, de son expérience et de son
habileté en affaires, décide du crédit qu'on lui accorde.
Pour le commerçant, la multiplicité des affaires produit
presque l'effet d'une caisse d'assurances : elle répartit,
sur un grand nombre d'affaires du même genre, la

perte causée par une fausse appréciation dans une affaire particulière. Il faut aller vite, et l'on est assez vite renseigné sur la réputation d'un commerçant : tandis qu'il n'y a ordinaire rien de si difficile à connaître que la juste étendue des garanties *réelles* qu'il peut offrir.

L'industrie proprement dite et le commerce proprement dit ont cela de commun, qu'on y fait un continuel usage du crédit, fondé sur les mêmes garanties : ce qui motive l'application des mêmes règles de droit, de la même jurisprudence, et l'intervention des mêmes tribunaux. En d'autres termes, et pour parler comme les jurisconsultes, l'industriel est amené à faire habituellement *acte de commerce*, aussi bien que le commerçant proprement dit ; et une ressemblance habituelle dans les actes doit causer une ressemblance dans les mœurs professionnelles. Mais les opérations commerciales reposent plus spécialement sur le crédit, et les capitaux matériels ou concrets sont plus particulièrement exigés pour le travail industriel. Que sont les bureaux et les coffres d'un banquier, les magasins d'un marchand en gros, l'étalage d'un boutiquier, auprès de l'attirail matériel d'une usine, d'une manufacture, d'un chemin de fer !

Plus les institutions de crédit se perfectionnent, plus la confiance augmente, et plus les avances dont le commerçant a besoin, et qui forment la plus grosse part du capital qu'il emploie, diminuent d'importance relativement au chiffre de ses affaires. Le négociant en gros achète des marchandises au fabricant et le paye en papier à trois mois de date, que le fabricant reçoit comme argent comptant, déduction faite de l'escompte, parce qu'il sait qu'une banque le lui escomptera et qu'il recouvrera ainsi le numéraire à défaut duquel il serait obligé d'arrêter sa fabrication. Le même négociant en gros traitera dans des conditions analogues avec les détaillants; et même, sans fournir son propre papier au fabricant, il pourra passer à son ordre les billets des détaillants, dont son portefeuille est garni. Que si une banque d'escompte, jouissant du plus entier crédit, donne en retour du papier escompté par elle des billets au porteur et à vue que chacun accepte comme argent comptant, l'économie résultant de l'emploi d'une monnaie qui ne coûte rien que les frais de gravure et de contrôle, viendra s'ajouter à l'économie faite sur le capital circulant. Chercher quelque chose de plus, sous la vague dénomination de gratuité du capital, c'est poursuivre un but chimérique.

On dit communément que l'argent devient rare ou abondant, qu'il se cache ou qu'il se montre : et on le dit également dans des circonstances où il s'agit de phénomènes économiques au fond très-dissemblables. Le plus souvent ces locutions n'expriment que le resserrement ou l'expansion du crédit. Sous l'influence de causes générales, telles que la crainte d'une révolution, d'une guerre, d'une mauvaise récolte, d'une suspension d'arrivages, d'une clôture de débouchés, le crédit se resserre, les affaires se ralentissent, on est moins disposé à prêter, à avancer, à se découvrir. Les plus hardis ne prêtent ou ne se découvrent que lorsqu'ils y sont sollicités par l'appât d'une plus forte prime, c'est-à-dire par l'élévation du taux de l'intérêt avec lequel la prime se confond. On reste nanti de valeurs dont on se serait vite débarrassé dans un meilleur état du crédit, afin de les rendre productives. On a plus d'argent dans sa caisse, plus d'effets dans son portefeuille, plus de marchandises en magasin. Si la situation venait à se prolonger et à s'exagérer, la production diminuerait rapidement, puisque le crédit est un si utile auxiliaire de la production. Dire en pareil cas que l'argent est rare, ce serait s'exprimer fort improprement, puisque l'argent se trouve plutôt surabondant pour une production restreinte, et qu'il y aurait lieu d'en exporter une partie, si la situation ne changeait pas.

Au contraire, il peut arriver que la raréfaction porte effectivement sur l'instrument métallique de la circulation. Supposons une mauvaise récolte de blé, et que pourtant ce fléau naturel soit compensé par d'autres avantages, tels qu'un surcroît de demandes faites par l'étranger à l'industrie du pays. Supposons de plus, ce qui est le cas ordinaire, qu'il faille payer avec du numéraire métallique le blé dont l'importation est urgente, tandis que le payement des articles demandés par l'étranger ne pourra s'effectuer qu'assez longtemps après la livraison et plus longtemps encore après la commande. On éprouvera tout à coup une pénurie de numéraire à laquelle, sans doute, le temps porterait remède : mais, en attendant, cette pénurie gênerait beaucoup la circulation, causerait des faillites et pourrait paralyser les affaires, si des institutions et des signes de crédit ne venaient en aide. Alors l'argent sera rare dans le vrai sens du mot. On en aura la preuve dans le succès même de l'institution de crédit. Si, au contraire, l'expédient échoue, ce sera le meilleur indice que l'on parlait un langage impropre ou figuré, quand on mettait en avant la rareté de l'argent, et que le mal réel affecte les organes de la production plutôt que ceux de la circulation des richesses.

La distinction, quoique subtile et inaperçue de ceux qui n'ont pas quelque teinture de ces matières, peut encore être rendue sensible dans les circonstances que voici. Une banque nationale, comme celle d'Angleterre, élève subitement son escompte, par suite du resserrement du crédit sur la place de Londres ; et quoique la crise commerciale ne paraisse pas affecter, du moins au même degré, la place de Paris, la Banque de France se croit obligée de hausser pareillement le taux de son escompte pour prévenir, dit-on, le *drainage* du métal précieux, de Paris à Londres. On lui répond, la cote du change à la main, que ce drainage est impossible, puisque le métal est actuellement moins cher à Londres qu'à Paris. Les financiers ingénieux à qui l'on doit cette découverte, ont mis ainsi dans tout son jour la distinction dont nous parlons, et s'ils ont diminué le revenu des actionnaires de la Banque, ils ont du moins soulagé le commerce de Paris.

§ 7. — *De l'institution d'un marché et d'une cote des capitaux, tant réels que fiduciaires.*

Pour se procurer le capital réclamé par de grandes entreprises qui dépassent les forces des particuliers et même celles des sociétés ordinaires de particuliers, on le divise en *actions* d'un placement d'autant plus facile que la division est plus grande. Ces actions se négocient journellement sur un grand marché qu'on appelle la *Bourse*, et sont *cotées* plus ou moins haut, selon l'opinion qu'on se fait de la solidité de l'entreprise, de ses chances de gains ou de pertes, c'est-à-dire suivant la perspective que l'on croit avoir de plus gros ou de plus minces *dividendes*. De plus, une cause générale, la hausse ou la baisse du taux moyen de l'intérêt, par suite de la rareté ou de l'abondance des capitaux disponibles, du resserrement ou de l'expansion du crédit, tendra à imprimer aux fonds de cette espèce (que pour abréger nous appellerons *fonds publics*, à cause de la publicité du marché) un mouvement général de baisse ou de hausse. La multiplicité des entreprises et des actions n'accroît pas le capital disponible : au contraire elle l'absorbe et le consolide, au moins en plus grande partie, en le convertissant en fonds productifs de rentes. A plus forte raison, la cote des actions émises, dont la valeur d'émission a été consommée ou consolidée par la constitution de l'entreprise, ne saurait-elle influer sur le montant du capital disponible, ni par conséquent sur le taux moyen de l'intérêt, puisque l'acheteur se dessaisit, sous une forme ou sous une autre, de toute la portion de capital disponible qui passe dans les mains du vendeur (p. 84).

Toutefois, à cause de leur subdivision et de leur facile négociation, les fonds de cette nature offrent de grandes facilités pour le placement fructueux des épargnes quotidiennes, des petites épargnes surtout. Ils favorisent ainsi le travail de la formation des capitaux, et attendu que ce sont des gages susceptibles d'une *discussion* immédiate, comme diraient les jurisconsultes, ou d'une *exécution* immédiate, comme on dit plus brutalement à la Bourse, ils peuvent à titre de gage suppléer au crédit, faire jusqu'à un certain point l'office de monnaie. En même temps, puisqu'il faut toujours que dans les institutions humaines le mal se trouve à côté du bien, cette facilité de négociation excite la passion du jeu. D'ailleurs il faut distinguer, à propos des fonds publics plus encore qu'à propos des autres valeurs (p. 7), une spéculation utile et une spéculation nuisible. La spéculation utile est celle qui modère, en prévision de l'avenir, les agitations actuelles du marché. La spéculation nuisible est celle qui les exagère et qui fait verser du côté où l'on penchait déjà. Rien ne serait plus absurde que d'attribuer à la spéculation bonne ou mauvaise, qui par elle-même ne produit rien et n'ouvre aucun débouché, la vertu d'agir d'une manière durable sur la valeur d'une denrée comme le blé, le sucre, le coton : de même pour les fonds publics. La spéculation, même la meilleure, ne fait qu'anticiper ou escompter l'avenir ; et au contraire l'avenir se charge d'effacer tout ce qu'il y a eu d'irrégulier et d'arbitraire dans les spéculations passées.

On a vu des compagnies d'actionnaires qui payaient des flottes, des armées, des corps de magistratures, qui maîtrisaient et exploitaient des contrées immenses. Ces compagnies ont disparu, mais il y en a d'autres qui brassent encore les millions par centaines. De telles compagnies sont sujettes à éprouver des embarras, des pertes, à faire des dépenses extraordinaires, par nécessité actuelle ou en vue de grands avantages futurs. Il faudrait donc supprimer provisoirement tout dividende, ou même recourir aux actionnaires par la voie des appels de fonds. Mais ce serait leur faire pousser des cris de détresse, avilir tout d'un coup les actions, ruiner peut-être l'entreprise. D'ailleurs il paraît juste que le fardeau des charges extraordinaires, de celles surtout qui doivent trouver plus tard un large dédommagement, n'écrase pas les détenteurs actuels d'actions et se répartisse, au moins dans une certaine mesure, sur les détenteurs futurs. La compagnie usera donc de la ressource des emprunts, ce qu'elle peut faire de bien des manières, dont trois méritent particulièrement l'attention.

En premier lieu, la compagnie peut emprunter sur des billets à courte échéance ou des *bons de caisse* dont elle élève ou abaisse l'intérêt selon que l'affluence des fonds cesse de suffire aux besoins de la caisse ou qu'elle les dépasse. Si ces *bons* se négocient en Bourse, leur cote reflétera les variations les plus fugaces dans le taux de l'intérêt. On appelle *dette flottante* une dette sous cette forme, dette qui doit se renfermer entre des limites relativement étroites, à moins d'exposer la compagnie à une suspension de payements et à la faillite.

En second lieu, la compagnie peut émettre des *obligations* à long terme, dont elle échelonnera le remboursement par voie de tirage au sort, sur un espace de trente ou quarante ans, ou même d'un siècle. Quelquefois même, pour donner plus de faveur aux obligations émises et les placer à un taux plus avantageux, elle aura recours à un expédient de mauvais aloi, en offrant aux souscripteurs l'appât d'une forte prime, attachée à un très-petit nombre de numéros que le sort désignera.

Enfin, si rien ne limite la durée de l'existence civile et légale de la compagnie, elle pourra contracter un emprunt en *rentes perpétuelles* ou *consolidées* (p. 34), ce qui se prête à merveille aux conditions de notre économie moderne, quand il s'agit de titres qu'on peut négocier tous les jours à la Bourse. Sous l'ancien régime, le clergé de France était un corps, non d'actionnaires, mais de bénéficiers, lequel ne mettait pas en doute sa perpétuité, et empruntait en rentes perpétuelles pour réaliser les *dons gratuits* extraordinaires que le roi exigeait de lui dans ses besoins, qualifiés à tort ou à raison d'extraordinaires. Car chaque bénéficier aimait bien mieux grever ses successeurs d'une légère contribution que de subir lui-même pour cinq ans une notable réduction dans son revenu.

En recourant à ce mode d'emprunt, la compagnie que nous imaginons pourrait mettre en adjudication

ou en souscription des rentes perpétuelles pour une
somme déterminée, sans qu'il fût question de *taux
d'intérêt*, de *pair*, ni de *capital nominal*, de sorte qu'elle
n'aurait d'autre moyen d'éteindre ou d'amortir sa dette
que de racheter successivement des rentes au cours
du jour, si haut que le cours s'élevât par suite de la
baisse du taux moyen de l'intérêt. La fixation du taux
de l'intérêt ou du capital nominal ne peut signifier
qu'une chose, à savoir que la compagnie se réserve le
droit de rembourser au pair, sauf à contracter pour
cela un nouvel emprunt à de meilleures conditions.

Tous les titres d'emprunt négociables mettent en
circulation le capital fiduciaire, comme les actions y
mettent le capital réel. Ceux-là offrent au capitaliste,
pourvu que sa prévoyance n'embrasse pas un temps
trop long, l'avantage d'une fixité de revenu que ne
comportent pas les actions industrielles dont les dividendes varient avec les bénéfices annuels : ce qui les
approprie mieux à la fonction de contenir et de conserver les épargnes quotidiennes, en attendant qu'elles
aient assez grandi pour d'autres emplois. D'autre part,
la valeur de la rente perpétuelle est réellement affectée
par la lente dépréciation de l'étalon monétaire : tandis
qu'en général les profits de l'industrie et par suite les
dividendes de l'actionnaire doivent s'élever nominalement comme les fermages et les salaires, en raison
même de la dépréciation de l'étalon des valeurs, de
manière à retrouver sur une grande échelle cette fixité
dont ils sont dépourvus lorsqu'on n'embrasse qu'un
court espace de temps.

L'emprunt vient combler le vide malheureusement
survenu dans l'ancien capital de la compagnie, soit
fixe, soit circulant, ou s'ajouter à l'ancien capital pour
recevoir un emploi productif. Il prévient donc la baisse
d'intérêt qui résulterait, en dehors des affaires de la
compagnie, de la réunion de nouveaux fonds disponibles en quête d'emploi. Inversement, lorsque la
compagnie, au lieu de distribuer tous les bénéfices
en dividendes, en affecte une partie à l'amortissement
ou à l'extinction de sa dette, elle rejette en dehors de
ses affaires un capital dont elle peut se passer, elle fait
pour ses actionnaires une économie qu'ils n'auraient
peut-être pas faite eux-mêmes, et de là une cause de
baisse dans le taux de l'intérêt.

Inutile d'insister pour prouver que toute réduction de
la rente, résultant, soit d'un nouvel impôt, soit d'une
retenue comme celles qu'autorisaient les anciens édits,
n'affectera en rien le taux de l'intérêt dans les autres
affaires et provoquera immédiatement une baisse proportionnelle dans la cote de la rente. Toute mesure de
ce genre équivaudra à une confiscation ou abolition
partielle au préjudice du rentier.

Il peut arriver que la compagnie, sans attendre que
la rente ait atteint le pair, ce qui donnerait toute facilité d'offrir le remboursement et d'échapper au reproche de banqueroute partielle, propose aux rentiers
un accroissement de capital nominal en compensation
d'une perte de revenu à laquelle ils souscriraient. On
variera donc les combinaisons, on disposera les calculs.
Et cependant si l'on admet : 1° que la compagnie finira

par rembourser ou amortir effectivement sa dette, 2° que la valeur réelle de l'étalon monétaire ne variera pas sensiblement jusqu'à l'amortissement final, il est certain sans aucun calcul, par la seule force de l'axiome *ex nihilo nihil* qu'on ne peut pas, avec des écritures seulement, payer une dette ou partie d'une dette, ni créer de toutes pièces la valeur dont le transfert opérera la libération du débiteur et le remboursement du créancier. Il faut donc que le marché soit désavantageux à l'un ou à l'autre.

Autant cet argument est invincible dans la double hypothèse admise, autant il porte à faux dans des hypothèses contraires. Il s'agit donc avant tout de savoir si le public croit et si la compagnie croit elle-même à l'amortissement final de sa dette. Cela nous mène à dire quelques mots de l'amortissement par voie de rachat d'une dette exigible, de l'institution d'une caisse d'amortissement et de la puissance de l'intérêt composé (p. 38).

L'intérêt composé n'est nullement une chimère en fait d'amortissement. La compagnie qui peut actuellement prélever 100 000 francs sur ses bénéfices annuels pour amortir sa dette, et qui effectivement rachètera des rentes la première année jusqu'à concurrence de cette somme (soit 5 000 fr. de rente), pourra en les annulant, si rien n'est changé d'ailleurs au train de ses affaires, prélever sur ses bénéfices de quoi racheter des rentes l'année suivante jusqu'à concurrence de 105 000 francs, et ainsi de suite. Tant que le travail d'amortissement durera, rien ne changera dans la condition des actionnaires ; leurs dividendes ne seront ni augmentés, ni diminués de ce chef ; et un beau jour ils s'apercevront, ou leurs arrière-neveux s'apercevront, à la hausse subite de leurs dividendes, que la dette est entièrement éteinte. Il n'est pas besoin de faire pour cela ce qu'on appellerait en style familier une *tirelire*, et ce que de grands financiers nomment une *caisse d'amortissement*, sorte de rouage à part, ayant sa comptabilité séparée. Si la compagnie juge à propos d'instituer ce rouage, c'est apparemment pour agir sur l'opinion, ou parce qu'elle se méfie d'elle-même, semblable en cela à telle bonne femme qui se croit plus sûre de ne pas céder à la tentation d'entamer une réserve, quand elle l'a mise dans un sac à part.

La compagnie se méfie d'elle-même, mais en quel sens ? On peut toujours admettre qu'elle sait faire choix d'administrateurs intègres, observateurs fidèles de ses statuts : il faut donc qu'elle se méfie de ses action-naires. Et en effet, comment persuader à une assem-blée d'actionnaires qu'il faut ajourner à long terme ce grossissement subit de dividendes qu'on pourrait obte-nir tout de suite en renonçant désormais à la puissance de l'intérêt composé ? A peine est-il besoin de dire que l'assemblée se révolterait si on lui parlait de réduire encore ou de supprimer pour quelques années le divi-dende, vu l'état fâcheux des affaires.

D'ailleurs la création d'un fonds d'amortissement, moyen excellent pour attirer les prêteurs et pour obte-nir d'eux des conditions meilleures, a l'inconvénient de pousser ensuite à la hausse de la rente et d'en rendre le rachat plus coûteux. Que si la compagnie est obligée de recourir à d'autres emprunts avant l'extinction de la première dette, et si elle fait fléchir les cours par le nouvel emprunt pendant que l'amortissement les relève, les actionnaires pourront bien être tentés de voir là un jeu de **bourse** dont ils **font les** frais et dont profitent les **souscripteurs** des **emprunts** successifs. En ce cas il faudrait **reconn**aître que la lente dépréciation de l'étalon monétaire est la seule ressource qui reste à la compagnie, non pas à la vérité pour payer, mais du moins pour éteindre une partie de sa dette.

On devine aisément quelle **est** la compagnie à laquelle nous avons **fait** allusion **dans ce** simple discours.

Mutato nomine, **de** te

Fabula narratur.

Ce n'est pas, Dieu **merci**, qu'il **faille** maintenant, comme dans l'antique Orient, recourir à l'apologue pour l'expression de certaines vérités. Mais il nous a paru préférable de traiter d'un point de vue purement économique, des questions qui sont de leur nature indépendantes de la politique et de la force coactive attachée aux pouvoirs politiques, quoiqu'on les ait agitées jusqu'ici, surtout à **propos** d'affaires auxquelles la politique avait la plus **grande** part.

Par la nature même de l'emprunt en rentes perpétuelles, nous avons été conduit à parler du changement que la suite des temps peut amener dans la valeur de l'étalon monétaire : changements qui d'ordinaire s'opèrent avec assez de lenteur pour qu'on puisse se dispenser d'y avoir égard dans la plupart des transactions civiles. Le moment paraît donc venu d'approfondir davantage l'idée que nous avons de la valeur d'échange et de la mesure des valeurs, de manière à nous rendre pleinement compte de la fonction de la monnaie dans le système économique. Ce sera le sujet de la section suivante.

TROISIÈME SECTION

LES MONNAIES

—

§ 1er. — *Des changements de valeurs relatifs et absolus. — D'un étalon des valeurs et de la correction
qu'il exige.*

Jusqu'ici nous croyons être resté dans le domaine
des faits concrets et sensibles, les plus propres à nous
prémunir contre les abus de l'abstraction artificielle,
de la généralisation prétentieuse et de la subtilité scolastique. Il n'en faut pas moins finir par aborder
l'abstraction fondée en raison, l'idée pure qui est le
principe de toute explication rationnelle, et qui seule
a la vertu de mettre en ordre les matériaux de nos connaissances, de manière à leur donner effectivement la
forme d'une construction scientifique.

Ceux que la tournure de leur esprit porte vers ce
qu'on appelle, tantôt la philosophie, tantôt la métaphysique (et il s'en trouve aussi parmi les économistes), n'ont pas manqué de s'évertuer sur l'idée de la
valeur et du changement de valeur. Nous croyons
avoir montré dans d'autres écrits, depuis longtemps

déjà, que toute cette discussion se rattache à un principe plus général, véritable fondement de la critique philosophique et de toute espèce de critique. Il faut bien reprendre ici ce sujet, au risque de recommencer dans les mêmes termes l'explication des mêmes choses.

De même que nous ne pouvons assigner le lieu d'un corps qu'en le rapportant à d'autres corps, ainsi nous ne pouvons assigner la valeur d'un article de commerce, d'une chose échangeable, que par rapport à d'autres articles contre lesquels il s'échange ; et, en ce sens, il ne saurait y avoir que des valeurs relatives. Mais, lorsque la distance de deux corps varie, il faut que ce changement provienne du déplacement de l'un ou de l'autre des deux corps, ou de ce que tous deux se sont déplacés. Et de même, si le tarif d'après lequel deux articles s'échangent couramment sur le marché vient à changer, il faut que ce changement tienne à un changement absolu de valeur qui porterait sur l'un ou sur l'autre article, ou sur tous deux à la fois, mais inégalement. Nous distinguons donc très-bien, au moins par la pensée, les changements *relatifs* de valeur, tels qu'ils se manifestent sur le marché dans la cote du change ou de l'échange, d'avec les changements *absolus* de valeur qui déterminent le *phénomène* des changements relatifs et en rendent *raison*.

De même encore que l'on peut, sans tomber dans aucune contradiction logique, mais non sans choquer le bon sens, faire une hypothèse quelconque sur les mouvements absolus d'où résultent les mouvements relatifs observés dans un système de corps, ainsi l'on pourrait à la rigueur choisir arbitrairement l'hypothèse sur les variations de valeur absolue d'où résultent les variations observées dans les valeurs relatives d'un ensemble d'articles. Cependant, si tous les articles, un seul mis à part, conservaient les mêmes valeurs relatives, le bon sens rejetterait, comme invraisemblable, l'hypothèse **qui** ferait porter le changement absolu, non sur **cet** article unique, mais sur chacun des autres : à moins que les autres articles ne formassent visiblement un système solidaire, de manière que le changement de valeur absolue pour l'un d'entre eux entraînât pour tous les autres des changements proportionnels. **Par** exemple, celui qui apprendrait que, dans un pays éloigné, le prix du vin a doublé d'un mois à l'autre, sans changement notable dans les prix des autres denrées, ni, par conséquent, dans leurs valeurs relatives, **n'hésiterait** pas à attribuer ce changement de cours **à** la hausse absolue de la valeur du vin plutôt qu'à la baisse absolue de la valeur de l'argent, lors même qu'il ignorerait, ce que savent les habitants du pays et des pays voisins, qu'une gelée a détruit l'espérance de la récolte. Au contraire, quand nous voyons qu'à certaines époques le blé, le vin, le bétail et d'autres denrées ont toutes changé de valeur relativement à l'argent, et à peu près dans le même rapport, nous sommes portés à en conclure qu'il y a eu baisse absolue dans la valeur de l'argent, lors même que nous ne saurions y assigner **une cause,** telle que l'a été pour le monde européen, **dans** les temps modernes, la découverte des **trésors et** des mines de l'Amérique, et plus anciennement **pour** le monde **grec,** le pillage en grand des trésors **de l'Asie** par les armées d'Alexandre.

Que si l'esprit **ne se** contente pas de vraisemblances et qu'il exige des démonstrations, il faudra, comme nous avons déjà tenté de le faire, pénétrer dans le secret des causes ou des forces qui régissent le système économique : de même qu'il a fallu pénétrer dans le secret des forces qui régissent la matière et constituer la science de la mécanique, pour trouver dans les observations du pendule, dans l'aberration des étoiles fixes, dans **la vérification soutenue** des lois de Kepler et de Newton, **des** preuves démonstratives des mouvements de la terre, que Copernic avait seulement rendus très-probables, par la simplicité avec laquelle il expliquait les mouvements relatifs au moyen de son hypothèse sur les mouvements absolus.

Si un article s'offrait à nous dans des conditions telles que nous eussions de bons **motifs** d'admettre qu'il ne comporte pas de variations absolues **de valeur**, il n'y aurait qu'à y rapporter tous les **autres pour** connaître leurs variations absolues de valeurs. Ce serait le *quid inconcussum*, le point de repère fixe que l'esprit humain poursuit en toutes choses et qu'il ne peut trouver. Nous aurions un *étalon* des valeurs pris dans la nature des choses et doué d'une fixité absolue, ou comme absolue, eu égard à tous les besoins de la pratique. Mais il suffit d'une légère attention pour se convaincre que ce terme fixe ou presque fixe n'existe pas (p. 76 et suiv.), quoiqu'il y ait des articles qui se rapprochent bien plus que d'autres de la fixité.

Mais, pourrait-on dire et a-t-on dit souvent, puisque le système économique ne nous offre nulle part ce point fixe de repère, qui rendrait palpables les changements absolus de valeur, qui donnerait, sans contestation possible, un étalon des valeurs absolues, laissons ces discussions métaphysiques, étrangères au monde des réalités. Abandonnons-les d'autant plus volontiers qu'on en a fait un dangereux abus. Sachons nous contenter d'un étalon variable, puisqu'on n'en peut avoir d'autre. Nous sommes conduits de la sorte à pénétrer plus avant dans une question des plus délicates, qui n'intéresse pas seulement, quoi qu'on en dise, la métaphysique, mais aussi les sciences réputées avec raison les plus positives et les plus parfaites, et qui n'intéresse pas à un moindre degré les questions économiques. Il faut que nous mettions, s'il se peut, assez de clarté dans nos explications pour surmonter un préjugé de savants et de philosophes, ce qui est bien plus difficile que de surmonter un préjugé populaire.

Prenons pour point de départ la plus simple, la plus palpable de toutes les opérations de mesure, celle qui consiste à mesurer immédiatement une longueur à l'aide d'une règle graduée et étalonnée qu'on appelle un *mètre*. Les règles employées sont, je le suppose, en fer, en cuivre, en platine, en verre; et elles sont sujettes à se dilater, ou à se contracter inégalement, selon la matière employée et selon que la température s'élève ou s'abaisse. A la vérité, les changements de longueur sont assez petits pour qu'on se dispense d'y avoir égard dans la pratique vulgaire ; mais le physicien, l'ingénieur doivent en tenir compte dans les mesures de précision, dans les opérations géodésiques, et il nous est permis de raisonner dans l'hypothèse où il faudrait y avoir égard, même pour les usages vulgaires. Alors l'arpenteur, l'architecte, et même le marchand ne retrouveraient plus leurs cotes, selon qu'ils opéreraient par un temps chaud ou froid, avec un mètre de fer ou avec un mètre de cuivre. Auquel des deux mètrès, à laquelle des deux mesures se fierait-on ? N'y aurait-il plus moyen de s'entendre et de savoir si la hausse de cote, du jour au lendemain, provient d'un raccourcissement du mètre ou d'un allongement de la chose mesurée ? Nullement, puisque les physiciens sont bien parvenus à obtenir la précision dont ils avaient besoin et à assigner les *coefficients de dilatation* du fer, du cuivre, du platine, du verre : ce qui semble d'abord un cercle vicieux, puisqu'ils employaient à la mesure des dilatations d'autres corps dilatables. Et néanmoins ils ont pu, par une discussion rationnelle d'expériences dont nous ne saurions donner le détail ici, sortir de ce cercle où semblaient les emprisonner les conditions de l'expérience sensible. Ce qu'ils ont fait sur une échelle microscopique, avec une grande précision et par des procédés très-délicats, on aurait pu le faire grossièrement sur une grande échelle, s'il avait plu à la nature de donner aux écarts résultant des changements de température des valeurs cent fois, mille fois plus grandes, au point de les rendre sensibles jusque dans les usages vulgaires. Car la résclution d'une difficulté logique tient à une conception logique, et ne saurait dépendre de l'échelle des grandeurs sur lesquelles on opère, ni du degré de précision qu'on poursuit.

On nous dira peut-être que la règle métallique est un instrument matériel, dont la longueur est visible, palpable : mais l'homme ne mesure pas seulement les choses qui tombent sous les sens ; tous les étalons qu'il emploie et dont les institutions sociales consacrent l'emploi, ne se conservent pas dans un dépôt officiel, comme une règle ou un poids en platine. Ainsi il mesure le *temps*, qui ne tombe pas plus sous les sens que la *valeur*, et il prend pour étalon du temps le *jour solaire moyen*, qui n'est qu'une conception des astronomes. Il est vrai que la nature offre à ceux-ci une autre période, celle de la révolution diurne des étoiles ou du *jour sidéral*, qui, si elle n'est pas rigoureusement invariable, comme on le croyait encore naguère, n'accuserait de variations sensibles que dans des intervalles de temps immenses, dont les astronomes eux-mêmes n'ont guère à s'occuper. Cette invariabilité quasi rigoureuse du jour sidéral a été d'une grande commodité aux astronomes pour régler les pendules de leurs observatoires, pour déterminer et corriger les variations du *jour solaire vrai;* enfin pour fixer, moyennant une table que l'on nomme l'*équation du temps*, la marche de cet astre imaginaire, doué d'un mouvement uniforme, qu'on appelle le *soleil moyen;* auquel ils rapportent, tant le soleil vrai que les autres corps célestes, pour en conclure finalement la situation de ces astres par rapport au vrai soleil.

Mais tout ce qui est commode n'est pas nécessaire. La nature n'aurait pas décrété l'invariabilité presque absolue du jour sidéral, que l'astronomie, devenue plus difficile à porter au degré de précision qu'elle a maintenant, ne serait pas devenue pour cela une science de construction impossible. Au défaut de cette grande horloge naturelle qui marque l'heure sidérale, les astronomes et même les simples horlogers, pourvu qu'ils fussent des horlogers intelligents, construiraient, à l'aide d'observations patientes et des lumières de la raison, une horloge idéale qui aurait la vertu de régler et de corriger toutes les horloges matérielles[1].

Jamais la science économique n'aura le degré de précision et de perfection de l'astronomie ou de l'horlogerie, qui en doute? Les théories, les observations, les mesures, et (dans ce qui ne comporte pas de mesures) l'*estime* ou l'évaluation approchée de l'astronome, vaudront scientifiquement mieux que les théories, les observations, les mesures et l'*estime* de l'économiste, même le plus exercé et le plus sagace. C'est la suite inévitable d'un contraste si marqué entre la simplicité des grands phénomènes astronomiques et la complication des faits sociaux. Mais, en principe et sauf à discuter les procédés de mesure ou d'*estime*, il n'est pas plus déraisonnable de chercher une mesure fixe des valeurs, quoiqu'il n'y ait pas un article dont la valeur reste absolument fixe, que de chercher une

1. *Traité de l'enchaînement des idées fondamentales*, liv. I, ch. VI.

mesure fixe du temps et un régulateur de toutes les horloges, quoiqu'il n'y ait point d'horloge qui marche avec une régularité parfaite.

§ 2. — *Des caractères essentiels de la monnaie et de l'idée d'une monnaie de compte.*

Nous n'avons pas besoin de répéter en détail ce qui a été si souvent dit des qualités que doit réunir le métal précieux, employé à la fabrication d'une monnaie. Il faut d'abord qu'il soit précieux, c'est-à-dire recherché pour des usages de commodité ou de luxe, et cependant assez rare dans la nature ou d'une extraction assez coûteuse pour qu'il contienne une notable valeur sous un faible poids dont le transport ou la circulation n'ont rien d'encombrant. Il faut qu'on puisse à volonté, sans déchet ou presque sans déchet, fractionner un poids de métal ou en réunir les fragments. Il faut qu'il soit d'une conservation facile, inaltérable ou presque inaltérable à l'état de repos, et qu'il ne s'use qu'avec beaucoup de lenteur par la circulation. Il faut surtout qu'il ne puisse éprouver que de faibles variations dans sa valeur propre, du moins dans les circonstances ordinaires et pourvu qu'on n'embrasse pas un trop long espace de temps. Autrement, toutes les transactions seraient troublées comme elles le sont par un papier-monnaie, sujet dans sa valeur à des variations brusques ou à des variations continues, mais rapides, et dont on ne peut assigner d'avance l'époque et l'amplitude. Il n'y aurait plus, à proprement parler, de contrat de vente : car, ce qui pour le jurisconsulte éclairé caractérise essentiellement la vente et la distingue de l'échange, ce n'est pas la facilité plus grande d'échanger contre d'autres objets les pièces de métal données ou promises en échange de la chose vendue, c'est la fixité du prix ou l'invariabilité de valeur des pièces de métal, au moins pour le laps de temps qu'on a d'ordinaire en vue dans les transactions civiles. Ou plutôt encore cette fixité de valeur des pièces de métal est justement ce qui rend plus facile de les échanger ensuite contre tout autre objet.

D'ailleurs, on aperçoit sans peine la raison ou l'une des raisons de la lenteur avec laquelle, dans les circonstances ordinaires, change la valeur absolue du métal précieux. On découvre des gîtes métalliques d'une plus grande richesse, ou d'où le métal peut être extrait à moins de frais que des gîtes anciens ; et si le métal se consommait en majeure partie comme le blé dans l'année où on le récolte, cette trouvaille amènerait une chute brusque dans la valeur du métal : mais le métal ne s'use qu'avec beaucoup de lenteur, et la masse extraite annuellement, si grande qu'elle soit devenue de nos jours, est petite en comparaison de la richesse métallique que les siècles ont accumulée. L'influence modératrice de cette masse accumulée, qui devrait tout à la fois subir le même mouvement de baisse, est d'autant plus efficace que la communication entre tous les marchés du globe est rendue plus facile pour une marchandise si peu encombrante (p. 65).

La liste des métaux est assez peu nombreuse pour
qu'on ait, malgré de vieilles déclamations, des motifs
suffisants de remercier la nature d'avoir bien voulu
réunir dans un même métal toutes les qualités nécessaires pour en faire le soleil, le roi, ou plutôt le régulateur du système économique. Mais elle ne s'en est pas
tenue là, ce qui eût peut-être mieux valu, et elle a
répété deux fois sa complaisance, par un hasard de
même ordre que celui qui a constitué des étoiles doubles ou des systèmes solaires à doubles soleils, quoiqu'en nombre beaucoup plus petit que celui des étoiles
simples ou des systèmes à soleil unique. Cette *donnée
naturelle* (car c'est ainsi qu'il faut considérer le fait
dont il s'agit) a dans les théories économiques une importance majeure. Nous disons qu'il faut y voir une
donnée naturelle, puisque l'or et l'argent étaient recherchés par les hommes à titre de métaux précieux
bien avant l'invention de la monnaie, puisque en fait de
trouvailles et de vicissitudes de cours, l'un n'a jamais
tardé à suivre le sort de l'autre, comme cela s'est vu
immédiatement après la découverte de l'Amérique,
comme cela se voit encore à l'heure actuelle où une
Californie d'argent succède à une Californie d'or. A la
vérité, si la réunion de qualités qui caractérise le métal
précieux est une donnée naturelle, le monnayage est
le fait de l'homme, qui peut exclure systématiquement
du monnayage l'un des deux métaux précieux dont la
nature l'a gratifié sans le consulter. Nous discuterons
ce point plus loin : ici, nous nous bornons à signaler
une donnée naturelle contre laquelle il paraît de prime

abord difficile que les vues systématiques de l'homme puissent longtemps prévaloir.

Le concours de deux métaux précieux amène inévitablement des changements sensibles dans leur valeur relative ; et rien n'est plus propre à ébranler la foi du grand nombre dans la stabilité de valeur des métaux précieux, en accusant nettement l'instabilité de valeur de l'un des métaux au moins, sinon de tous deux (p. 105). D'ailleurs, en vue de la clarté de l'exposition, il convient de traiter d'abord le cas où l'on n'aurait affaire qu'à un seul métal qui, pour nous, s'appellera *l'argent* ; en quoi nous nous conformerons à notre tradition nationale et aux habitudes de langage qui en sont la suite.

Remarquons d'abord qu'il ne faut pas confondre la *valeur absolue de l'argent* avec ce qu'on a appelé le *pouvoir de l'argent*. Un antiquaire recueille quelques renseignements épars chez les anciens historiens et sur des fragments d'inscriptions ; ou bien, s'il s'agit de temps moins reculés, il compulse des chartres, des contrats, de vieux registres ; et il trouve qu'à telle date un kilogramme d'argent servait à payer tant d'hectolitres de blé ou de vin, tant de têtes de bétail, tant de journées de travail. Il admet que ces articles peuvent prétendre, en raison de leur importance, à représenter tous les autres, à peu près comme ces gros actionnaires qui disposent en fait des intérêts de leur compagnie. Il fait avec cela ce qu'on appelle une cote mal taillée, et il obtient ainsi des chiffres moyens dont les variations *expriment* assez bien ou du moins *accusent* les variations du pouvoir de l'argent. Mais ces variations sont elles-mêmes des effets composés qui dépendent à la fois de la variation absolue de la valeur de l'argent et des variations absolues dans les valeurs des articles que l'on met en regard. Ainsi la génération qui nous a immédiatement précédés, a vu baisser beaucoup le pouvoir de l'argent, sans que la valeur absolue de l'argent eût encore éprouvé d'altération bien sensible, parce que la diminution du pouvoir de l'argent tenait surtout alors à un mouvement absolu de hausse dans les loyers, les gages, les salaires, et dans la valeur de la plupart des articles, autres que ceux de première nécessité : mouvement ascensionnel causé par l'accroissement de la population, par les progrès de la richesse, par la participation des classes inférieures aux jouissances du luxe. Nous-mêmes, nous avons vu cette dégradation du pouvoir de l'argent, mal à propos qualifiée de baisse de l'argent dans le style familier de la conversation, se prononcer davantage bien avant que des trouvailles imprévues n'amenassent une baisse réelle dans la valeur absolue du métal précieux, cause qui maintenant conspire avec l'autre pour diminuer le pouvoir de l'argent.

La notion une fois admise que l'argent n'est pas un étalon fixe des valeurs, qu'il peut subir des variations réelles, non-seulement dans son pouvoir relatif, mais dans sa valeur prise en soi et dans un sens absolu, il était naturel que les hommes conçussent l'idée d'une *monnaie de compte* au moyen de laquelle on *corrigerait* les altérations de valeur du métal précieux, en modifiant le rapport de l'unité pondérale du métal à la monnaie de compte, chaque fois que la raison serait forcée de reconnaître dans le métal un changement absolu de valeur. En cela, les hommes n'ont pas plus fait de métaphysique que n'en font l'astronome et l'horloger quand ils corrigent leurs chronomètres et le soleil même à l'aide d'un chronomètre ou d'un soleil idéal. Ils ne se sont pas proposé et n'ont pas dû se proposer de rendre invariable le pouvoir de l'argent, puisque ce serait faire violence à la nature des choses et tort aux possesseurs de toutes espèces de choses appréciables que de chercher à rendre illusoire l'augmentation de valeur qu'elles ont naturellement acquise. Mais ils ont été fondés à chercher un moyen de corriger le trouble qu'apporteraient dans les transactions les variations de valeur de l'étalon métallique : trouble contraire à l'équité comme au bon ordre, puisque, dans les transactions où la monnaie figure, les hommes ne considèrent pas la pièce de métal, mais sa valeur. C'est ainsi qu'au sortir de la crise des assignats, le gouvernement français sentit la nécessité de revêtir du sceau officiel une *échelle de dépréciation* des assignats dans la courte durée de leur existence. Ce qui s'est fait alors pour un papier-monnaie et pour un temps de tourmente révolutionnaire, pourrait se faire avec autant de motifs pour une monnaie métallique sujette à s'user par le frai, et sujette aussi, indépendamment du frai, à une dépréciation lente dans le cours régulier des choses.

Corruptio optimi pessima. L'institution d'une monnaie de compte, si raisonnable, si équitable quand elle a pour but d'améliorer l'étalonnage des valeurs en corrigeant les variations absolues de valeur dont le métal précieux n'est point exempt, devient une institution pernicieuse, une cause d'obscurcissement dans les idées et de trouble dans les consciences, lorsqu'elle couvre l'intention d'enlever à l'étalon métallique le degré même de fixité et de justesse dont la nature l'a pourvu. Malheureusement, l'histoire est là pour attester que les gouvernements, en s'emparant de cette idée, l'ont presque toujours fait sous l'empire de nécessités pressantes, dans un but de fiscalité ou pour déguiser, tantôt l'abolition partielle des dettes privées, et tantôt la banqueroute du prince ou de l'État. Tandis que la marche naturelle des choses amenait la baisse absolue, quoique lente, du métal précieux, les opérations des gouvernements ont tendu presque constamment à avilir la monnaie de compte en en rabaissant violemment l'équivalent métallique. Les choses en sont venues à ce point qu'on a pu regarder comme une des conquêtes de notre époque, d'avoir fait en sorte que la définition de la monnaie de compte, par son équivalent métallique, s'encadrât dans un système régulier de mesures légales, et fût destinée à durer autant que ce système, soigneusement inculqué à tous les enfants du peuple. Au fond, cela revient à abolir la monnaie de compte, et à prendre pour étalon des valeurs l'unité pondérale du métal précieux, sans égard aux altérations que l'étalon a subies ou subira dans la suite des temps, en vertu des changements absolus de valeur du métal; c'est proscrire la monnaie de compte en haine de l'usage arbitraire et inique qu'on en a fait.

Nous verrons plus loin jusqu'à quel point cette tentative de réforme a réussi. Nous n'entendons point la blâmer, et nous concevons très-bien, qu'indépendamment même des enseignements de l'histoire, la facilité de l'abus fasse redouter, en cette matière plus encore qu'en toute autre, l'intervention d'une autorité discrétionnaire. Nous tenions seulement à faire remarquer que l'idée d'une monnaie de compte, destinée à servir de correctif aux variations de l'étalon monétaire, n'est point, comme on l'a tant répété, une idée qui répugne à la raison et à la science, à la morale et au droit, née de la mauvaise foi des gouvernements et de l'ignorance où tous, gouvernants et gouvernés, auraient été longtemps des premiers éléments de l'économie politique. Les hommes ont naturellement bien des idées justes dont ils seraient hors d'état de rendre compte philosophiquement ou scientifiquement. Les gouvernements n'auraient pu tant abuser de la monnaie de compte, si les peuples n'avaient confusément senti qu'il est dans la fonction du gouvernement de corriger, autant que faire se peut, les inconvénients résultant d'un changement survenu dans la valeur du métal pris pour mesure des valeurs. Tout en repoussant les abus, ne repoussons donc pas sans réserve les idées qui ont dirigé nos pères. Qui sait si après avoir proscrit la monnaie de compte afin d'ôter aux gouvernements un moyen de déguiser leur banqueroute, on ne sera pas forcé de la rétablir ou d'en rétablir l'équivalent, afin d'éviter aux créanciers de l'État une lésion qui serait pour eux l'équivalent d'une banqueroute ? A mesure que les phases de la civilisation se succèdent, nous avons plus de motifs de ne pas juger trop dédaigneusement les phases antérieures. Si l'idée théorique semble lutter souvent contre l'autorité des précédents historiques, on doit croire que cet antagonisme sera d'autant plus près de cesser que nous embrasserons mieux dans leur ensemble la science et l'histoire.

Au moment même où nous réimprimons ces lignes, e livre intéressant que vient de publier M. Stanley Jevons, sous ce titre : *la Monnaie et le mécanisme de l'échange* (Paris, 1876, in-8), nous tombe sous la main, et nous sommes flatté d'y trouver des idées qui sont en beaucoup de points la confirmation des nôtres, quoiqu'il ne distingue pas assez nettement, selon nous, les variations de la valeur intrinsèque de l'argent d'avec es variations du pouvoir de l'argent. Suivant cet éminent économiste (p. 270 du livre cité), « les projets où il est question d'établir un étalon tabulaire de valeur ou étalon moyen (il cite les *Tables de référence* de Lowe et le projet d'un autre économiste anglais, M. Scrope), semblent être parfaitement raisonnables, et possèdent une grande importance au point de vue de la théorie ; quant aux difficultés pratiques, elles ne sont pas d'un caractère bien sérieux... On créerait une commission officielle permanente, qui serait revêtue d'une sorte de pouvoir judiciaire... Une table de ce genre donnerait aux institutions sociales une stabilité toute nouvelle, garantissant les revenus fixes des individus et des institutions publiques contre la dépréciation qu'ils ont souvent subie. D'autre part, la spéculation qui repose sur les oscillations fréquentes des prix, et qui trouve tant de marge dans l'état actuel du commerce, serait jusqu'à un certain point découragée... » Ce sont là des idées qu'il faut laisser mûrir. Quand le moment sera venu de construire effectivement l'*étalon tabulaire*, les géomètres pourront y trouver une application intéressante de leur *Théorie des moyennes*, telle qu'ils l'ont déjà construite pour les besoins de l'astronomie et de la physique.

§ 3. — *Des causes qui déterminent la valeur de l'argent.*

Pour que l'argent soit recherché dans des vues de thésaurisation et d'échange, et pour que l'on songe plus tard à lui donner la forme de monnaie, il faut d'abord qu'il soit recherché à cause de ses qualités intrinsèques, physiques ou chimiques, en vue de l'application à d'autres usages. Mais il vient un moment où cette primitive destination du métal n'a plus qu'une importance accessoire; et alors on peut isoler par la pensée la part de la production annuelle qui va se consommer pour les besoins de l'industrie, de la chimie industrielle et pharmaceutique, ou accroître la masse métallique fixée sous forme d'ustensiles, de vases, d'objets d'art et de luxe. On en peut encore distraire ce qui se perd par des naufrages ou par d'autres accidents de ce genre, ce qui s'écoule vers des contrées placées en dehors du grand mouvement commercial des nations civilisées à notre manière, principalement vers les contrées de l'extrême Orient. Le reste servira à réparer ou à accroître la masse de numéraire en circulation chez les nations européennes et chez celles qui participent à la civilisation européenne, ainsi qu'au grand mouvement commercial qui en est la suite.

Considérons donc à part et comme ayant en propre son approvisionnement, son marché, ses débouchés, le numéraire ou la portion monnayée du métal, toute destinée à une circulation plus ou moins rapide, car les trésors se dissipent, et les particuliers avares ou les princes économes ne vivent pas toujours. Et d'abord examinons ce qui arrive dans une ville assiégée, dans un pays obligé de se servir d'un numéraire fictif, d'une monnaie conventionnelle qui consistera, par exemple, en jetons métalliques de divers modules, afin de s'accommoder à tous les besoins de la circulation. Selon l'état actuel de la population, de l'industrie, de la richesse, des relations de commerce et des procédés du mécanisme commercial, il faudra que la masse de ces jetons représente fictivement une certaine valeur, convenablement subdivisée et répartie entre les différents modules, de manière à suffire à tous les besoins sans les excéder. C'est ainsi qu'il faut à la Banque de France tant de billets de diverses coupures pour assurer son service, tout en se prêtant le mieux possible, à titre d'institution publique et privilégiée, aux besoins de la circulation. Si par hasard une coupure a été émise en trop grande abondance, au bout de quelque temps les billets de cette coupure reviendront à la Banque, et la Banque ainsi avertie en arrêtera ou en modérera l'émission.

Embrassons maintenant en idée l'ensemble de la circulation du monde commercial, et voyons à quelles conditions la monnaie fictive, le *stock* de jetons pourra se transformer en une vraie monnaie, composée du même nombre de pièces pareillement échelonnées, rendant les mêmes services, possédant effectivement et intrinsèquement les valeurs pour lesquelles elles sont admises dans la circulation. Il faudra d'abord que les poids de divers modules, si elles sont toutes au même titre, ou que dans le cas contraire les poids de métal fin qu'elles contiennent, soient précisément en *raison directe* des valeurs pour lesquelles elles circulent. Il faudra ensuite que la valeur de l'unité pondérale du métal fin, quand la totalité de la masse circulante vient à varier (l'état du système économique, les besoins et les procédés de la circulation commerciale ne changeant pas), varie précisément en *raison inverse* de la masse en circulation : sauf à l'extraction du métal à s'ajuster en conséquence, et à augmenter ou à diminuer selon que la valeur de l'unité pondérale augmentera ou diminuera. Car elle doit toujours s'arrêter au moment où la valeur d'un surcroît de production ne couvrirait plus le surcroît des frais d'extraction ; et d'ailleurs, sous le régime d'une libre concurrence entre les producteurs, elle ne saurait s'arrêter plus tôt.

Que les jetons, devenus de vraies monnaies, pèsent un peu plus ou un peu moins, par suite de la diminution ou de l'augmentation survenue dans la valeur de l'unité pondérale du métal, à cause de l'augmentation ou de la diminution de la masse circulante, cela ne changera rien à leur office dans la circulation, à moins de changements énormes qui enlèveraient à l'argent sa qualité de métal précieux, et obligeraient de chercher un autre instrument de la circulation commerciale. Le service rendu aujourd'hui par la piastre espagnole, par le dollar américain ou par notre pièce de cinq francs, était aussi bien rendu autrefois par une pièce d'argent, drachme ou denier, dont le poids approchait de celui de notre pièce actuelle d'un franc. Un peu plus ou un peu moins de commodité pour le transport des sommes d'argent n'est pas ce qui jetterait du trouble dans le négoce et dans les transactions civiles, ni ce qui altérerait sensiblement l'exactitude de la loi mathématique qu'on vient d'énoncer. A côté de cette donnée *rationnelle* s'en trouve une autre qui mérite la qualification d'*empirique*, puisque l'expérience seule peut apprendre si la masse d'argent qui circule, avec sa valeur actuelle, est précisément assortie aux besoins actuels de la circulation, ou s'il faut, pour que l'assortiment ait lieu, soit que l'unité pondérale change de valeur, soit que l'on puisse augmenter par un surcroît de production, ou diminuer par l'affectation à d'autres emplois la masse actuellement circulante. Nous avons déjà eu l'occasion d'indiquer (p. 79) pourquoi cette association de deux données, l'une mathématique ou rationnelle, l'autre empirique, doit se retrouver partout dans la science économique, qualifiée quelquefois de *mathématique sociale*, ou dans celles des doctrines économiques qui peuvent justement prétendre à la forme scientifique.

Pour la facilité du raisonnement nous avons eu recours à un petit artifice didactique : nous avons admis que la circulation dont les besoins n'avaient pas changé se faisait avec le même nombre de pièces, toutes rendues proportionnellement plus lourdes ou plus légères, selon que la masse employée à la circulation augmentait ou diminuait. En réalité, les choses ne se passent pas ainsi : il faut du temps et quelquefois beaucoup de temps avant que l'abondance ou la raréfaction du métal amène quelque réforme monétaire destinée à mieux assortir le poids de la pièce à la fonction qu'elle remplit ; mais cela n'a rien qui affecte le fond des choses, ni la vérité du principe.

Ainsi donc, pour que la valeur de l'argent restât constante, dans l'hypothèse d'un état permanent de la population, de la richesse publique et de la circulation commerciale, il faudrait et il suffirait que les sources métalliques fournissent annuellement juste de quoi réparer le frai annuel, c'est-à-dire d'après les observations recueillies, quelque chose comme un ou deux millièmes de la masse d'argent en circulation, soit quinze millions pour dix milliards, toute déduction faite de ce qui alimente la consommation industrielle du métal, de ce qui remplace l'argent accidentellement perdu ou rendu à la terre, et de ce qui va annuellement s'engloutir, après plus ou moins de détours, dans des contrées qui n'en rendent rien à la circulation générale.

Il n'y aurait nulle opportunité à discuter le cas d'une hausse progressive de l'argent, causée par un tel appauvrissement des sources métalliques, qu'elles ne suffiraient plus à réparer le frai annuel, non plus que celui d'une baisse soutenue, causée par un amoindrissement durable des besoins de la circulation. Il suffirait d'ailleurs de renverser les raisonnements que nous allons faire sur les cas inverses, les seuls qui répondent à la situation actuelle.

Admettons donc que, par suite d'un progrès notable dans les procédés d'extraction ou, ce qui est plus ordinaire, par la découverte de gîtes plus riches, la production vienne à augmenter : une baisse de la valeur du métal, conformément à la loi indiquée, en sera la suite nécessaire. Si la baisse est rapide, on verra se produire tous les symptômes d'une crise commerciale. Car les détenteurs de l'argent en surcroît chercheront à l'utiliser, à le placer : ce qui ne pourra se faire qu'en élevant par la concurrence le niveau général des prix et en provoquant un surcroît de production là où il est possible à la faveur de la hausse de prix. Les salaires, les profits, les prix des denrées, des immeubles, des actions industrielles, les revenus de toute nature, sauf ceux qui proviennent de l'intérêt des capitaux en argent, s'élèveront de proche en proche. Cependant, comme il n'y a d'ailleurs rien de changé dans l'ensemble des ressources naturelles, des forces productives et des besoins à satisfaire, il faudra bien que tout se réduise en définitive à une baisse réelle du métal. Donc le surcroît de production dans les autres branches d'industrie amènera de l'encombrement, des pertes succéderont aux bénéfices momentanés jusqu'à ce que l'équilibre se soit rétabli. Cependant il peut arriver qu'à la faveur de la secousse passagère des efforts heureux aient été tentés, qui laisseront des traces durables, et dédommageront en partie des maux inséparables de toute crise commerciale.

Si l'afflux du métal précieux n'accroît qu'avec lenteur la masse du numéraire en circulation, il n'y aura pas de crise : le métal pourra baisser de valeur sans trouble pour les fortunes privées, si ce n'est en ce qui concerne les rentes perpétuelles en numéraire ou les créances à long terme, mais aussi sans profit réel pour la fortune publique. Singulière marchandise (si c'était en effet une marchandise, comme tant de gens l'ont soutenu) que celle dont l'abondance ne profite à personne, ou ne profite aux uns que juste autant qu'il le faut pour compenser le dommage souffert par d'autres !

Rien ne changeant dans les conditions de l'extraction du métal, il haussera de valeur si un accroissement de population, de richesse, d'industrie, d'affaires, tenant à un progrès général de la civilisation, exige un accroissement dans la masse totale en circulation, ou, ce qui revient au même, exige que cette masse représente une plus grande valeur. De là, lorsqu'il y a tout à la fois surcroît de production métallique et accroissement dans les besoins de la circulation, un conflit entre deux forces contraires qui peuvent s'équilibrer, ou dont l'une peut prévaloir selon les circonstances. On s'est beaucoup occupé dans ces derniers temps, et avec raison, de l'issue probable d'un tel conflit. On a montré, par l'exemple frappant de l'Angleterre et de la place de Londres en particulier, qu'un accroissement énorme dans le chiffre des affaires peut avoir lieu sans augmenter beaucoup l'émission et la circulation des billets de banque, à plus forte raison sans augmenter beaucoup la fabrication et la circulation de la monnaie métallique, tant le mécanisme commercial est susceptible de se perfectionner à l'aide des *chèques*, des *virements de comptes*, des *maisons de liquidation* et d'autres artifices imaginés pour dispenser de la manutention du numéraire métallique, et même du numéraire en papier ! Toutefois, il ne faut pas juger des effets généraux par ce qui se passe dans une ville immense, devenue le comptoir central, la métropole commerciale du monde entier. Supposons que l'intérieur de la Chine soit décidément ouvert au commerce européen, et son immense population convertie jusqu'à un certain point à la civilisation européenne : il faudra que la masse du numéraire métallique subvienne à des besoins tout nouveaux, et ce mouvement pourra se produire bien avant qu'il ne s'établisse des *clearing-houses* pour en modérer les effets. Avec un accroissement considérable de population, de richesse et d'activité commerciale dans le monde entier, s'accroîtra considérablement la demande d'argent, non-seulement pour la fabrication de la monnaie, mais pour tous les usages industriels. Ainsi donc, eu égard aux progrès actuels et présumés de la population et du commerce sur toute la surface du globe, sous l'influence du génie européen, il y a lieu de penser que pendant longtemps encore la valeur du métal pourra regagner par des accroissements séculaires ce que lui auraient fait perdre temporairement, soit le perfectionnement du mécanisme commercial chez les nations les plus avancées en fait de commerce, soit une accumulation inouïe de découvertes en fait de gîtes métalliques, découvertes qui doivent pourtant avoir un terme.

Quand rien ne gêne le commerce, les marchandises doivent aller directement, par la voie la moins coûteuse, du lieu de production au lieu de consommation. Toutefois, il ne saurait en être du flux d'argent dans le monde commercial comme de la distribution du gaz destiné à l'éclairage d'une ville. Les besoins de chaque consommateur de gaz ne changent pas si brusquement ni dans des proportions si fortes, qu'il soit obligé d'en emprunter à son voisin au lieu de s'adresser directement à la source. Au contraire, dans les conditions ordinaires de la production métallique, le flux continuel de la source est faible en comparaison des vagues que remuent sans cesse les besoins du commerce. Alors intervient utilement l'institution des grandes banques de circulation. Quand l'État ou le commerce national ont besoin de disposer d'une grosse somme de numéraire métallique, ils ne vont pas la recueillir lentement et péniblement dans les bourses des particuliers ; ils la prennent dans la réserve métallique de la Banque ; et réciproquement le commerce national y verse les approvisionnements métalliques, qui de là pénètrent, à l'heure du besoin, dans les canaux de la circulation intérieure. Grâce à cette centralisation dont la structure des animaux supérieurs offre le modèle, le double mouvement, collecteur et distributeur, s'accomplit avec plus d'ordre et moins de gêne.

Quand tous les artifices de centralisation ont été mis en œuvre pour réduire autant que possible, par voie de compensation, les créances et les dettes entre des places que le même système commercial relie, il faut que le règlement final ait lieu, ou par des transports réels d'espèces, si c'est là l'expédient le moins coûteux, ou par le cours du *change* qui fera rechercher avec *prime*, comme moyen de libération, le papier tiré sur la place vers laquelle devrait se diriger le mouvement réel des fonds. La détermination des cours du change entre différentes places, est un des problèmes économiques auxquels l'algèbre s'applique aisément[1]; mais nous n'insisterons pas ici sur ces détails techniques.

Par quelques détours, et de quelque manière que s'opère le flux de la source métallique aux contrées qu'elle alimente, on se rend compte aisément d'un fait qui semble d'abord très-paradoxal, à savoir que la *balance commerciale* dont on a tant parlé, peut être en même temps *à l'avantage* de toutes les nations liées entre elles par des rapports de commerce et qui produisent chacune les bilans de leur commerce extérieur. Cela prouve seulement que la masse d'argent en circulation augmente partout à la fois, soit que toutes les nations gagnent à la fois en population, en industrie,

---

1. *Principes mathématiques de la Théorie des richesses*, chap. III, n° 15.

en richesse, ce qui augmente les besoins de la circulation et provoque une demande d'argent qui ne peut se satisfaire qu'à la source ; soit que les besoins de la circulation ne changeant pas ou changeant peu, il y ait un trop plein à la source, qui tend à se déverser partout, à pénétrer dans tous les canaux et à y provoquer partout une baisse de l'argent. D'une ou d'autre manière, le surcroît d'argent introduit partout, devra être partout payé avec des marchandises, et partout excepté, bien entendu, à la source même de la production métallique, la balance devra être *favorable*, dans le sens où l'on prend ce mot.

§ 4. — *Des monnaies fiduciaires.*

Le *billet de banque* représente une somme d'argent payable au gré du porteur dans un comptoir toujours ouvert au public. Il faut que l'expérience apprenne quel rapport on doit maintenir entre la somme mise en circulation sous forme de billets et la réserve métallique destinée à subvenir aux demandes de remboursement. L'excédant est un capital économisé sans inconvénient et même avec un surcroît de commodité pour la circulation commerciale : le papier imprimé qui se range si aisément dans un portefeuille, qui ne pèse rien ou presque rien, qui ne coûte rien ou presque rien, tenant lieu d'une matière coûteuse et relativement encombrante. L'intérêt de ce capital économisé constitue le bénéfice de la Banque ou les dividendes de ses actionnaires. Pour recueillir cet intérêt et en même temps pour introduire ses billets dans la circulation, elle se livre à des opérations qu'il faut qualifier d'*auxiliaires* plutôt que d'*accessoires* : elle escompte les effets de commerce, elle fait des avances à l'État, aux compagnies. Si l'État ne se réserve pas la faculté d'émettre de pareils billets, c'est parce qu'il comprend que les opérations à l'aide desquelles les billets peuvent s'introduire de gré à gré dans la circulation ne sont guère de son ressort, et que l'institution courrait risque de se dénaturer en perdant son caractère purement commercial pour être marquée de l'empreinte du sceau politique. Il faut donc que l'établissement, même lorsqu'il conserve à cause de sa grande importance l'attache du gouvernement, puisse dans une certaine mesure maintenir son indépendance et résister, avec l'appui de l'opinion publique, aux entraînements d'une politique dévoyée.

Puisque, par hypothèse, le public ne met aucune différence entre le billet de banque et le numéraire métallique, un surcroît d'émission de billets, s'il ne chasse pas à l'étranger autant de numéraire métallique qu'il est censé en représenter, doit avoir justement les mêmes effets qu'un surcroît de production du métal. La Banque peut abuser de son privilége ou de son crédit pour stimuler, accroître la production en tout genre, pour activer le mouvement des entreprises et des affaires, sauf à provoquer une crise commerciale qui aura pour dénoûment une baisse de valeur du numéraire, tant métallique qu'en papier (p. 126). Dire que les billets émis au delà de ce qu'exigent les besoins actuels de la circulation rentreront à la Banque, c'est supposer que déjà la confiance dans le billet de banque est ébranlée : car, autrement, pourquoi rapporterait-on des billets à la Banque pour les échanger contre du numéraire métallique dont il faudrait pareillement chercher à se débarrasser ? On lui rapporterait sans doute les gros billets s'ils avaient été émis en proportion trop forte, mais ce serait pour les échanger contre des billets de moindres coupures, aussi bien que contre du numéraire métallique. En conséquence, on regarde comme un préservatif contre l'abus du pouvoir de la Banque, de lui interdire les coupures au-dessous d'un certain chiffre ou d'en limiter l'émission. On voudrait ainsi affecter principalement le billet de banque à la liquidation des comptes, des affaires réglées, en le mettant le moins possible en contact ou en rapport direct avec la marchandise. En d'autres termes, on voudrait que le billet de banque prévînt la hausse de l'argent et n'en amenât pas la baisse : mais la pente est glissante, et le préservatif pourrait bien n'avoir qu'une efficacité douteuse.

Un correctif plus sûr résulte de la solidarité commerciale avec les pays étrangers où le billet n'a pas cours. Toutes les denrées renchérissant à l'intérieur par suite de l'avilissement du numéraire que cause une émission trop abondante de billets, il faudra solder en monnaie métallique les achats à l'étranger provoqués par ce renchérissement. Le numéraire métallique sera donc assez recherché pour obtenir une prime sur le billet : ce qui revient à dire que le billet de banque aura déjà commencé d'échanger son rôle de papier convertible contre celui de *papier-monnaie*, au propre sens du mot.

Un embarras, une suspension dans les payements de la Banque seront une cause bien autrement active de dépréciation du billet. Et comme il n'y a pas de ligne de démarcation entre ces deux phénomènes psychologiques qu'on appelle la crainte et la panique, la dépréciation pourrait aller jusqu'à l'avilissement complet de la monnaie fiduciaire, si le gouvernement n'avait recours à deux mesures : l'une qui consiste à admettre les billets pour toute leur valeur nominale en payement de l'impôt, l'autre qui consiste à décréter le cours forcé des billets de banque pour toute leur valeur nominale. Ce dernier expédient est bien plus propre à faire traverser rapidement et heureusement une crise : car chacun a des engagements à solder comme des valeurs à toucher, et l'on prend de bonne grâce au pair la monnaie qu'on est sûr de placer au pair. A titre d'expédient temporaire, le cours forcé aura seulement pour effet de chasser de la circulation toute monnaie métallique, autre que celle de billon, et d'exiger la fabrication de billets de toutes coupures, autres que celles pour lesquelles le billon suffit. Tout ce que la prudence et la bonne foi peuvent faire, c'est de ne pas grossir les émissions au delà de ce qu'exigent les besoins réels de la circulation.

Passons aux papiers-monnaies proprement dits. Nos sociétés ne peuvent plus se passer d'un instrument de commerce et d'échange. Si, par des circonstances mal-

heureuses, un pays a été épuisé de numéraire métallique, et qu'il ne puisse, grâce à la fécondité du sol ou
à l'activité de l'industrie, ou bien encore à la faveur de
son crédit et d'un appel aux capitaux étrangers, rappeler l'argent que réclame la circulation monétaire, il
faudra bien qu'il ait recours à une monnaie fictive.
L'intervention du gouvernement ne fera que régulari-
ser le recours à cet expédient nécessaire : elle sera
alors aussi salutaire qu'elle devient tyrannique lorsqu'elle a pour objet de subvenir à des prodigalités, à
des guerres entreprises inconsidérément, ou (qui pis
est) de favoriser des projets de subversion et de spoliation. Il ne faut donc s'étonner ni de la stabilité du
cours d'un papier-monnaie quand la sagesse du gouvernement s'accorde avec le bon sens des populations,
ni de l'avilissement poussé jusqu'à la dernière limite
dans le cas contraire.

Selon les usages admis, le papier-monnaie a reçu
dans l'origine une valeur nominale qui le rattache directement à la monnaie métallique et qui semble indiquer que le gouvernement promet d'en fournir un jour
la valeur au pair, quand les circonstances permettront
de revenir au métal qui reste en principe l'étalon des
valeurs. Mais, dans le cas d'un retrait soudain du
papier-monnaie, il y aurait plus d'injustice pour les
contribuables que de justice pour les détenteurs de
papier, à ne tenir nul compte de la dépréciation effective.

A la rigueur, le papier-monnaie pourrait se maintenir au pair comme le billet convertible, si la quantité

émise ne pouvait qu'à cette condition subvenir aux besoins de la circulation, seule ou concurremment avec ce qui reste de monnaie métallique. Comme les besoins extraordinaires qui ont déterminé l'émission s'opposent presque toujours à la réalisation de l'hypothèse, il arrive que le cours du papier-monnaie, rapporté à la monnaie métallique, reste notablement au-dessous de sa valeur nominale. Et si la moyenne d'écart varie peu, l'on s'habitue bientôt à rapporter directement à la monnaie de papier les valeurs de toutes choses. Les impôts, les tarifs de douane ou de poste, les places de chemins de fer, de spectacles, et à côté des tarifs réglementaires ceux que l'usage établit pour la rémunération de tous les genres de services, sont fixés en papier. Les espèces métalliques que les étrangers apportent et que les changeurs recueillent pour les réexporter, ou qui circulent en petit nombre, sont cotées comme des marchandises, sujettes à un cours quotidien, notifié chaque matin par le journal que le changeur tient à la disposition de l'étranger, et ce sont elles qui sont réputées changer de valeur, non le papier. En un mot, l'unité monétaire en papier remplit l'office de monnaie de compte dans le pays où elle circule, et le métal est rapporté, quoique abusivement dans la plupart des cas, à cette prétendue monnaie de compte, non plus le papier au métal. L'expérience montre que cette situation n'a rien qui mette essentiellement obstacle au commerce international, quoique le commerce s'accommode bien mieux d'un étalon métallique, commun à tout le monde civilisé.

§ 5. *Du double étalon monétaire.*

Tout ce que nous avons dit au § 3 au sujet de l'argent, supposé l'unique instrument de la circulation monétaire, s'appliquerait encore mieux à l'or si toutes les nations se rangeaient, à l'instar du nouvel empire allemand, au système anglais dans lequel la monnaie d'argent ne fonctionne que pour les appoints, avec une valeur légale notablement inférieure à la valeur commerciale du métal. On a encore moins sujet de craindre pour l'or que pour l'argent un avilissement du métal qui le rendrait impropre à fournir l'étoffe de la monnaie. Si le poids de la pièce d'or de 20 francs devait être un jour doublé, triplé, ou si la valeur de l'or baissait de la moitié, des deux tiers, il deviendrait moins aisé d'emporter· avec soi de grosses sommes en or : mais ce n'est pas là ce qui mettrait du trouble dans le négoce et dans les fonctions essentielles de la monnaie.

Comment peut-on concevoir que se déterminent les valeurs commerciales de l'or et de l'argent, quand les deux métaux sont admis à circuler concurremment pour leur pleine valeur commerciale? Il faut alors, comme dans le cas du métal unique, que, pour un état donné de la circulation, la masse du numéraire circulant, tant en monnaie d'or qu'en monnaie d'argent, ait une valeur déterminée (p. 123). De là une condition ou, comme diraient les géomètres, une équation à laquelle doivent satisfaire les inconnues que nous cherchons, à savoir la valeur de l'unité pondérale de l'or et celle de l'unité pondérale de l'argent. Mais une seule condition ne suffit pas pour déterminer deux inconnues. Les besoins de la circulation générale restant les mêmes, la masse d'or monnayé pourrait doubler sans que la valeur de l'or baissât de moitié, si le résultat d'une abondance plus grande était de faire employer la monnaie d'or dans des branches de la circulation où jusque-là on employait la monnaie d'argent, ou de déplacer la *frontière* qui sépare le domaine de la monnaie d'or du domaine de la monnaie d'argent. Il ne faudrait pas dire non plus, pour éluder la difficulté, que les valeurs des unités pondérales de l'or et de l'argent seront en raison de ce que coûtent à extraire et à transporter sur le marché les quantités de l'un et de l'autre métal qui s'extraient et se transportent dans les conditions les plus désavantageuses. Sans doute l'extraction s'arrêtera dès que l'extracteur ne fera plus ses frais, sauf à être reprise si le métal hausse de valeur pour une raison ou pour une autre; mais l'arrêt ou la reprise seront réglés par la valeur du métal et ne sont pas ce qui en règle la valeur. Il faut donc qu'il y ait une autre liaison, de la nature de celles que nous nommons *empiriques* parce qu'on ne les connaît que par l'expérience, liaison en vertu de laquelle la frontière des deux métaux dépend des valeurs assignées aux unités pondérales de l'un et de l'autre métal. Ainsi se trouve implicitement déterminé, quoique sans le secours de la théorie ni du calcul, ce qui ne saurait rester en fait dans l'indétermination, et ce dont il serait déraisonnable d'attribuer la détermination au hasard.

Supposons maintenant qu'il survienne un changement dans les conditions de production de l'or et que ce métal afflue en plus grande abondance : la monnaie d'or, plus habituellement offerte, baissera de valeur et en même temps empiétera sur le domaine de la monnaie d'argent; de sorte que ce sera encore à l'expérience de nous faire connaître jusqu'où elle portera sa frontière. Le domaine de la monnaie d'argent se resserrant, la valeur de l'argent devra baisser pour s'accommoder aux besoins d'une circulation plus restreinte, ce qui en restreindra la production annuelle. Il y aura donc une baisse générale du numéraire métallique, l'or réagissant sur l'argent et l'entraînant dans sa chute. D'ailleurs il est naturel d'admettre que la baisse du métal sur lequel la cause de baisse pèse directement, l'emportera sur la baisse de l'autre métal, qui n'arrive que par contre-coup, et qu'ainsi le rapport de valeur de l'or à l'argent baissera, quoiqu'il puisse baisser beaucoup moins que si l'argent n'avait pas été entraîné par l'or dans son mouvement de baisse.

On a dit que la France avait servi de *parachute* à l'or, par l'énorme quantité d'or qu'elle a monnayée afin de remplacer la monnaie d'argent que l'écart entre la valeur légale et la valeur commerciale du rapport de l'or à l'argent chassait du marché français. On pourrait dire aussi que l'argent a servi de parachute à l'or en partageant son mouvement de baisse. Si, par l'effet d'un singulier concours de circonstances, l'argent sorti de France, au lieu d'entrer dans la circulation monétaire des autres nations occidentales, dont le commerce est plus ou moins solidaire du nôtre, est allé s'enfouir dans l'extrême Orient, où par tradition l'argent a plus de valeur relativement à l'or que dans le monde occidental, l'afflux extraordinaire d'or en Europe n'a fait que prévenir la hausse de valeur du numéraire métallique, de l'or comme de l'argent, qui aurait été, sans ce surcroît de production d'or, la conséquence d'une demande extraordinaire d'argent pour les contrées ultra-orientales.

Aussi, après la découverte des *placers* de la Californie et de l'Australie, et lorsque l'argent subissait plutôt des causes propres de raréfaction et de hausse, le rapport 15 1/2 de l'or à l'argent a-t-il commercialement baissé, mais beaucoup moins que n'aurait pu le faire présager une si soudaine abondance d'or, jointe aux causes accidentelles de raréfaction de l'argent. Aujourd'hui que l'on nous parle d'une Californie d'argent, il semble en train de remonter jusqu'au-dessus de l'ancienne valeur 15 1/2.

Si, comme ce paraît être le cas à l'heure actuelle, les deux métaux sont à la fois menacés directement d'une baisse de valeur par un surcroît de production, on ne pourra plus compter (p. 127) que sur les progrès de la population, de l'activité commerciale, sur l'accroissement des besoins de la circulation métallique, pour prévenir ou modérer la baisse absolue de valeur, tant de l'or que de l'argent. Eu égard à la commodité plus grande de la monnaie d'or, il y aurait lieu de penser que le rapport de valeur de l'or à l'argent tendrait plutôt à augmenter qu'à diminuer, à moins d'un tel afflux relatif d'or qu'il dépassât toute prévision. D'ailleurs on ne voit guère de moyens de se rendre compte de l'étendue respective du domaine de la monnaie d'or et de la monnaie d'argent, ni de l'empiétement probable de l'un sur l'autre : de sorte qu'il faudrait renoncer à évaluer d'avance, même avec une approximation grossière, l'influence qu'un changement dans les conditions de la production des deux métaux aurait sur leur valeur relative.

Il n'en est plus tout à fait de même lorsqu'on se demande ce qui arriverait si un grand pays tel que la France prenait le parti de démonétiser, soit l'or, soit l'argent : car on connaît avec quelque approximation (grossière, je l'avoue) les masses d'or et d'argent monnayés qui entrent dans la grande circulation du monde commercial et dans celle de la France en particulier; ce qui donnerait le moyen d'apprécier l'influence du déversement de l'une de ces masses dans l'autre.

Ce sont surtout de tels projets de démonétisation qu'on a en vue quand on agite les questions de l'étalon unique et du double étalon : nous en traiterons succinctement à notre tour en y appliquant nos principes.

Le double étalon est ce qu'il y a de moins commode pour un gouvernement, car il lui impose la tâche de surveiller constamment les cours de l'or et de l'argent et de corriger la tarification légale dès qu'elle s'écarte notablement des cours du commerce. Comment pourrait-il souffrir qu'un spéculateur s'enrichît aux dépens du pays, en lui achetant l'un des métaux pour moins qu'il ne vaut et en lui faisant payer l'autre métal plus qu'il ne vaut ? Et comment pourrait-il imposer à ses nationaux l'obligation de recevoir en une valeur commercialement dépréciée le payement qui leur est dû ? Il ne faudrait pas que chaque modification du tarif légal entraînât une opération grave dans les suites, coûteuse et embarrassante dans l'exécution, comme celle de la refonte de l'une des deux monnaies : car alors on ne manquerait pas (l'expérience nous l'apprend) de renvoyer l'affaire à l'examen d'une commission qui éviterait de se prononcer, ou qui ne se prononcerait que quand le mal serait fait. Il faudrait donc que le poids de chacune des deux monnaies restât fixe, et qu'une cote officielle annonçât, chaque fois que le besoin s'en ferait sentir, le changement de tarification légale pour les caisses de l'État et pour les *offres réelles*, par exemple la valeur légale de la monnaie d'or en grammes d'argent, ou en une monnaie de compte telle que le *franc*, défini une fois pour toutes comme un multiple fixe du gramme d'argent. Si cette variabilité de valeur de la monnaie d'or contrariait les préjugés ou les habitudes du public, et lui déplaisait au point de lui en faire abandonner l'usage, la question se trouverait tranchée d'elle-même et la responsabilité du gouvernement dégagée. Dans le cas seulement où les soubresauts de valeur seraient visiblement imputables à l'argent et non à l'or, la raison pourrait être choquée de ce que l'innocent aurait péri pour le coupable. Mais cela même n'arriverait pas dans l'état de nos mœurs commerciales : on s'habituerait à garder la monnaie la plus commode, et l'on n'attacherait pas d'importance aux fluctuations d'un *agio* qui presque toujours sont sans importance pour des particuliers.

Selon la pure raison, la perfection serait que les deux monnaies d'or et d'argent, ayant chacune leurs poids et leurs modules fixes, pussent successivement prévaloir selon les circonstances qui porteraient le trouble dans la production de l'une ou de l'autre monnaie ; de manière que chacune à son tour pût modérer par sa stabilité relative les écarts de l'autre, lui servir de parachute ainsi qu'on vient de l'expliquer. Mais alors il faudrait franchement reconnaître qu'aucun étalon métallique ne possède l'invariabilité ; que l'argent comme l'or, l'or comme l'argent ont besoin d'un correctif qui ne peut consister que dans une cote officielle de l'un et de l'autre métal, rapporté à une monnaie de compte qui n'a qu'une existence idéale (p. 116). On craint aujourd'hui si peu dans ces matières l'abus du pouvoir discrétionnaire, que nos Chambres viennent de donner au gouvernement le pouvoir discrétionnaire de suspendre la frappe de la monnaie d'argent, à la suite d'une dépréciation commerciale de l'argent dont l'opinion s'est émue. Or, un gouvernement n'influe-t-il pas sur la valeur de la monnaie d'argent, aussi bien lorsqu'il en suspend la frappe que lorsqu'il en modifie le tarif par rapport à une monnaie de compte? Et si on lui accorde le premier mode d'influence, pourquoi lui refuser l'autre? Car je ne suppose pas que le législateur français ait partagé l'opinion de Stuart Mill [1],

1. *Principes d'économie politique*, t. II, page 80 de la traduction française.

que le premier mode d'influence est illusoire, et qu'un grand banquier, M. de Rothschild par exemple, pourra toujours monnayer lui-même ses lingots en contrefaisant les coins de l'État, sauf à respecter les conditions de poids et de titre.

N'oublions pas cependant que les confédérations monétaires, que l'uniformité du régime monétaire étendue à tout un groupe d'États sont une bonne chose, et que cette bonne chose rend plus difficile un arbitrage de cote au nom d'une confédération d'États qu'au nom d'un seul gouvernement. N'oublions pas surtout le goût des hommes pour la simplicité, pour la stabilité, dussent-elles être plus apparentes que réelles. Si nous y avons égard, nous serons portés à croire que le système de l'étalon unique doit un jour prévaloir, non comme le plus rationnel, mais comme le plus simple en pratique, et comme celui dont s'accommode le mieux ce bon sens qui court les rues, qui veut que l'on puisse régler sa montre sur l'horloge de son village, et qui se soucie fort peu de *l'équation du temps* (p. 110).

Restera alors à faire un choix entre les deux métaux. A ne considérer que les conditions naturelles de la production, l'argent vaudrait mieux : car il ne se rencontre pas comme l'or à l'état natif, l'extraction en est toujours coûteuse, exige la réunion de grands capitaux ; et les trouvailles en ce genre, très-susceptibles d'amener avec lenteur de grands changements dans la valeur du métal, ne peuvent agir aussi promptement que celles des *placers* d'or où la nature a fait les frais du broiement de la gangue. D'un autre côté, la légèreté de la monnaie d'or la rend plus commode et l'approprie mieux aux progrès ultérieurs de la richesse. Les plus puissantes nations l'ont déjà prise pour étalon et ne se déjugeront pas. L'uniformité a par elle-même trop d'avantages pour ne pas l'emporter sur des considérations d'amour-propre.

Que fera-t-on alors de l'argent? — D'abord il servira à la monnaie d'appoint, puis on supprimera le *plaqué* et le *ruolz*. Que si les entrepreneurs de l'exploitation des *Montagnes Rocheuses* n'y trouvent pas leur compte, ils laisseront là leur exploitation.

Et que fera-t-on pour les créanciers qui auront stipulé des francs ou des grammes d'argent? — Une cote mal taillée, en attendant que les dépréciations réelles de l'or, survenues ultérieurement, et surtout la diminution du *pouvoir* de l'or (p. 115) aient décidé de leur sort final.

§ 6. — *Coup d'œil sur l'histoire de la monnaie.*

L'usage des métaux précieux et de l'or en particulier se concilie très-bien avec l'état de barbarie ou avec une civilisation dans l'enfance; et de l'emploi des métaux sous forme d'ustensiles et de bijoux à leur emploi pour la thésaurisation et l'échange il n'y a qu'un pas que tous les hommes franchissent naturellement : mais autre chose est l'usage de la monnaie proprement dite. Le monnayage des métaux est un art, une institution ou une invention dans le propre sens du mot, comme celle de l'écriture ¡alphabétique; et de

même que les Phéniciens passent sans contestation
pour les inventeurs de l'alphabet, les savants n'hésitent
plus à attribuer à des populations d'origine grecque,
placées dans le voisinage des mines d'argent de l'Attique
et de la Macédoine, ou près des orpailleurs lydiens,
l'honneur d'avoir frappé les premières monnaies sept
ou huit cents ans avant notre ère. Surtout on ne saurait
contester que la diffusion de la monnaie dans tout le
monde ancien est bien l'œuvre propre de la civilisation
hellénique. Parmi tant de restes de la civilisation
égyptienne qui rappellent d'une manière frappante nos
arts et notre industrie, on n'a rien trouvé qui donnât
l'idée de la monnaie : sur les peintures, les tributs sont
payés au roi en anneaux d'or et en bourses renfermant
de la poudre d'or. Sur les bords du Tigre et de
l'Euphrate on se servait au besoin de *traites* gravées
sur la brique, comme l'étaient aussi leurs contrats et
leurs livres d'école, mais il ne s'y rencontre aucun
vestige de monnaies. Les Juifs n'en ont connu l'usage
que sous leurs princes asmonéens, au plus tôt sous
les Achéménides. Les conquérants de l'Inde, grecs,
musulmans ou chrétiens, y ont porté la monnaie
comme un signe de la civilisation de l'Occident, étranger aux institutions indigènes. Encore aujourd'hui la
Chine, le Japon et les autres pays imbus de la civilisation chinoise n'ont pas de véritable monnayage.
On y troque contre d'autres marchandises un poids
d'or ou d'argent, qui garde ou qui ne garde pas
l'estampille que le marchand y a mise pour sa commodité. Cependant un peuple ayant autant l'esprit

de trafic que les Chinois ne pouvait se passer de
monnaie de compte ou de convention, telle que leurs
enfilades de *sapèques*, dans laquelle ils évaluent, selon
le cours du commerce, le *taël* ou l'unité pondérale d'or
et d'argent. Ils sont arrivés à quelque chose comme la
monnaie de compte et le papier-monnaie (beaucoup plus
commode que les briques assyriennes) sans passer par
la monnaie proprement dite[1].

L'invention de la monnaie chez les Grecs d'Europe
et d'Asie, son adoption par les satrapes de Perse leurs
voisins, sont des faits qui coïncident avec l'apparition
de leurs premiers historiens. Et toutefois leurs monnaies n'ont pas encore le caractère de monuments historiques : ce sont des symboles du culte local, des produits de l'art dont une simplicité élégante fait le mérite.
On a remarqué que les monnaies purement grecques
ne portent jamais aucun signe qui indique le poids ou
la valeur de la pièce, comme il s'en trouve sur des monnaies italiotes du même temps. Ainsi le peuple qui
a créé à la fois la monnaie et la géométrie spéculative,
semble avoir fait moins d'attention au rôle de la monnaie dans la mathématique usuelle. On dirait qu'en
toutes choses le beau et le délicat les attiraient plus
que l'utile.

Tant que les Romains ne sont qu'un petit peuple
italiote, des lingots de bronze leur servent d'instruments d'échange ; puis leurs relations avec les colonies
grecques de la Campanie les familiarisent avec l'em-

---

1. Huc, *Empire chinois*, t. II, chap. IV.

ploi de la monnaie d'argent; puis enfin, à l'approche des temps impériaux, la monnaie d'or commence à l'emporter. D'où l'habitude de rapporter l'argent et l'or à la livre ou à l'*as* de bronze comme à la véritable unité de compte; et de là aussi, chez un peuple qui ne perdait jamais de vue le côté politique des institutions, ces réformes successives de l'*as*, du *denier*, de l'*aureus*, imaginées surtout pour venir en aide aux citoyens ou à l'État obérés. Par l'établissement de l'empire, la monnaie prend un caractère décidément historique; toute l'histoire des empereurs se lit sur leurs monnaies; on dirait que le monnayage est pour eux un moyen de répandre des médailles et de multiplier les exemplaires d'un monument épigraphique.

Cependant les inconvénients du pouvoir absolu ne tardent pas à se faire sentir. Dans la décadence de l'empire au ${\rm III}^e$ siècle, la pièce d'argent est à peine blanchie, le poids de l'*aureus* est tellement altéré qu'il devient impossible d'en déterminer la taille. On voulut apparemment se débarrasser d'une monnaie décriée, rappeler la confiance par un nom nouveau, et l'*aureus* fit place au *solidus* de 72 à la livre (4 grammes 1/2), valant légalement 40 deniers. Dès lors la monnaie d'or devint pour les Romains des temps impériaux l'étalon des valeurs, sans échapper toutefois à des altérations subséquentes dans les siècles byzantins.

En Gaule, sous les Mérovingiens, le système impérial se maintient; le *triens*, tiers du *solidus* ou sou d'or, est la pièce communément frappée : seulement la figure du roi barbare se substitue à celle du César romain ou byzantin, et la décadence de l'art se montre dans la dégradation des types.

Sous les Carolingiens, l'argent redevient presque exclusivement le métal monétaire : l'effigie royale ou impériale est remplacée par un monogramme selon la mode arabe. Charlemagne réforme la monnaie comme les autres mesures. Par une sorte de transaction entre la tradition romaine et les coutumes de ses sujets d'origine germanique ou saxonne, il porte à 367 grammes environ le poids de la *livre*, toujours divisée en douze onces, et décide que le *sou d'argent* sera la vingtième partie de la livre, et le *denier* la douzième partie du sou d'argent (environ 1 gramme 1/2, 30 cent. ou six sous d'aujourd'hui). Depuis Charlemagne la livre de compte, le sou, le denier ont subi bien des avilissements, mais l'échelle est restée la même. Les trois mots latins *libra, solidus, denarius,* devenus dans notre patois *livre, sou, denier*, se sont maintenus comme l'ineffaçable empreinte des origines romaines de notre civilisation. La même échelle a été portée par les Gallo-Normands en Angleterre, où elle s'est perpétuée, sauf le remplacement des mots latins par d'autres mots d'origine germanique. Aujourd'hui, sur tous les points du globe, le marchand ou le planteur d'origine anglaise, en supputant ses *pounds*, ses *shillings* et ses *pence*, inscrit à la suite des chiffres de petits signes, pour lui hiéroglyphiques, qui ne sont que les initiales des trois mots latins correspondants : trace bien légère, signe bien bizarre de faits qui se sont passés si loin de lui, à tant de siècles de distance, et où, nouveau Zadig, il pourrait lire en abrégé les grands traits de l'histoire de sa race !

Sous les Capétiens, le monnayage de l'or et celui de l'argent ont lieu concurremment ; on voit se succéder les types du *châtel*, de l'*agneau*, de l'*ange*, de la *fleur*, de l'*écu*, du *franc-archer* : celui-ci destiné à fournir un jour, quand le souvenir de son origine se sera perdu, le nom d'une nouvelle monnaie de compte. Mais il faut attendre la Renaissance pour voir rétablir sur les monnaies la tête du prince, et elles ne sont datées que sous le règne de Henri II. Elles redeviennent ainsi ce qu'elles avaient été dans le monde romain, des médailles, des monuments d'histoire et de chronologie.

Nulle part la puissance publique n'a autant et aussi longtemps abusé que dans la France capétienne de l'idée d'une monnaie de compte, n'en a avec autant de persistance exagéré les conséquences et les suites. Déjà sous saint Louis, la livre de compte n'était plus que le quart de la livre pondérale. Au dernier siècle de la monarchie, la livre de compte se trouvait réduite au vingtième de ce qu'elle était du temps de saint Louis, et au quatre-vingtième de la valeur originelle, dont elle aurait dû être le quintuple si l'on avait tenu compte, *bona fide*, de la dépréciation réelle du métal. Quel contraste avec les destinées de cette même livre de compte de l'autre côté du détroit, là où la conquête normande l'avait tranportée ! Sur ce terrain conservateur elle est encore ce qu'elle était dans la France capétienne à la fin du xiie siècle, et à partir du règne d'Élisabeth, c'est-à-dire dans les temps vraiment modernes, elle n'a plus varié. Mais aussi le gouvernement de Guillaume et Marie choisissait des hommes comme Newton et Locke pour aviser à la réparation d'une monnaie en décri, pendant que le gouvernement de Louis XIV, enivré de sa gloire passée, avait recours dans ses revers aux plus misérables expédients.

Sans que les gouvernements s'en mêlassent, les différences de situation et de caractère de deux grandes nations préparaient d'autres contrastes dans leurs régimes monétaires. L'Angleterre disposait de l'or du Brésil pour les besoins de sa circulation intérieure et de son commerce extérieur : la France avait bien plus de relations avec l'Espagne, dont les piastres alimentaient ses hôtels des monnaies avec l'argent extrait des mines du Mexique et du Pérou. La monnaie de papier s'accréditait en Angleterre pendant qu'elle se décréditait en France ; et une fois l'argent banni des gros payements pour lesquels il est si incommode, il est naturel que l'on s'habitue à voir dans la monnaie d'or l'associée et la caution du billet de banque, en réduisant le rôle monétaire de l'argent à celui d'une monnaie d'appoint. En conséquence, et sans que l'or fût positivement déclaré l'étalon des valeurs, le cours forcé de la monnaie d'argent a été longtemps borné aux sommes qui ne dépassaient pas 25 livres sterling ; puis, lors de la réforme de 1816, l'argent a été, comme on dit, *billonné*, réduit à n'être, à l'instar du cuivre, qu'une monnaie de convention et d'appoint pour les sommes au-dessous de 2 livres sterling. Et pour consommer la réforme, la livre sterling dont il ne s'agissait plus de rechercher l'origine, a été directement définie et représentée par la nouvelle pièce d'or à laquelle on a donné le nom de *souverain*.

En France, où la mobilité des modes et des systèmes n'exclut pas la persistance des habitudes, et où l'on attend tout du gouvernement sauf à se méfier beaucoup du gouvernement, les choses avaient dû prendre un autre cours. On ne se fiait guère à la monnaie de papier et l'on avait assez de richesses naturelles, assez d'industrie et de commerce pour payer un large approvisionnement de monnaie métallique où l'or figurait, selon l'opinion commune, environ pour un tiers. On ne voulait pas se priver de la commodité de l'or pour certains usages, et d'un autre côté, dans un temps où l'on craignait tant que la monnaie n'émigrât, la monnaie d'argent semblait un gage plus sûr de la richesse nationale. D'ailleurs, les variations du cours de l'or relativement à l'argent, très-remarquées des financiers et des économistes, devaient beaucoup moins préoccuper le grand nombre des hommes étrangers aux questions de commerce et de finance, notamment des légistes habitués par le droit romain à s'en rapporter en ces matières aux dépositaires de la puissance publique.

§ 7. — *De la réforme monétaire issue de la Révolution française. — Réflexions générales.*

On vient de dire quel était en France le régime monétaire, et quelles étaient à cet égard les dispositions

des esprits lorsque éclata la Révolution française, dont
les auteurs se donnèrent la mission de faire table rase
et de réaliser partout les idées en vogue au xviiie siècle.
Déjà l'on pouvait prévoir que la société réagirait
contre les novateurs, et que plus d'une concession
serait faite à la coutume et à la tradition nationale,
aux dépens de la théorie.

Sans revenir ici sur les tâtonnements par lesquels
on a passé, et qui ont abouti au résultat que tout le
monde connaît, il est facile, mais non tout à fait inutile,
de dire après coup ce qu'il aurait fallu faire, dans une
occasion unique en son genre, pour arriver mieux et
plus vite au but. Puisque l'on regardait comme un
progrès de revenir au point de départ des peuples anciens, il fallait reprendre leurs errements. Pour eux,
le sicle, le talent, la mine, la drachme, la livre, étaient
des poids en même temps que des monnaies ou des
unités monétaires. Puisque les savants avaient fait
adopter le gramme comme unité pondérale, unité convenable en effet pour des physiciens et des chimistes,
pour des pharmaciens et des orfévres, mais beaucoup
trop petite pour la plupart des usages commerciaux, et
puisque notre arithmétique imposait l'échelle décimale,
il fallait que le gramme d'argent, au titre décimal con-
venu, ou un multiple décimal du gramme d'argent,
devînt, *sans changer de nom*, l'unité monétaire.
Alors, on n'aurait pu tomber dans l'hérésie de mettre
sur une pièce d'or cette inscription, *vingt francs* ; il
eût fallu écrire *cent grammes d'argent*, ce qui rendait
l'absurdité palpable. Mais le gramme d'argent (le ses-

9.

terce romain ou notre pièce de 20 centimes) était déjà
une unité incommode pour sa petitesse au temps de
Cicéron, lorsque l'argent valait beaucoup plus qu'à
présent : d'où la nécessité de prendre le décagramme,
unité fort voisine du *gulden* ou *florin*, rhénan, et hol-
landais, ainsi que l'avait judicieusement décidé le
décret du 1er août 1793, tout en tombant dans la niai-
serie de baptiser ce décagramme d'argent du nom de
républicain. Le peuple, dans son bon sens, a corrigé
le pédantisme scientifique, il a raccourci le nom du kilogramme et en a fait le *kilo* : il aurait raccourci de
même le nom du décagramme d'argent pour en faire
le *déca*. La dénomination de *franc*, qui ne vient pas
du nom de la France, comme on pourrait le croire
(p. 150), mais qui a l'air d'en venir, allait directement contre une des prétentions des auteurs du système, qui était d'effacer toute trace de la tradition historique et d'offrir au monde civilisé une nomenclature
dont toutes les nations pussent s'accommoder.

Si l'on faisait tant que de choisir pour unité une
coupure prise en dehors des multiples décimaux du
gramme, et de lui donner un nom auquel les oreilles
françaises pussent s'accommoder, il ne fallait pas choisir
une coupure qui appartînt à la menue monnaie, à celle
qui s'use rapidement par une circulation continuelle.
On reçoit à l'étranger nos pièces de cinq francs, et
l'on n'y reçoit pas nos pièces d'un franc, si ce n'est
dans les pays qui se sont formellement associés à notre
régime monétaire, et encore avec les précautions
qu'énumère la convention du 23 décembre 1865. La

coupure de 25 grammes qui est devenue notre pièce
de cinq francs, et qui est si voisine de la *piastre* espagnole, du *scudo* romain et du *dollar* américain, remplit en effet dans la circulation du monde commercial, depuis la découverte de l'Amérique, la même
fonction que le sicle, la drachme ou le denier rem-
plissaient dans l'antiquité (p. 124). En prenant cette
coupure pour unité, il aurait été naturel de lui donner
le nom d'*écu* ou celui de *pièce* tout court, si l'on trouvait que l'écu rappelait trop les temps féodaux et mo-
narchiques. La pièce française se serait divisée en
décimes et en *centimes*, comme l'écu papal se divisait
naguère en dix *pauls*, et le paul en dix *baïoques*, de
la manière la plus commode pour le petit commerce.
Le centime, sensiblement égal au *cent* américain, se
serait de plus identifié avec notre ancien *sou* dont les
fractions n'osent plus paraître, même à titre d'aumône : si bien que dans tous les comptes, depuis celui
de la ménagère jusqu'à ceux des ministres des finances,
la moitié des sommes d'argent auraient été exprimées
avec un chiffre de moins, ce qui n'est pas indifférent
en chose si usuelle. Le budget de la France ne dépas-
serait pas de beaucoup, même aujourd'hui, un demi-
milliard ; et mes contemporains se rappellent quel effet
produisait dans leur jeunesse ce mot de *milliard!*

Restait la grosse question de la pièce d'or, que le
gouvernement républicain n'avait pu résoudre, et que
le gouvernement consulaire résolut à sa manière, en
faisant prévaloir la routine administrative contre la
logique du conseiller d'État Bérenger. Ici pourtant un

heureux hasard pouvait favoriser la bonne solution. En fixant à quinze et demi le rapport de l'or à l'argent dans les premières années du siècle actuel, 8 grammes d'or valaient 124 grammes d'argent, c'est-à-dire cinq pièces de cinq francs, à un 124ᵉ près. Or, l'on ne pouvait prétendre à assigner à un 124ᵉ près une valeur commerciale aussi variable que celle du rapport de l'or à l'argent. C'était donc le cas de frapper des pièces d'or de huit grammes, en décrétant que l'*octogramme d'or* (ou, par apocope populaire, l'*octo*) vaudrait, jusqu'à révision légale du tarif (p. 141), *cinq* des pièces d'argent dont chacune représentait en réalité l'unité légale des valeurs. Il n'y avait nul inconvénient à ce que le poids de la pièce d'or fût pris en dehors de l'échelle décimale. Au contraire, on exprimait mieux par là ce qui avait toujours été dans la pensée de Mirabeau et de ses successeurs, à savoir que le rôle monétaire de l'or resterait subordonné à celui de l'argent.

C'est pour n'avoir pas satisfait à ces diverses conditions que le système est menacé de périr ou plutôt qu'il a péri, car il n'en reste guère que l'ombre. Quand l'or a visiblement baissé de valeur par la découverte des nouveaux *placers*, le véritable étalon légal, la grosse pièce d'argent a disparu pour un temps de la circulation ; et maintenant que par un retour des choses d'ici-bas, par suite d'une baisse ou d'une menace de baisse de l'argent, elle tend à reparaître, on en suspend la fabrication (p. 143). D'un autre côté, au temps même où l'argent émigrait, il a fallu, pour empêcher la refonte de la menue monnaie d'argent dont on ne peut se passer, la billonner, en abaisser le titre par la loi du 27 juin 1866, de sorte que la pièce d'un franc en circulation aujourd'hui n'est plus le franc défini par la loi du 15 août 1795, mis en rapport simple avec l'ensemble du système métrique, et devenu, contre l'intention formelle des fondateurs, une véritable monnaie de compte. Ainsi, la théorie philosophique, le radicalisme révolutionnaire avaient trop présumé de leurs forces : la tradition d'abord, puis un fait accidentel, mais majeur, l'ont emporté.

Ce n'en est pas moins l'honneur de la France que d'avoir rallié à son système monétaire, même imparfait, l'Italie, l'Espagne, la Grèce, la Suisse, la Belgique. Évidemment, l'idée d'une confédération monétaire doit rendre à la civilisation plus de services que n'en a jamais rendus aucune réforme monétaire.

Maintenant, il ne saurait plus guère être question de démonétiser l'or, mais plutôt de faire de la monnaie d'or, à l'imitation des Anglais, l'étalon légal des valeurs, à moins que l'on ne préfère (p. 143) maintenir les deux monnaies au moyen d'une cote de change, officielle et variable selon le besoin. Dans l'un et l'autre système, la pièce d'or de vingt francs a fait son temps. Il faut prendre la pièce de huit grammes, presque identique au *souverain* anglais et au *guillaume* allemand, dans l'espoir d'arriver plus vite à une monnaie cosmopolite, ou bien, pour se rattacher plus étroitement au système métrique qui nous sert de drapeau, frapper des pièces d'or de dix grammes et de cinq grammes. Et, puisque le denier d'argent a péri de vétusté, rien ne serait plus conforme à la tradition romaine, chère aux nations occidentales de l'Europe, que de donner le nom de *denier d'or* ou simplement de *denier* à la pièce d'or qui pèserait dix grammes, comme le denier romain valait dix as.

— Résumons ce qui a fait l'objet de cette troisième section, et d'abord reconnaissons que la notion de l'échange d'un objet matériel contre un autre, d'un poids de riz ou de blé contre un poids d'or ou d'argent est une notion toute concrète : tandis que la fonction du numéraire ou des espèces monnayées conduit, par la vertu du langage et par le mouvement naturel de l'esprit humain, à une idée de la valeur, plus élevée dans l'ordre de l'abstraction, mieux accommodée aux principes de la raison et du droit. Il doit donc paraître tout simple que les peuples qui ont initié à l'art, aux sciences et à la jurisprudence les nations occidentales, aient été aussi les instituteurs du rôle de la monnaie dans le système économique. En même temps, ils ont fabriqué une arme nouvelle au service du génie du mal, l'histoire est là pour l'attester : mais il en est de même pour tous les progrès, pour toutes les conquêtes de l'esprit humain. Lorsque les économistes du xviiie siècle, dans un esprit de réaction contre les abus du temps passé, se sont évertués à prouver qu'une pièce de monnaie n'est qu'une marchandise comme une autre, ils ont de leur aveu tâché de nous ramener dans les choses de leur compétence à la civilisation égyptienne ou chinoise. En cette occasion comme en d'autres, on a été frappé de l'abus que les hommes avaient fait de la quintessenciation des idées, et l'on s'est pris à glorifier la sensation dans son état primitif et grossier, avant l'élaboration à laquelle l'entendement la soumet. Toutes ces phases sont transitoires et ne peuvent empêcher la raison de poursuivre sa tâche, qui consiste à épurer progressivement les notions sensibles, sans perdre de vue le point de départ et en se gardant d'un faux raffinement. Ainsi voici venir M. Macleod, qui s'applaudit d'avoir découvert qu'une pièce de monnaie n'est qu'une lettre de change tirée sur le public ou sur le premier venu. Mais la vérité consiste à dire que la monnaie est la monnaie, une chose *sui generis*, et qu'elle n'est pas plus une lettre de change qu'une marchandise (p. 127), quoiqu'elle ait par certains côtés de l'affinité avec l'une et avec l'autre.

Par toutes les raisons qu'on vient de dire, l'histoire de la monnaie est devenue dans notre monde occidental un appendice de l'histoire de l'art, de l'histoire des religions et de l'histoire politique. On y voit comment un type se perfectionne, s'altère, disparaît, pour être remplacé par un autre qui traversera des phases analogues. Les changements de types, de figures, de légendes, traduisent les changements survenus dans l'ordre des idées religieuses, indiquent les déplacements de la souveraineté et les révolutions politiques. De là, l'intérêt qui s'attache à la numismatique, indépendamment du parti qu'on en peut tirer pour étudier certains points d'économie publique, de chronologie ou d'histoire. Or, croit-on que les monnaies qui se frappent de nos jours, avec plus de profusion que jamais, offriront pareil intérêt à la postérité? Non sans doute. La précision du procédé industriel est mise bien au-dessus de la beauté de l'œuvre d'art. Nous admirons dans les médailliers ces beaux tétradrachmes de Syracuse à grand relief, tout en préférant de beaucoup, pour notre usage, ces monnaies si plates, mais si parfaitement virolées, si exactement pesées et titrées, si économiquement fabriquées. De légendes pieuses il n'est plus guère question, et à peine regardons-nous si l'effigie est celle d'un roi, d'un empereur ou d'une république. La commodité d'un système uniforme l'emporte de plus en plus sur la puissance de l'habitude et sur la jalousie des traditions nationales. Quand on en est là, il est bien permis de dire que l'histoire de la monnaie est finie et qu'il ne reste plus qu'à en continuer le bulletin ou la gazette. Ces lois si apparentes dans l'histoire de la monnaie sont au fond, comme nous avons tâché de l'établir ailleurs, les lois générales de l'histoire.

QUATRIÈME SECTION

LES PRIX ET LES REVENUS [1]

§ 1ᵉʳ. — *De la loi de la demande.*

Nous avons appris à distinguer, dans la valeur d'un article livré au commerce, ce qui représente les salaires des ouvriers, ce qui représente les profits d'un entrepreneur ou l'intérêt d'un capital : mais ces distinctions et d'autres qu'on peut faire pour l'intelligence du système économique n'intéressent que fort peu l'acheteur ou le consommateur. L'attrait que la chose a pour lui, le besoin qu'il en a, le coût mis en regard des ressources dont il dispose, voilà ce qui le touche, ce qui le décidera à acheter ou à s'abstenir. Le *prix* règle la consommation, l'achat, ou, comme on dit, la *demande ;* et, à son tour, la demande règle la production, dans tous les cas où la production peut être réglée. Si cet ordre est renversé et qu'un

1. Cette quatrième section renferme à peu près tout ce qui peut justifier, dans une matière si rebattue, nos prétentions à l'originalité. On nous pardonnera donc de la recommander paternellement à l'attention du lecteur libre de tout préjugé d'école.

article ait été produit au delà de ce que réclame la consommation régulière, il faut bien que la marchandise s'*offre* et, par conséquent, s'avilisse, jusqu'à ce que la baisse de prix procure l'écoulement de toute la quantité offerte : mais on peut, en théorie, négliger ces perturbations passagères, qui n'ont guère d'importance économique que sur le marché de la Bourse. Car là il s'agit de spéculer sur des titres émis, non d'émettre ou de produire des titres, en ayant soin d'assortir la production à la demande : de sorte que, par exception, la demande et l'offre y figurent effectivement dans des conditions symétriques.

A la date de 1838, lors de la publication de nos premières recherches sur ce sujet, tous les auteurs s'accordaient à dire que *le prix est en raison inverse de la quantité offerte et en raison directe de la quantité demandée :* de sorte qu'il fallait nous évertuer à prouver que la formule est fausse ou qu'elle n'a pas de sens ; nous ne reviendrons plus sur ce point.

M. Macleod, qui veut être un novateur intrépide et porter dans les doctrines économiques la précision des sciences exactes, ne parle, il est vrai, ni de raison directe, ni de raison inverse ; seulement il reproduit en toute rencontre cette remarque, que le prix des choses ne se règle, ni sur leur rareté, ni sur leur degré d'utilité, ni sur le travail qu'elles ont coûté, mais uniquement *sur la loi de l'offre et de la demande,* sans expliquer s'il s'agit d'une loi pour la demande et d'une loi pour l'offre, ou d'une troisième loi qui serait la résultante des deux autres.

Logicien trop sévère pour se contenter d'énoncés si faux ou si vagues, Stuart Mill y substitue ce qu'il appelle l'*équation de l'offre et de la demande*. Pour mieux saisir son idée, imaginons deux crémaillères verticales s'engrenant à la même roue, l'une à droite, l'autre à gauche, de manière que l'une monte quand l'autre descend ou descende quand l'autre monte, selon le sens dans lequel on fait tourner la manivelle. Si l'une des crémaillères dépasse l'autre en hauteur, on les ramènera toujours au même niveau en faisant jouer convenablement la manivelle. L'une des crémaillères représente l'offre, l'autre la demande, et la variation de prix fait l'effet de la manivelle. Pour que le prix se fixe, il faut que l'offre soit précisément au niveau de la demande. D'ailleurs (sans que nous voyons bien pourquoi), Stuart Mill n'entend appliquer ce principe qu'aux marchandises qui ne peuvent être multipliées à volonté : il admet l'existence d'une autre loi pour la classe bien plus nombreuse des objets susceptibles d'une multiplication indéfinie [1].

Venons à notre propre théorie, qui s'applique aux marchandises de toute nature, et où il nous paraît superflu de faire intervenir l'*offre*. Il y a une liaison entre la demande et le prix, de manière que la fixation du prix implique la fixation de la demande, et c'est ce qu'on a coutume d'exprimer dans le langage mathématique, en disant que la demande est une *fonction* du prix. Connaître la fonction ou la liaison dont

---

1. *Principes d'économie politique*, t. II, p. 17 de la traduction française de 1854.

il s'agit, ce serait connaître la *loi de la demande*, expression à l'usage de ceux que ce mot de *fonction*, dans son acception technique, effaroucherait, quoiqu'il vaille encore mieux se familiariser avec l'acception technique.

Il en est de la liaison entre la demande et le prix, comme de la loi de mortalité, et de tant d'autres liaisons qui ne peuvent pas s'exprimer par une formule mathématique, ni être connues autrement que par l'expérience, ce qui les fait qualifier d'*empiriques*. Si les économistes n'ont pas réussi (p. 179) à définir théoriquement ce qu'ils entendent par le *prix naturel* d'une chose mise dans le commerce, c'est parce que la liaison entre le prix et la demande est empirique de sa nature, c'est-à-dire ne peut être théoriquement établie.

En général, la demande d'un article doit augmenter quand le prix baisse : cependant il y a des articles de luxe qui ne sont recherchés qu'en raison du haut prix où leur rareté les maintient. Pour la plupart des articles dont le gros des consommateurs peuvent à la rigueur se passer, mais qu'ils recherchent avec empressement dès que la modération du prix leur permet d'y atteindre, on observe que la consommation ou la demande effective varie beaucoup plus rapidement que selon la raison inverse du prix. Dans d'autres cas, c'est le contraire : ce qui paraît également s'appliquer aux choses les plus nécessaires et à celles dont on peut le plus aisément se passer.

On doit admettre que, si le prix ne change pas

brusquement, la demande ne passe pas non plus brusquement d'un chiffre à un autre sans traverser dans le passage toutes les valeurs intermédiaires ; ce que les mathématiciens exprimeraient en disant que la demande est une fonction *continue* du prix. Il en serait autrement, si le nombre des consommateurs restait fort restreint : mais, plus le marché s'étendra, plus les combinaisons des fortunes, des besoins et même des caprices offriront de variété, et plus on se rapprochera de l'hypothèse théorique où le prix et la demande varieraient ensemble sans discontinuité. Si petite que soit la hausse de prix, il se trouve des consommateurs sur qui elle agira comme la goutte d'eau qui fait déborder le vase, en les déterminant à s'imposer certaines privations, ou à réduire leurs exploitations industrielles, ou à substituer une autre denrée à la denrée renchérie. La loi de mortalité et toutes les lois du même genre, dont la détermination rentre dans les attributions de la statistique, nous offre aussi l'exemple d'une continuité qui n'est admissible qu'à la faveur de la grandeur des nombres et de la multitude des combinaisons, parmi lesquelles sont triées au hasard celles que la statistique enregistre. Il ne faut pourtant pas perdre de vue que le principe énoncé peut, à la rigueur, admettre des exceptions pour quelques cas singuliers, comme il y a des lignes qui, bien que continues dans l'ensemble de leur cours, éprouvent en quelques points des ruptures ou des solutions de continuité. Mais, de même que le frottement use les aspérités et adoucit les contours, ainsi la triture du commerce tend à supprimer ces cas exceptionnels, en même temps que le mécanisme commercial modère les variations dans les prix et les maintient dans des limites compatibles avec l'application du principe.

La continuité admise, il en faut admettre la conséquence immédiate sur laquelle reposent tant d'applications importantes du calcul : à savoir, que les variations de la demande restent sensiblement proportionnelles aux variations du prix, tant que celles-ci ne sont qu'une très-petite fraction du prix. La proportionnalité porte donc, non sur les prix et les demandes, comme dans la formule qualifiée tout à l'heure d'absurde, mais sur les variations simultanées du prix et de la demande. Elle est directe et non pas inverse : sous la condition, bien entendu, que les variations aient lieu en sens contraire pour la demande et pour le prix, de sorte qu'à une augmentation ou à une diminution de prix corresponde une diminution ou une augmentation de demande.

Il n'y a, avons-nous dit, que l'observation qui puisse fournir les moyens de dresser entre des limites convenables, pour tel article en particulier, une table des valeurs corrélatives du prix et de la demande : mais il faudra bien du temps avant que l'on ne puisse construire et employer avec confiance de pareilles tables, même en se bornant à un petit nombre d'articles, à cause de la difficulté de se procurer des documents exacts, en assez grand nombre pour compenser les irrégularités accidentelles, et surtout parce que la loi même, ou la table qui en est l'expression, est sujette à changer dans le cours des observations. En effet, représentons-nous bien ce qu'il faut entendre par la loi de la demande. Elle tient directement et principalement au chiffre de la population, au mode de répartition de la richesse, aux goûts, aux habitudes des consommateurs, à la multiplication des débouchés, par suite de la facilité des transports ou de la suppression des barrières. Toutes ces conditions relatives à la demande restant les mêmes, si nous supposons que les conditions de la production viennent à changer, que les frais s'élèvent ou se réduisent, que des monopoles soient resserrés ou relâchés, que des taxes soient aggravées ou allégées, les prix varieront; et les variations correspondantes de la demande, pourvu qu'elles soient fidèlement relevées, pourront servir à la construction de nos tables empiriques. Si, au contrire, les prix changent parce que la loi de la demande a elle-même changé, en vertu des causes qui influent, non plus sur la production, mais directement sur la consommation, la construction de nos tables deviendra presque impossible, puisqu'elles devraient exprimer comment la demande varie en vertu du changement de prix, et non par d'autres causes.

Cependant la théorie n'est pas tenue d'attendre que des tables empiriques, comme la table de mortalité et comme celles dont il s'agit en ce moment, aient atteint l'état stationnaire et soient exactement connues, pour tirer les conséquences utiles de quelques caractères généraux qu'elles peuvent offrir, ou de certaines liaisons qui peuvent exister entre elles et que le seul raisonnement fait découvrir. Voilà ce que nous avons tâché de montrer dans l'opuscule de date ancienne, déjà plusieurs fois cité, et dont nous rappellerons chemin faisant quelques conclusions. Des critiques ont fait observer, non sans raison, que cela tournait assez court, et que les résultats dus à cette méthode étaient bien peu de chose en comparaison de ce que nous voudrions savoir, de ce que nous aurions besoin de savoir. Assurément, et il en est de même dans des sujets encore plus graves. Aussi nos modestes prétentions étaient-elles, non d'accroître de beaucoup le domaine de la science proprement dite, mais plutôt de montrer (ce qui a bien aussi son utilité), tout ce qui nous manque pour donner la solution vraiment scientifique de questions que la polémique quotidienne tranche hardiment, et sur lesquelles il faut bien prendre un parti dans la pratique.

— Supposons construite pour tel article la table où figure en regard de chaque prix le chiffre qui exprime la demande annuelle correspondante, et inscrivons dans une troisième colonne les nombres qu'on obtient en multipliant l'un par l'autre les nombres qui se correspondent dans les deux premières colonnes : cette troisième colonne indiquera quelle est, pour chaque prix de l'article, la *valeur d'inventaire* de la quantité demandée et produite annuellement. Si la table est complète, il faut que cette troisième colonne accuse l'existence d'une valeur *maximum*, ou d'une valeur qui surpasse celles qui la précèdent et celles qui la suivent immédiatement. En effet, imaginons que le prix de l'article baisse jusqu'à devenir nul, la demande correspondante ne croîtra certainement pas au delà de toute limite, puisque la consommation des choses, même absolument gratuites, reste pourtant limitée ; de sorte que la valeur d'inventaire pour laquelle l'article figure dans la consommation annuelle, finira par diminuer et même par s'évanouir. D'un autre côté, l'on peut toujours imaginer un prix si élevé, qu'à ce prix l'article cesserait d'être demandé et produit, ce qui ferait encore évanouir la valeur d'inventaire. Il faut donc qu'entre ces deux extrêmes il y ait au moins un prix intermédiaire pour lequel la valeur d'inventaire passe par un *maximum*.

Il se pourrait que la table, si elle s'étendait assez, accusât l'existence de plusieurs *maxima* ou *minima*, les nombres de notre troisième colonne passant par plusieurs alternatives d'accroissement et de décroissement. On a fait plusieurs fois l'application de cette remarque en matière de taxes. Si l'on allége une taxe, mais de fort peu, le rendement de la taxe baisse, ce qui indique l'existence d'un *maximum* de rendement que l'on atteindrait en forçant un peu la taxe ; et d'un autre côté, si l'on réduit considérablement la taxe, par exemple à la moitié, au quart, il n'est pas rare que le rendement de la taxe ainsi réduite en soit beaucoup accru. Donc, il faut qu'il y ait au moins deux *maxima* correspondant, l'un à la région supérieure, l'autre à la région inférieure de l'échelle des tarifs. Or, la remarque faite à propos d'une taxe et de son rendement s'applique à la demande d'un article quelconque, puisqu'une taxe, telle que le port de lettre, se convertit au besoin en une marchandise, telle que le timbre d'affranchissement. Au reste, si l'autorité qui impose la taxe peut changer tout à fait de système et passer brusquement d'un tarif très-lourd à un tarif très-modéré, il est rare que les conditions économiques de la production puissent changer aussi brusquement. Il sera donc permis, dans la plupart des cas, de ne considérer qu'un seul *maximum* et de faire abstraction des autres, au cas qu'ils existent.

En outre, il peut très-bien arriver que le *maximum* que nous considérons n'ait qu'une existence idéale, en ce sens que, dans la pratique, le prix ne s'élèvera ou ne s'abaissera jamais assez pour que le *maximum* soit atteint. De là, trois catégories où il est permis de ranger les articles pour lesquels on étudie les variations corrélatives du prix et de la demande : 1° ceux pour lesquels la valeur d'inventaire va toujours en croissant pendant que le prix s'élève et que la demande se réduit; 2° ceux pour lesquels, au contraire, l'accroissement de la valeur d'inventaire résulte constamment de la baisse de prix et de l'extension de la demande; 3° et enfin ceux pour lesquels il existe, entre les limites des excursions réalisables, un prix et une demande correspondant à un *maximum* de la valeur d'inventaire.

§ 2. — *Du monopole, de la concurrence et du concours des producteurs.*

Ne craignons pas de prendre des exemples scolastiques, c'est-à-dire fictifs, pourvu qu'ils soient simples. Supposons qu'un homme se trouve propriétaire d'une source minérale à laquelle on a reconnu ou cru reconnaître des propriétés curatives qu'aucune autre source ne possède. Il pourrait, grâce à son monopole, exiger 20 francs du litre ; mais il s'apercevrait bien vite, à la rareté des demandes, que ce n'est pas là le moyen de tirer de la source le meilleur parti possible. Il abaissera donc le prix successivement, sauf à le relever un peu si ses livres lui montrent qu'il l'avait par trop abaissé, et finalement il s'arrêtera au taux qui lui donne la meilleure rente ou ce produit *maximum* dont il était question au précédent paragraphe. Des frais généraux, tels que ceux qui ont pour objet la captation et la garde de la source, l'entretien des bassins où on la puise et des bâtiments où on l'emmagasine, ne changeraient rien à la fixation du prix par le monopoleur et tomberaient entièrement à sa charge, attendu que le produit net passerait par sa valeur *maximum* en même temps que le produit brut.

Comme exemple de monopoles grevés de frais qui dépendent de la quantité produite, on peut citer celui de l'inventeur ou de l'acquéreur du secret d'une préparation pharmaceutique pour laquelle il faut payer des matières premières et une main-d'œuvre. Alors le prix auquel s'arrête le monopoleur, et qui correspond nécessairement au *maximum* du produit net, de la rente ou du fermage, cesse de se confondre avec le prix qui correspondrait au *maximum* du produit brut ou de la valeur d'inventaire. Toute addition faite aux frais de cette catégorie élève le prix de la denrée ; mais le calcul montre que, suivant la nature de la loi de la demande, la hausse de prix peut être tantôt plus forte, tantôt plus faible que la part afférente à chaque unité de la denrée dans les frais additionnels. Il ne faudrait donc pas croire que le monopoleur peut se prévaloir de son monopole pour rejeter en tout cas la surcharge sur les consommateurs.

Ce que nous avons à dire au sujet de la concurrence dont on ne se fait généralement qu'une idée fort vague, repose sur des considérations plus délicates et plus abstraites. Afin de rendre sensible la conception abstraite du monopole, nous imaginions une source et un propriétaire ; maintenant, imaginons deux propriétaires, M, N, et deux sources ayant identiquement les mêmes vertus, qui se trouvent placées de manière à pouvoir approvisionner le même marché. La quantité totale livrée au commerce se compose de la somme des quantités m, n, livrées par chaque propriétaire au même prix, puisqu'il n'y a pour le consommateur aucun motif de préférer une source à l'autre. A cause de la liaison qui existe entre le prix et la demande, ce prix se trouve déterminé quand la somme des quantités m, n est elle-même déterminée. Admettons pour un moment que le propriétaire N ait fixé la quantité n

à sa fantaisie : l'intérêt du propriétaire M le portera à fixer avec le plus d'avantage pour lui sa production m, par conséquent la production totale, par conséquent aussi le prix de vente. De là une liaison ou, comme diraient les algébristes, une équation propre à donner la quantité m, lorsque la quantité n est fixée d'avance. Une liaison analogue et symétrique dans la forme doit pouvoir servir à déterminer la quantité n, au cas où l'on fixerait d'avance la quantité m. Le système de ces deux liaisons qui doivent simultanément subsister par l'effet de la concurrence des deux propriétaires M et N, est précisément ce qu'il faut pour déterminer individuellement les deux quantités m, n, et par conséquent la production totale, à laquelle correspond un prix déterminé en vertu de la loi de la demande. Dans la pratique, une suite de tâtonnements amènera les deux propriétaires ou producteurs à cette position d'*équilibre*, et la théorie montre que cet équilibre est *stable*; c'est-à-dire que, si l'un ou l'autre des producteurs, trompé sur ses vrais intérêts, vient à s'en écarter en resserrant ou en augmentant sa production, par le moyen d'une hausse ou d'une baisse de prix, il y sera ramené par une suite d'oscillations du genre de celles qui avaient précédemment abouti à constituer l'équilibre.

Il n'est pas difficile non plus de démontrer que le prix qui correspond à la situation d'équilibre ainsi déterminée est moindre que celui qui s'établirait si les deux fonds productifs restaient dans la même main ou s'il y avait contrat d'union entre les deux propriétaires. La raison en est que, si ce dernier prix se trouvait établi par hasard et sans entente préalable, chacun des producteurs, M par exemple, pourrait, avec un avantage momentané, modifier le prix, et par suite sa production. A la vérité, il serait bientôt puni de sa méprise, en ce qu'il amènerait son concurrent N à adopter un autre régime qui réagirait défavorablement sur les intérêts de M ; mais ces réactions successives, au lieu de tendre à la reconstitution du régime primitif, plus avantageux à tous deux, les en écarteraient de plus en plus. En d'autres termes, le régime primitif n'est pas une situation d'équilibre stable ; et, quoique le plus favorable aux deux concurrents, il ne saurait subsister à moins d'un contrat d'union qui fasse disparaître la concurrence, parce qu'on ne peut pas plus supposer dans le monde moral des esprits exempts d'erreur et d'entraînements que, dans le monde physique, des corps parfaitement rigides, des appuis parfaitement fixes, et ainsi de suite.

Tous ces raisonnements s'étendent au cas où il y a un plus grand nombre de concurrents, et il va sans dire que plus le nombre des concurrents s'accroît, plus le prix s'abaisse, plus la production totale augmente. Les effets de la concurrence ont atteint leur limite lorsque la production de chaque concurrent est insensible en comparaison de la production totale et pourrait être supprimée sans qu'il en résultât de hausse appréciable dans le prix de la denrée. Ainsi, le Clos-Vougeot n'a qu'un seul maître, qui jouit d'un monopole au sens strict du mot. Le canton de Chambertin est divisé entre plusieurs propriétaires, dont chacun possède encore un monopole réel, quoique affaibli. Enfin, dans un vignoble ordinaire, le propriétaire d'un hectare de vignes ne jouit d'aucun monopole, car il ne lui appartient pas d'influer sur les prix d'une manière sensible, quoi qu'il fasse de son vin ou de sa vigne.

Il ne faut pas confondre la *concurrence* des producteurs de la même denrée avec le *concours* des producteurs de denrées diverses dont la combinaison ou l'association est requise pour fabriquer l'article que l'on considère. Par exemple, le bronze est un alliage de cuivre et d'étain, et, dans les temps anciens, l'étain que les Phéniciens allaient chercher aux îles Cassitérides, le cuivre qu'ils allaient chercher en Chypre, étaient à vrai dire des objets de monopole. De nos jours, on pourrait encore citer l'exemple de l'argent et du mercure, non que l'amalgame de ces deux métaux soit, comme le bronze et le laiton, l'objet d'une consommation en grand, mais parce que l'extraction de l'argent par le procédé moderne de l'amalgamation entraîne une consommation de mercure ; de sorte que trouver une mine de mercure c'est en quelque sorte trouver une mine d'argent. Or, l'expérience montre assez qu'il vaut mieux avoir à satisfaire l'appétit d'un seul tyran que celui de plusieurs tyranneaux, de sorte qu'on est disposé à croire qu'il vaudrait mieux, pour les consommateurs, que tous les monopoles concourants fussent réunis dans la même main. Toutefois ce n'est là qu'un aperçu vague, tandis que le calcul démontre qu'en effet le prix de la denrée *résultante* sera toujours plus élevé par le fait de la séparation que par celui de la confusion des monopoles. Le contrat d'union des monopoleurs, en tournant à leur propre profit, tournera aussi dans ce cas au profit des consommateurs, à l'inverse de ce qui arrive pour le cas de la concurrence.

Il n'y a pas de monopoles sans monopoleurs, mais il peut y avoir des monopoleurs sans monopole, c'est-à-dire des monopoleurs qui soient dans l'impuissance de se prévaloir du défaut de concurrence pour accroître leurs revenus. Qu'arriverait-il, en effet, si l'abondance de cette source, unique en son genre, ne permettait pas à celui qui la possède de livrer toute la quantité qui répond au *maximum*, soit du produit brut, soit du produit net, tel qu'il se trouve fixé en vertu de la loi de la demande? Évidemment il tirerait de sa source ou de ses sources réunies (au cas qu'il en possédât plusieurs de même nature) tout ce que sa source ou ses sources peuvent donner, absolument comme si chaque source avait son maître particulier et que tous les propriétaires se fissent concurrence. Dans un cas comme dans l'autre, l'abondance de la source unique ou des sources réunies devient la mesure de la production et de la consommation. Le prix correspondant se trouve fixé au même chiffre par la loi de la demande, soit qu'il y ait entre les propriétaires concurrence ou contrat d'union; et la libéralité de celui qui se contenterait d'un prix moindre ne profiterait qu'aux revendeurs par suite de la concurrence des acheteurs. Le gouvernement supprimerait le droit de propriété sur les sources dont il s'agit ; il les réunirait au domaine public par voie de rachat, d'expropriation ou de confiscation, qu'il ne pourrait rien changer au prix du produit dès que ce produit serait l'objet d'un commerce libre. Il lui faudrait en fixer la distribution sur *bons* dont il interdirait la revente, et multiplier les moyens de rigueur pour que la défense ne devînt pas illusoire. Le monopole n'est donc pas en général le fondement de la rente du propriétaire, bien qu'il puisse dans certaines circonstances contribuer à l'augmenter, ou même créer par exception des rentes que la suppression du monopole ferait évanouir.

Nous sommes amené ainsi à reparler de cette fameuse théorie de la rente dont on fait honneur à Ricardo (p. 27), théorie si connue aujourd'hui de tous les économistes, et célébrée en Angleterre presque à l'égal d'une découverte de Newton ou de Davy. En effet, Ricardo a eu le mérite d'appeler l'attention sur un fait économique si simple qu'il passait presque inaperçu, et dont il ne faut pas d'ailleurs s'exagérer l'importance dans l'ordre actuel des choses.

Natura non facit saltus. Il n'est donc pas surprenant que l'on passe par degrés quasi continus de la terre la plus fertile à celle qui produit à peine de quoi nourrir le cultivateur, du filon le plus riche à celui que sa pauvreté fait bientôt abandonner, du moteur hydraulique le plus puissant à celui qu'on néglige pour sa faiblesse ou parce qu'il ne pourrait être utilisé qu'à l'aide d'engins dispendieux. Le fait est incontestable, mais il est faux qu'il faille y voir le principe et la raison de la rente. Toutes les terres seraient également fertiles qu'elles donneraient en somme la même rente, si leur fertilité uniforme était justement la fertilité moyenne des terres actuellement cultivées ; seulement cette rente totale se distribuerait entre les propriétaires au prorata de la contenance des terres qu'ils possèdent, au lieu de se distribuer plus inégalement selon le degré de fertilité et selon que la situation des terres se prête mieux aux travaux de la culture et à l'écoulement des produits. De même pour les filons métallifères, pour les cours d'eau et pour tout ce qui est susceptible de fournir une rente au propriétaire. Le principe, la raison essentielle de la rente consiste toujours en ce que, d'après la loi de la demande, la valeur du produit fait plus que couvrir les frais de la production, et c'est ce qui rend raison de la rente du propriétaire forestier, même dans le cas où il n'y aurait pas une seule parcelle du sol forestier qui ne donnât une rente, même dans celui où toutes les parcelles donneraient à superficies égales des rentes égales, et des rentes considérables.

Il faut pourtant reconnaître que l'élévation progressive des frais de production caractérise en général l'exploitation de la richesse foncière, tandis que la baisse progressive caractérise en général l'industrie manufacturière ce qui tient ; à une organisation plus habile du travail fait sur une plus grande échelle, à des remises sur les salaires quand on peut assurer la régularité du travail, à des remises sur le prix des matières premières quand on les achète en gros, enfin à l'atténuation relative de ce qu'on appelle dans l'industrie les frais généraux. Il en résulte que de puissants capitalistes ou de grandes compagnies peuvent, comme on dit, tuer la concurrence et se constituer artificiellement un vrai monopole, auquel est attaché un profit supérieur au taux ordinaire des profits, c'est-à-dire en réalité une rente ou un fermage dont l'explication, comme on le voit, n'a rien de commun avec la théorie de Ricardo. L'établissement de monopoles de cette sorte se concilie très-bien avec une baisse de prix favorable aux consommateurs, quoique l'influence du monopole subsiste toujours, en ce sens que le prix ne s'abaisse pas autant qu'il s'abaisserait si la concurrence était compatible avec les nouvelles conditions. Quand le monopole ne peut s'établir que par la concession ou avec l'autorisation de l'État, il y met d'ordinaire pour condition un tarif moins élevé que celui que le concessionnaire aurait intérêt à adopter d'après la loi de la demande.

§ 3. — *De la solidarité du système économique, et du principe ou du postulat de la compensation des demandes.*

On vient de voir comment la loi de la demande ou de la consommation pour chaque article en particulier, jointe aux conditions économiques de la production, en détermine le prix, lequel doit subvenir aux revenus des propriétaires et des capitalistes qui ont fourni les matières premières et les instruments pour les mettre en œuvre, ainsi qu'aux profits et aux salaires des divers agents qui ont concouru à fabriquer l'article et à le livrer à la consommation. Nous regardions alors comme des quantités fixes ou déterminées indépendamment du prix de l'article en question, les prix des autres articles et les revenus des autres producteurs : mais en réalité le système économique est un tout solidaire dont les parties se tiennent et réagissent les unes sur les autres. S'il y a diminution dans la valeur d'inventaire (p. 168) de l'article considéré, il y aura de ce chef une diminution de revenus ou de moyens d'échange, soit en denrées, soit en services : diminution qui se répartira diversement, selon les cas, entre ceux qui concourent, par la prestation de leur travail ou de leurs fonds, à fabriquer l'article et à le livrer à la consommation. Par cela même qu'ils auront moins de ressources, ils devront réduire leurs propres consommations, ce qui peut influer sur la demande des autres articles, diminuer les revenus de plusieurs autres catégories de producteurs, et déterminer par contre-coup une nouvelle réduction dans les revenus des producteurs du premier article. Une primitive augmentation de revenus sur un article pourrait entraîner en sens inverse une suite de réactions analogues. De telles réactions consécutives ne comportent certainement que des effets déterminés et limités : seulement un algébriste en conclurait que, pour la solution complète et rigoureuse des problèmes qui concernent telle partie du système économique, on ne peut se dispenser d'embrasser le système tout entier. Or, c'est ce qui surpasserait les forces du calcul et la portée de nos méthodes de raisonnement, lors même que la statistique aurait accompli sa tâche (p. 166) et que toutes les tables, toutes les données numériques que pourra fournir à la longue une observation patiente, faite dans des circonstances propices, seraient dès à présent à notre disposition. Il s'agit de montrer jusqu'à quel point l'on peut, en se tenant dans un certain ordre d'approximation, tourner cet obstacle qui ne serait pas directement surmontable. En effet, ce qu'il ne serait pas permis de donner à titre de résultat rigoureux et de proposition valable dans tous les cas, on peut l'admettre dans un premier ordre d'approximations, et comme le résultat moyen autour duquel oscille la résultante d'un grand nombre d'actions du même genre. En cela consiste ce que nous appellerons le principe ou le postulat de la *compensation des demandes*.

Supposons, pour prendre un exemple, qu'un art nouveau, celui de la photographie, vienne à s'établir dans un pays où il était inconnu, où du moins il n'était pas pratiqué, et qu'il se fabrique annuellement pour 100 000 fr. de photographies, les acheteurs auront 100 000 fr. de moins à mettre dans l'acquisition de tous les autres articles : mais aussi les artistes et ouvriers photographes pourront affecter à la demande de la même totalité d'articles 100 000 fr. qu'ils n'avaient pas. Voilà une balance qui sans doute n'amènera pas une compensation exacte pour chacun des autres articles en particulier, puisque les besoins et les goûts des uns ne peuvent pas si exactement se substituer aux besoins et aux goûts des autres : mais l'on conçoit au

moins que la compensation puisse s'opérer dans l'ensemble, sinon exactement, du moins à peu près ; de
manière qu'en totalisant les revenus, les gains annuels,
et en défalquant les pertes effectives des gains effectifs,
on puisse dire que le total pour l'année a été augmenté
à peu près de la somme de 100 000 fr. à laquelle
montent les recettes annuelles de l'industrie photographique. A supposer même qu'il y eût une différence notable dans le total des revenus, gros ou petits, des autres producteurs, comme on ne voit pas de
raison pour que l'action se fasse sentir dans un sens
plutôt que dans l'autre, il serait encore permis d'admettre que la compensation a lieu, dès l'instant qu'on
n'applique pas les raisonnements à tel article déterminé, à tel fait économique en particulier, mais que
l'on embrasse par la pensée un grand nombre de faits
du même genre, en vue de certains résultats moyens et
de certaines lois générales. Ainsi le pays qui a attendu
jusqu'à l'heure actuelle pour s'enrichir de l'industrie
photographique, est un pays où s'acclimatent en même
temps beaucoup d'autres découvertes de l'industrie
moderne ; et la conclusion qui ne serait peut-être pas
suffisamment exacte pour l'art photographique en particulier, le deviendra si on l'étend à l'ensemble des
industries qu'a fait naître le nouvel état du pays.

Nous avons pris un exemple où la valeur des produits
nouvellement créés représente presque en totalité des
salaires ou des gains professionnels : car le capital
d'un photographe est peu de chose ; les matières consommées se composent, outre le papier-carte, de

quelques drogues chimiques parmi lesquelles le brome
dont la source, l'Océan, ne s'épuisera jamais ; enfin le
loyer de l'atelier photographique n'est pas un objet
de grande importance. Si la nouvelle profession enle-
vait à d'autres branches d'industrie des ouvriers, des
artistes dont elles ne peuvent se passer sans que la
production soit réduite, il faudrait pour l'exactitude du
raisonnement retrancher des 100 000 fr. dont le total
des revenus est augmenté par l'éclosion de l'industrie
nouvelle ce qui est perdu par les anciennes industries.
Et si la question de capital avait plus d'importance
il faudrait aussi, pour donner satisfaction à tant de nos
confrères, tenir compte de l'intérêt du capital disponible,
qui ne se porte pas sur l'industrie nouvelle sans se dé-
tourner des industries anciennes, à l'instar de la séve
qui ne peut se porter sur les bourgeons supérieurs sans
que les bourgeons inférieurs se dessèchent.

Depuis quelques années l'industrie des horticulteurs
de profession a pris de grands développements; le
nombre des amateurs a décuplé, comme celui des amateurs dans tous les genres de luxe. Il se peut que le
travail des jardins d'agrément retranche au travail des
champs des bras, des capitaux nécessaires ou utiles ;
et il est du moins certain que la terre affectée à la culture des plantes rares, des arbres de choix, ne produit
plus ni froment, ni avoine. Il faudrait donc retrancher
de la plus-value annuelle des produits d'une horticulture développée : 1° ce qu'aurait gagné comme valet
de labour celui qui est devenu garçon jardinier dans
quelque grand établissement horticole, 2° le capital

distrait de l'horticulture pour être employé à l'établissement de serres et de pépinières, 3° la rente que le propriétaire du terrain aurait obtenue d'un petit fermier, s'il n'avait été tenté par l'offre supérieure du maître jardinier.

En général, il ne suffit pas que la sagacité d'un homme découvre une industrie nouvelle, que de nouveaux goûts s'éveillent parmi les populations, qu'une autre distribution de la richesse tende à donner aux demandes une autre direction : il faut encore que la production qui satisferait au nouvel état des demandes ne soit pas rendue impossible par l'insuffisance des bras ou des capitaux, par la limitation des ressources naturelles. Il ne suffit pas d'établir qu'il peut y avoir dans la somme des revenus de quoi payer à la fois les produits nouveaux et les anciens produits : il faut encore que le nouveau produit n'enlève pas à d'autres articles les moyens indispensables de production, en bras, en capitaux, en ressources naturelles ; sans quoi nos calculs tomberaient en défaut, et notre principe de compensation ne s'appliquerait plus.

On voit par nos explications que, dans l'ordre d'idées où nous entrons, il faut donner au mot de *revenu* une acception très-large et qui ne fait pas le compte de la paresse : car l'ouvrier avec son salaire, le fermier et le commerçant avec leurs profits, le commis avec ses appointements subviennent à leurs dépenses, à leurs consommations, à la rétribution des services rendus, aussi bien que le propriétaire avec ses fermages ou le capitaliste avec l'intérêt des fonds qu'il a placés. Si, à propos d'un article à la production, à la vente duquel ils concourent, les uns gagnent ce que les autres perdent, le même fonds annuel sera disponible pour la demande collective des autres articles. En ne comprenant pas sous le même terme ce qui doit figurer dans toute la suite de nos déductions, nous serions jetés dans des énumérations prolixes, dans des répétitions fastidieuses, et nous aurions plus de peine à suivre le fil du raisonnement.

Comme nous devrons mettre perpétuellement en regard la production et la consommation, la recette et la dépense, nous qualifierons de *producteurs* d'un article tous ceux qui concourent par leur travail, par leur industrie, par les fonds naturels ou factices dont ils disposent, à en préparer les matériaux, à le façonner, à le voiturer, à l'emmagasiner, à le livrer en définitive à la consommation. Et nous entendrons par *consommateurs* de l'article tous ceux qui l'emploient, le transforment, le détruisent d'un seul coup ou à la longue, soit pour la satisfaction de leurs besoins ou de leurs goûts, soit pour amasser et fixer un capital productif ou improductif. Il faudra seulement éviter les doubles emplois qui mettraient le raisonnement en défaut.

Enfin, bien que nous faisions un continuel usage des mots d'*article*, de *denrée*, il faut entendre que nous assimilons aux choses corporelles, aux denrées ou articles proprement dits, les prestations de services qui ont aussi pour but de satisfaire à des besoins, de procurer des jouissances actuelles ou de créer des sources de revenus. Quand le peuple d'une grande ville perd le goût des cabarets et prend celui des spectacles, des fonds qui étaient affectés à la demande de boissons alcooliques, vont payer des acteurs, des décorateurs, des musiciens, des auteurs dont les gains annuels doivent, selon l'ordre d'idées où nous entrons, figurer sur le bilan des revenus, non à la même place, mais au même titre que la rente du propriétaire de vignes, les salaires du vigneron, du voiturier, et les profits du cabaretier. Il est vrai qu'un billet de loge ne peut guère être l'objet d'une prisée ou d'un *warrant* comme un tonneau de vin : mais, d'un autre côté, le vin bu au cabaret est l'objet d'une consommation aussi improductive pour le moins que le billet de spectable.

Notre analyse procède de l'idée d'une récapitulation ou d'une totalisation des revenus, sous la seule condition d'éviter les doubles emplois. Or, jusqu'où faudrat-il étendre cette totalisation (les géomètres diraient la *sommation* ou l'*intégration*)? Évidemment jusqu'aux bornes du système dont les parties peuvent réagir les unes sur les autres, en ce qui touche les relations économiques. Cet énoncé suffit dans sa généralité, tant qu'on ne se propose point de passer à des applications particulières et à des résultats numériques, mais seulement de s'aider d'une idée abstraite dans le cours de raisonnements généraux.

Dans les conditions de nos sociétés modernes, l'État est souvent un grand propriétaire, un grand producteur, mais surtout un grand consommateur de richesses. Quand il fait exécuter des travaux d'utilité ou d'embellissement, quand il achète ou fait fabriquer de la poudre, des armes, des vêtements, du pain pour les troupes, il dépense effectivement ses revenus et il intervient, à l'échelle près, dans le jeu de la machine économique, comme un particulier pourrait le faire. Mais il ne faudrait pas que le montant des arrérages de la dette publique, après avoir figuré dans les revenus des rentiers, figurât encore dans les revenus de l'État, ni que le montant de l'impôt, après avoir grossi les revenus de l'État, continuât de grossir les revenus des propriétaires imposés. Au surplus, l'essentiel est de raisonner conséquemment à la définition ou à la convention adoptée. Le mode de supputation le plus simple en théorie, le plus commode en pratique, devra être préféré, soit qu'il s'agisse des particuliers, de l'État ou des corps qui ont, comme l'État, des revenus, des charges et des dépenses.

§ 4. — *De l'influence des changements de prix sur la valeur nominale et sur la valeur réelle du total des revenus.*

Des explications déjà données ressort l'idée d'une distinction capitale entre l'accroissement *réel* de la somme des revenus, qui profite au corps de la société, et l'accroissement *nominal*, qui ne profite à certaines catégories de producteurs qu'au préjudice d'autres catégories de consommateurs. Ainsi le prix du bois de chauffage peut augmenter avec un avantage très-apparent et très-réel pour les propriétaires de

bois. Quant aux consommateurs, leurs revenus, selon
la manière commune de compter, ne seront de ce chef
ni augmentés, ni diminués; ils conserveront la même
valeur nominale, mais en réalité le renchérissement du
bois de chauffage qu'ils continueront de consommer,
aura pour eux le même effet que si leurs revenus
avaient été réduits par une aggravation d'impôts, par
la faillite d'un banquier ou autrement, de tout ce dont
le revenu des propriétaires de bois s'est accru. La
somme qui restera à leur disposition pour d'autres
demandes, pour d'autres commandes, subira le même
déchet dans un cas que dans l'autre.

Nous avons déjà eu (p. 167) l'occasion de faire remarquer que la variation du prix d'un article peut
provenir ou d'un changement dans la loi de la demande, ou d'un changement dans les frais de production. La production augmente ou diminue en même
temps que le prix, si la loi de la demande a été modifiée
dans un sens avantageux ou désavantageux, comme
par l'ouverture ou la clôture de certains débouchés,
par l'acquisition ou la suppression de certains moyens
d'échange. Au contraire, la production varie en sens
inverse du prix, si le changement porte sur les frais de
production, c'est-à-dire si la difficulté de produire augmente ou diminue. La loi de la demande ne changeant
pas, ni par conséquent le prix qui donne au produit
brut sa valeur *maximum* (p. 168), la variation de
prix, selon qu'elle rapproche ou qu'elle éloigne le produit brut de cette valeur *maximum*, aura pour effet
d'augmenter ou de diminuer le total des revenus, au

moins dans sa valeur nominale. Il est d'ailleurs évident que, si la loi de la demande change, de manière que la production, c'est-à-dire la richesse réelle, croisse dans le même sens que le prix, à plus forte raison la richesse nominale croîtra dans le même sens. De là, quatre cas à considérer séparément. Comme les chiffres n'ont ici d'autre fonction que celle d'aider l'esprit à suivre un raisonnement général (à l'instar des signes de l'algèbre, dont nous voudrions éviter ici l'aspect déplaisant), nous prendrons des chiffres très-simples, très-*ronds*, comme on dit, et d'ailleurs arbitraires, sans nous préoccuper du soin de les accommoder à telle application réelle [1].

PREMIER CAS. *Diminution réelle et diminution nominale de revenu.* Soient donc, pour fixer les idées, 10 fr. le prix ancien et 12 fr. le prix nouveau, 10 000 la demande qui correspondait à l'ancien prix, et 8 000 celle qui s'établit après le renchérissement, de manière que le produit brut s'abaisse de 100 000 à 96 000 fr. Ceux des consommateurs qui continuent d'acheter malgré le renchérissement, sont donc obligés de distraire de la demande des autres articles, pour l'appliquer à la demande de l'article renchéri, une somme égale à 2 fr. répétés 8 000 fois, ci...... 16 000 fr.
Au contraire, ceux des consommateurs

A reporter...... 16 000 fr.

---

1. Ainsi a procédé Stuart Mill dans tout le cours de son grand ouvrage et par les mêmes raisons. Nous nous conformons en cela à sa méthode sans adopter, à beaucoup près, toutes les conclusions auxquelles il croit être arrivé par sa méthode. Le fond des idées est trop différent.

Report......... 16 000 fr.

que le renchérissement a détournés de
demander l'article, ont pu disposer pour
d'autres demandes d'une part de revenus
égale à 2 000 fois 10 fr., ci............. 20 000   »

Différence..... 4 000 fr.

c'est-à-dire, comme il fallait s'y attendre, une somme
précisément égale à celle dont a diminué le revenu des
producteurs de l'article renchéri; de sorte qu'on peut
appliquer notre principe de compensation et regarder
ce chiffre de 4 000 fr. comme exprimant à peu près,
autant que le permet la solidarité du système économique, le déchet que le renchérissement a causé dans
la valeur nominale des revenus.

On aurait tort d'objecter que nous venons de distinguer parmi les anciens consommateurs de l'article
renchéri, ceux qui continuent et ceux qui cessent
d'acheter sans mentionner ceux qui prennent un parti
mitoyen en se contentant de restreindre leur demande,
Car il est clair qu'à un consommateur de cette troisième catégorie on peut toujours en substituer par la
pensée deux autres dont l'un appartiendrait à la première catégorie, l'autre à la seconde. La simplification
admise pour la commodité du discours n'altère donc
pas le fond du raisonnement.

Observons maintenant que les consommateurs de
la première catégorie, qui payent 96 000 fr. pour obtenir ce qui ne leur coûtait ci-devant que 80 000 fr.,
sont réellement dans la même situation que si leur

revenu eût été diminué de............ 16 000 fr.

Ajoutez-y la perte des producteurs...   4 000 »

La somme........ 20 000 fr.

exprimera la diminution réelle dans le total des revenus, dont le chiffre 4 000 n'exprime que la réduction
nominale. On obtiendra le même résultat plus directement encore, en considérant que le renchérissement a
réduit de 10 000 unités à 8 000 le chiffre de la production annuelle, et par cela même anéanti une valeur
égale à l'ancien prix 10 fr. répété 2 000 fois, ou à
20 000 fr.; qu'à la vérité la quantité 8 000 qui continue
d'être produite, a haussé de valeur, ce qui réduit à
4 000 fr. la perte supportée par les producteurs ; mais
que cette plus-value qui vient pour eux en atténuation
des 20 000 fr. de valeur anéantie, est, en ce qui concerne la société, exactement compensée par le dommage
que la hausse fait éprouver aux consommateurs qui la
subissent.

Il y a eu jusqu'ici tant de désaccord entre les calculs
des économistes théoriciens, que de tels calculs ont
grand besoin de ce qu'on nomme en arithmétique une
preuve, ou du contrôle qui résulte de l'accord entre
deux manières différentes de calculer. Voilà pourquoi
nous attachons quelque importance à une preuve de
ce genre, malgré l'extrême simplicité du calcul qu'il
s'agit de contrôler.

DEUXIÈME CAS. *Diminution réelle et augmentation
nominale de revenu.* Admettons que la demande s'a-
baisse seulement de 10 000 unités à 9 000, quand le

prix de l'unité s'élève de 10 fr. à 12 fr. Le total des revenus a augmenté nominalement, par le fait de l'accroissement du revenu des producteurs, d'une somme de.. 8 000 fr.
Mais, d'autre part, la perte des consommateurs équivaut à.................................. 18 000 »

Différence........ 10 000 fr.

égale, comme dans le premier cas, à autant de fois l'ancien prix qu'il y a d'unités dont le renchérissement arrête la production.

Troisième cas. *Augmentation réelle et augmentation nominale du revenu.* Supposons que la demande s'élève de 10 000 unités à 12 000, par suite d'un abaissement de prix de 10 fr. à 9 fr. Le total des revenus sera encore augmenté au compte des producteurs, tant nominalement que réellement, d'une somme de.. 8 000 fr.
En outre, les consommateurs qui payent sur le pied de 9 fr. les 10 000 unités achetées ci-devant sur le pied de 10 fr., sont effectivement dans la même situation que si leur revenu eût été augmenté de.. 10 000

La somme........ 18 000 fr.

égale à autant de fois le prix nouveau 9 fr. qu'il y a d'unités dont la baisse de prix détermine la production, mesure donc l'accroissement réel du total des revenus, fort supérieur dans ce cas à l'accroissement nominal.

Quatrième cas. *Augmentation réelle et diminution*

nominale du revenu. Supposons, comme tout à l'heure, que la demande s'élève de 10 000 unités à 12 000, mais à condition que le prix baisse de 10 fr. à 8 fr. La diminution réelle du revenu des producteurs est de. . . . . 4 000 fr. D'un autre côté, les consommateurs qui payent sur le pied de 8 fr. seulement les 10 000 unités qu'ils payaient ci-devant sur le pied de 10 fr., doivent être réputés faire un gain réel de. . . . . 20 000 »

La différence. . . . . 16 000 fr.

égale à autant de fois le prix nouveau 8 fr. qu'il y a d'unités dont la baisse de prix détermine la production, mesure l'accroissement réel dans le total des revenus.

Nous devons prévenir une objection qui s'adresserait à tous les raisonnements et à tous les calculs qui précèdent, comme à ceux qui suivront et dont le type est le même. On dira que, lorsque la production d'un article A vient à décroître et descend par exemple de 10 000 unités à 8 000, la valeur de la quantité 2 000 n'est pas pour cela entièrement anéantie ; que les matières premières qui entraient dans sa fabrication trouvent un autre emploi, sauf à baisser de prix si c'est nécessaire ; que les ouvriers attachés à cette fabrication louent leurs bras à d'autres entrepreneurs, sauf à subir une réduction de salaire ; que les capitaux engagés dans l'exploitation s'en dégagent pour se placer ailleurs, sauf aux capitalistes à subir un déchet de capital et une baisse d'intérêt dans le nouveau placement. Or, il peut sembler que nous avons méconnu ce fait majeur en raisonnant comme si la réduction dans la production de A anéantissait une valeur précisément égale à celle de la quantité dont la production a été réduite.

Pour montrer que nous n'avons pas commis cette faute, supposons qu'un article H joue le rôle de matière première ou d'instrument de production par rapport à plusieurs articles A, B, C, etc., qui sont l'objet d'une consommation proprement dite, s'il s'agit de choses qui se détruisent par l'usage, ou d'une jouissance voluptuaire s'il s'agit d'objets tels que des bronzes, des mosaïques, que l'usage ne détruit pas. Parmi ceux que nous avons appelés des producteurs A doivent figurer ceux des producteurs H qui livrent l'une des matières premières ou l'un des instruments de fabrication de l'article A, et cela jusqu'à concurrence de la quantité qui reçoit effectivement cette destination. Par conséquent, il y a tel producteur H dont le revenu se décompose en plusieurs parts, pour l'une desquelles il figure parmi les producteurs A, pour une autre parmi les producteurs B, et ainsi de suite. Si la réduction dans la consommation de l'article A amène une plus grande consommation de l'article B, le producteur H pourra retrouver dans l'accroissement de demande pour l'article B la compensation de la perte qu'il éprouve par la réduction de demande pour l'article A. Mais rien n'empêche de substituer par la pensée et pour la commodité du raisonnement, à ce producteur H deux autres producteurs dont l'un n'aurait de clientèle que parmi les fabricants de l'article A, et l'autre parmi les fabricants de l'article B : de sorte que le premier figurerait seulement parmi les producteurs A et l'autre parmi les producteurs B. Or, notre principe de compensation nous a permis de tenir compte, quant aux résultats moyens, du report des fonds retirés de la demande de l'article A sur la demande des articles B, C, etc. Nous avons donc implicitement tenu compte des circonstances dont l'oubli motiverait l'objection qu'il s'agit de prévenir.

Cette remarque s'applique également aux salaires. Quand un ouvrier h travaille d'abord à la fabrication de l'article A, puis à celle de l'article B après la réduction survenue dans la production de A, il doit figurer en premier lieu parmi les producteurs A, et en second lieu parmi les producteurs B. C'est absolument, quant aux évaluations qui nous occupent et quant au résultat final, comme si la demande de travail diminuait pour la catégorie des ouvriers a, exclusivement propres à la fabrication de A, et augmentait pour la catégorie des ouvriers b, exclusivement propres à la fabrication de B, sans qu'il y eût faculté pour le même ouvrier de passer d'une catégorie à l'autre, quoique la présence ou l'absence de cette faculté changent beaucoup la face de la question aux yeux des gouvernements et à ceux des amis de l'humanité.

§ 5. — *De la communication des marchés.*

Posons nettement la question qui va être discutée
dans ce paragraphe. On a deux marchés M et N entre
lesquels se sont établis, depuis longtemps, des relations
de commerce appropriés aux besoins et aux ressources
des deux marchés, à la législation qui les régit, et surtout aux moyens de transport. Pour un certain article
A, moins cher en M qu'en N, l'écoulement de M en N
était rendu impossible par un obstacle quelconque, et
voilà que l'obstacle vient à être levé. C'était, par
exemple, un article que la mode régnante en N repous-
sait quand il venait de M, et la mode change. Ou bien
c'était un article frappé en N de prohibition, et la prohibition vient à être levée. Ou bien encore, afin de
mieux écarter tout ce qui prête à la polémique, c'était
un article comestible, tel que la marée, qui ne pouvait
arriver que gâté lorsqu'on ne disposait que des anciens
moyens de transport, et que la rapidité des chemins de
fer met à la disposition du marché N. Il s'agit d'étudier
les effets de cette suppression d'obstacles pour un article
déterminé, sauf à passer ensuite du simple au composé,
en étendant la même analyse à un plus grand nombre
d'articles.

Supposons qu'avant l'écoulement de l'article A de M
en N, les prix sur les marchés M et N fussent 10 fr. et
13 fr., correspondant aux demandes 100 000 et 80 000 ;
et que, les communications établies, le prix s'élève en M

à 11 fr. et la production à 115 000, dont 90 000 pour la consommation intérieure et 25 000 pour l'exportation ; pendant que, sur le marché N, le prix descendra à 12 fr. et la production indigène à 70 000, de manière à y porter à 95 000 la consommation de l'article A, addition faite de l'importation et de la production indigène.

Pour l'ensemble des deux marchés M et N la production aura été augmentée, ce qui paraît devoir être la conséquence naturelle de ce que, pour l'ensemble, les débouchés auront été facilités. Nous n'imposons pas d'autre condition au choix de nos données numériques (p. 189).

Puisque le marché M se dessaisit par l'exportation d'une valeur égale à 25 000 fois 11 fr., il faut qu'il reçoive en retour une égale valeur, sous quelque forme que ce soit, en argent ou en marchandises. Il y a donc en M une somme de............... 275 000 fr., détournée de la demande des articles B, C, D, etc., autres que A, pour être appliquée à la demande d'articles de provenance étrangère. En outre, les consommateurs M qui continuent d'acheter l'article A renchéri d'un franc, détournent de la portion de leurs revenus, qui était ci-devant consacrée à la demande des autres articles B, C, D, etc., une somme de..................... 90 000 fr.,

Total........ 365 000 fr.,

d'où il faut déduire les fonds que les
consommateurs qui cessent d'acheter en
M l'article renchéri, peuvent reporter
sur la demande des autres articles indigènes B, C, D, etc., à savoir 10 000 fois
10 fr., ou......................... 100 000 fr.,

Reste........ 265 000 fr.,

c'est-à-dire une somme précisément égale à celle dont
a augmenté en M le revenu des producteurs de l'article A, lequel était ci-devant de 1 000 000 fr., et
monte aujourd'hui à 1 265 000 fr. Donc la totalité des
fonds disponibles en M pour la totalité des articles B,
C, D, etc., n'a pas varié ; et en vertu de notre principe de compensation, la somme des revenus, dans
l'étendue de la circonscription M, a dû augmenter nominalement de...................... 265 000 fr.
D'ailleurs les consommateurs de la
même circonscription, qui ont payé 1 fr.
de plus 90 000 unités, sont réellement
dans la même situation que si l'article
n'eût pas haussé de prix, et que leurs
revenus eussent été réduits de,........ 90 000 fr.

La différence........ 175 000 fr.

est le chiffre auquel il faut réduire l'augmentation
réelle de revenu. On serait dispensé de cette réduction
si A désignait un article manufacturé qui peut être
produit en M en plus grande quantité sans augmentation de prix, ou même avec diminution de prix.

Faisons la remarque essentielle (p. 191) que l'on

peut retrouver ce résultat par un raisonnement direct, plus au goût de ceux qui trouvent que l'attention doit se fixer de préférence sur les consommations, puisque la consommation est le but final de la production. La faculté d'exporter l'article A a mis les consommateurs M en jouissance d'articles de provenance étrangère, jusqu'à concurrence d'une valeur de... 275 000 fr.
Il leur a fallu, pour cela, se priver de consommer 10 000 unités de A, qui représentaient, quand l'exportation a commencé, une valeur de........... 100 000 fr.

Différence au profit de la consomma-
tion sur le marché M................ 175 000 fr.
Quant au surcroît de valeur acquis à la quantité de l'article A, que l'on continue de consommer sur le marché M, s'il en résulte un avantage pour les producteurs, cet avantage est exactement compensé par le dommage qu'en ressentent les consommateurs.

— Passons aux effets de l'écoulement de l'article sur le marché d'importation N. Avant l'importation les producteurs de l'article A, sur ce marché, en tiraient un revenu égal à 80 000 fois 13 fr., ci. 1 040 000 fr.
Après l'importation, il est réduit à
70 000 fois 12 fr., ci..... .... 840 000 fr.

Différence........ 200 000 fr.

D'un autre côté le marché N ne se procure pas, au prix de 12 fr., les 25 000 unités de l'article A qui font l'objet de l'importation, sans que la contre-partie de cette valeur, en quelque nature d'articles qu'elle se réalise, sorte de la circonscription N. Ainsi l'on doit considérer qu'un fonds étranger, venant de M, et montant à..................................... 300 000 fr., s'ajoute aux fonds déjà consacrés sur le marché N à la demande d'articles indigènes E, F, G, etc., autres que A. En outre, les consommateurs N de l'article A, qui achetaient déjà avant la baisse, reporteront sur les demandes des mêmes articles E, F, G, etc., une somme de..   80 000 fr.,

$$\text{Total........   380 000 fr.,}$$

d'où il y a lieu de déduire les fonds que retirent de la demande de ces mêmes articles ceux des consommateurs N que la baisse détermine à acheter 15 000 unités de A au prix de 12 fr., soit...   180 000 fr.

$$\text{Total........   200 000 fr.,}$$

c'est-à-dire une somme égale à celle dont a diminué le revenu des producteurs A dans la circonscription N. Donc, par notre principe de compensation, ce dernier chiffre exprime bien la diminution nominale que l'importation a causée en N dans le total des revenus. Mais les consommateurs qui achetaient avant la baisse, sont dans le même cas que si leurs revenus eussent été augmentés de................... .....   80 000 fr.
En retranchant cette somme de celle qui exprime la diminution nominale.....   200 000 fr.

$$\text{la différence.........................   120 000 fr.}$$

donnera le chiffre de la diminution réelle. On le retrouve encore, de la manière la plus simple, par un
calcul qui porte directement sur les consommations.
Car, tout compte fait de la réduction dans la production indigène de l'article A, les consommateurs N
n'entrent en jouissance, par l'effet de l'importation,
que d'un surcroît de 15 000 unités de l'article A, dont
la valeur s'élève pour ce marché, au moment où ces
quantités y pénètrent, à............. 180 000 fr.;
et ils se dessaisissent ou se privent,
pour cela, d'articles indigènes, jusqu'à
concurrence de.. .... 300 000 fr.
La différence, au préjudice de la consommation indigène, est encore de.... 120 000 fr.
Les autres désavantages supportés en N par les producteurs A, sur la quantité et sur le prix de leurs produits,
trouvent leur compensation dans les avantages que la
baisse de prix procure aux consommateurs.

Si l'on rassemble, dans la même totalisation, les
circonscriptions M et N, on aura pour l'ensemble une
augmentation de 65 000 fr. dans le revenu nominal,
et une de 55 000 fr. seulement dans le revenu réel. Le
résultat est médiocre, eu égard à la grandeur des
chiffres que nous avons manipulés, et eu égard surtout
à l'ennui que cette manipulation a pu causer à nos lecteurs. Mais, comme on le dit trivialement, les petits
ruisseaux font les grandes rivières ; et il ne faudrait pas
juger par là des avantages de la communication entre
les deux marchés, étendue à la fois à un grand nombre
d'articles.

Deux cas particuliers et extrêmes méritent d'être signalés :

1° Celui où l'importation arrête absolument la production indigène, inhabile à soutenir la concurrence de la production étrangère. Alors le dommage des producteurs A et le déchet nominal de revenu sont considérablement accrus sur le marché d'importation ; la compensation, au profit des consommateurs, n'est pas plus forte si la baisse de prix n'est pas plus forte ; le déchet réel du revenu est donc dans une proportion plus forte avec le déchet nominal.

2° Le cas où il s'agit d'une denrée *exotique* dont l'importation ne réduit pas la production indigène par la raison bien simple que celle-ci est impossible ou ne deviendrait possible qu'à des prix extravagants, comme le fameux vin d'Écosse d'Adam Smith. Alors le total des revenus n'éprouve sur le marché d'importation, et par suite de l'importation, ni diminution nominale, ni à plus forte raison diminution réelle. A moins toutefois que l'importation de l'article exotique n'arrête ou ne réduise la production d'un article indigène qui, selon les habitudes du pays, pouvait y être substitué.

— En thèse générale, le commerce de transport peut être fait par des négociants, facteurs, voituriers, bateliers ou matelots étrangers aux marchés M et N, et avec des capitaux étrangers. La totalité des frais et des bénéfices du transport (égale, dans notre exemple, à 25 000 francs, puisqu'il y a 25 000 unités A transportées annuellement de M en N, et dont chacune vaut 1 franc de plus sur le marché d'importation que sur celui d'exportation) devient alors une source de revenus qui se distribuent entre tous ceux qui concourent à l'opération du transport, par leur travail ou par leurs capitaux. Si ceux-ci ressortissent de la circonscription M, il faudra ajouter 25 000 francs au chiffre de 265 000 francs, qui exprime l'accroissement nominal du total des revenus M, et au chiffre de 175 000 fr. qui en exprime l'accroissement réel. Si les ressortissants de N remplaçaient ceux de M dans l'opération du transport, les 25 000 francs viendraient en déduction du chiffre de 200 000 francs qui exprime la diminution nominale survenue dans le total des revenus N, ou de celui de 120 000 francs qui en exprime la diminution réelle. Rien de plus simple que cette correction, dans l'hypothèse où le marché d'importation payerait l'article importé en argent ou en traites dont les frais de transport ou de négociation sont peu de chose : mais s'il s'acquittait en marchandises, dont le transport est coûteux, en consentant, au besoin, à un adoucissement sur les prix, il faudrait tenir compte des frais de transport de cette contre-partie, lesquels pourraient augmenter les désavantages du marché d'importation, ou réduire les avantages du marché d'exportation, d'après des circonstances dans le détail desquelles nous ne saurions entrer ici.

Nous avons, dans ce qui précède, soigneusement énuméré tous les postulats qui nous semblent indispensables, vu l'état de nos connaissances, pour traiter la question dans sa généralité, par une méthode d'approximation à laquelle échapperont toujours certains cas particuliers. Ainsi, notre principe de la compensation des demandes, et, par suite, tous nos calculs seraient en défaut, si l'article A , dont le marché M se dessaisit par l'exportation, et que le marché N acquiert par l'importation, était comme le bois, la houille, le fer, la matière première ou l'indispensable instrument d'une foule d'autres articles : de manière que la production et la demande de tous ces articles dussent être regardées comme solidaires de la production et de la demande de l'article A, d'une solidarité plus étroite que notre principe de compensation ne le suppose. Rien ne pourrait alors dispenser d'une analyse directement appropriée à ce cas spécial, ou des renseignements de l'expérience, plus sûrs encore que tous les aperçus théoriques.

§ 6. — *Réponses à diverses objections. — Réflexions à propos de la doctrine du troc international.*

Quand une école est devenue dominante, ses docteurs ont le même flair que des théologiens orthodoxes pour reconnaître, non-seulement les propositions hérétiques, mais celles *qui sentent l'hérésie* ou qui y conduisent. Il ne se pouvait donc qu'on laissât passer sans contestation un calcul destiné à établir que, dans certains cas au moins (cas particuliers sans doute, mais très-pratiques et nullement singuliers), la levée d'un obstacle au libre commerce dût enrichir le marché d'exportation au préjudice du marché d'importation.

Cela contrariait des doctrines trop chères à l'école, et c'est ce qui nous amène, contre notre habitude, sur le terrain de la polémique.

On nous a reproché d'abord de ne pas tenir compte de ce que, lorsque la production d'un article est arrêtée ou réduite par suite de l'importation, les matières premières employées, les capitaux engagés, les bras utilisés pour la fabrication de cet article, trouvent un autre emploi[1]. Mais nous avons déjà fait voir, dans l'avant-dernier paragraphe (p. 193), que nous ne tombions pas dans une si lourde méprise.

On a dit encore et l'on s'obstine à répéter qu'il faudrait conclure du prétendu avantage donné par nos calculs au marché d'exportation et du désavantage de l'autre marché, qu'un pays devrait faire en sorte de toujours exporter et de n'importer jamais, ce qui est visiblement absurde. Il faudrait donc considérer chacun des deux marchés comme jouant le double rôle de marché d'exportation et de marché d'importation; et dès lors pourquoi la communication qui s'établit affecterait-elle la richesse de l'un autrement qu'elle n'affecte la richesse de l'autre? Notre calcul est donc fautif ou incomplet, et les conséquences que nous en avons tirées sont inexactes.

Voici la réponse catégorique à cet argument. Si l'on supposait deux marchés d'abord hermétiquement clos,

---

1. Tel nous paraît être le sens de la critique, d'ailleurs bienveillante, que M. HAGEN a faite de notre théorie dans une brochure in-8, publiée à Kœnigsberg en 1844, sous ce titre : *Die Nothwendigkeit des Händelsfreyheit für das Nationaleinkommen mathematisch angewiesen.*

et entre lesquels toutes les barrières physiques *et* légales vinssent à tomber à la fois, il faudrait en effet considérer chaque marché comme jouant, pour certains articles, le rôle de marché d'exportation, et pour d'autres le rôle de marché d'importation. Telle n'est pas l'hypothèse que nous avons soigneusement définie en tête du précédent paragraphe. Sans doute une certaine quantité de l'article A ne saurait passer annuellement de M en N sans que, directement ou par détour, une pareille valeur ne soit importée annuellement de N en M. Cela même prouve que la somme des revenus s'est accrue en M, par suite de l'ouverture d'un nouveau débouché pour l'article A, puisque, selon l'hypothèse, rien ne gênait la demande que les consommateurs M pouvaient faire des articles de N, sinon les bornes de leurs ressources ou de leurs revenus avant le nouveau débouché. Il est aisé de comprendre comment le marché N, ayant à s'acquitter envers le marché M pour l'article A, offrira ses propres articles, au besoin avec un adoucissement de prix suffisant pour déterminer le surcroît d'exportation que l'importation de A a rendue nécessaire, et pour diriger de ce côté la demande que le marché M peut faire à la faveur de son nouveau débouché. Aussi avons-nous tenu compte de ce surcroît de demande des produits du marché N de la part de M, ainsi que de toutes les autres conditions du problème ; et COMME LES DEUX MARCHÉS NE SE TROUVENT POINT PLACÉS DANS DES CONDITIONS SYMÉTRIQUES, *il n'est pas surprenant que l'on arrive pour les deux marchés*

*à des résultats différents, et même à des résultats de
sens contraires* [1].

En conséquence, autant il serait absurde qu'un pays
prétendît à exporter toujours sans importer jamais,
autant la théorie explique (sous la réserve des remarques déjà faites et de celles qui viendront plus loin)
l'acte d'un gouvernement qui, pour un système donné
de relations commerciales, lève une barrière à l'exportation ou en oppose une à l'importation *d'un article
déterminé*. La question se compliquerait si l'établissement d'une barrière au profit des producteurs N devait
provoquer, par représailles, l'établissement d'une autre
barrière au profit des producteurs M, ou si inverse-

---

1. Toutes ces explications se trouvent textuellement dans notre opuscule de 1838 et dans le volume de 1863 (Voir l'avant-propos en tête
de celui-ci). Elles étaient donc sous les yeux du critique qui rendait
compte des deux ouvrages dans le *Journal des Economistes* (n° d'août
1864), et qui (p. 239 du *Journal*) n'en reproduit pas moins dans toute
sa crudité l'objection tirée de la prétendue symétrie. A la vérité, il croit
reconnaître « à un paragraphe où l'auteur cherche à justifier ses formules
incomplètes, *que quelque critique amicale a dû l'avertir de son erreur
avant l'impression de la première brochure.* » Sur quoi il s'étonne
« que malgré cela l'auteur l'ait reproduite sans modification dans l'ouvrage de 1863. » A notre tour, nous aurions bien quelque sujet de nous
étonner que le critique persiste à arguer de la symétrie quand on lui
explique, de manière à être entendu du moindre écolier de mathématiques, que justement la symétrie n'existe pas. Cela même prouve, à
notre sens, combien l'auteur de l'article a eu raison de dire plus loin
(p. 242), en termes dont nous devons reconnaître la courtoisie : « Autre
chose est la valeur philosophique d'une méthode, la portée véritable que
peut avoir l'emploi d'un instrument dans une science, autre chose la
valeur scientifique actuelle des résultats d'essai qu'on a ainsi obtenus.—
Ce dernier point a un intérêt de spécialité pour nous autres économistes,
mais c'est là le petit côté. La grande affaire, c'est d'avoir fait parler à
l'Économie politique la langue sévère de la haute analyse... » — Nous
acceptons le compliment, moins l'épithète de *haute*, puisqu'il ne s'agit
que de calculs des plus élémentaires.

ment l'abaissement de la barrière en N était la condition diplomatique de l'abaissement d'une autre barrière en M. Il faudrait alors balancer, pour l'un et pour l'autre marché, les avantages et les désavantages de la double mesure, c'est-à-dire replacer en effet les deux marchés dans des conditions symétriques.

Le lecteur a pu remarquer qu'il n'a pas été une fois question, dans ces deux paragraphes, de la fonction propre des métaux précieux, et que la théorie serait absolument la même s'il s'agissait de relations commerciales entre des pays où l'on se passe d'or et d'argent, en se contentant de papiers-monnaies ou de tout autre signe conventionnel propre à représenter et à exprimer la valeur des choses mises dans le commerce. Pour l'existence des théories économiques, il faut que les hommes aient acquis l'idée et l'habitude d'une mesure de la valeur des choses : il n'est pas nécessaire que l'on possède des monnaies frappées, ni même qu'un métal quelconque soit pris pour étalon des valeurs. Inutile de revenir sur ce qui a été si bien dit à ce sujet et sous tant de formes par Adam Smith et par les écrivains de son école. Smith a ruiné de fond en comble le système dit *de la balance du commerce*, où tout se résout dans l'importation et l'exportation des métaux précieux, et que personne ne songe plus à faire revivre.

Si, dans le cas que nous traitons, le marché N, au lieu de consentir à quelque adoucissement sur les prix pour s'acquitter envers le marché M, s'obstine à le payer en argent, l'afflux annuel d'argent de N en M finira par élever les prix de tous les articles sur le marché M en les abaissant tous sur le marché N, jusqu'à ce qu'il se trouve quelque article susceptible d'être transporté avec avantage de N en M. Alors, mais seulement alors, se présentera un autre calcul à faire, un autre problème à résoudre qui n'aura rien de commun avec le problème déjà résolu, et qu'il serait impossible de résoudre d'avance, à moins de connaître dans leur ensemble toutes les conditions de production et de débit pour chaque article, sur chacun des deux marchés.

En traitant fort au long les mêmes questions dans son grand ouvrage, Stuart Mill a cru devoir remonter jusqu'aux temps où les hommes n'avaient aucune idée d'une mesure commune des valeurs, ne pratiquant ni l'achat, ni la vente, mais seulement l'échange dans son archaïque simplicité; et il a fondé sur cela sa théorie du *troc international*. Mais, comme il établit ensuite que l'introduction de la monnaie ne change rien aux résultats, nous sommes, de notre côté, autorisé à penser que nos raisonnements et nos calculs ne sauraient être renversés par la théorie du troc international : théorie compliquée et épineuse, dont la discussion détaillée excéderait les bornes que nous devons nous prescrire. Suivant la comparaison de l'auteur, l'argent n'est que l'huile destinée à adoucir les frottements dans le jeu du mécanisme économique : d'où, par parenthèse, il faudrait conclure que, cette huile étant coûteuse, notre marché M gagnerait à l'exportation, quand même elle n'aurait pour résultat que d'augmenter sa provision d'huile.

Selon Stuart Mill, l'équilibre troublé par l'établissement de nouvelles conditions se rétablira « lorsque les quantités de marchandises que les deux pays peuvent fabriquer pour l'exportation, avec les capitaux privés d'emploi par l'importation, s'échangeront l'un contre l'autre ». Nous ne croyons pas ce principe suffisamment justifié. Sans doute la production ne peut avoir lieu sans ce que nous nommons, dans notre ordre actuel d'idées, un capital, comme elle ne peut en général avoir lieu sans bras et, selon les cas, sans terre, sans bois, sans eau, sans houille. Si donc le capital disponible ne suffisait pas à la demande, pour un article ou pour un autre, sur un marché ou sur l'autre, et si cela empêchait ce système d'arriver à la situation d'équilibre vers laquelle il tendrait par le seul jeu de l'offre et de la demande, ce serait le cas de l'exception déjà signalée (p. 184), comme tenant d'une manière quelconque à la limitation possible des facteurs de la production. Une pareille exception pourrait être la suite de la limitation des bras ou de la limitation des ressources naturelles, tout aussi bien qu'une suite de la limitation de ce qu'on appelle maintenant le capital disponible. Mais c'est un des caractères de l'école anglaise que d'attacher au capital une importance qui efface celle des autres facteurs de la production.

Quels avantages le troc procure-t-il aux deux marchés dans les conditions finales d'équilibre, de quelque manière que le système y parvienne? L'auteur de la théorie répond à la question en prenant un exemple familier aux écrivains de son pays, celui du drap d'Angleterre et de la toile d'Allemagne. Il suppose qu'avant le troc 10 yards de drap s'échangeaient en Angleterre contre 15 yards de toile, et en Allemagne contre 20 yards : après le troc international, les 10 yards de drap s'échangent dans les deux pays contre 18 yards de toile. Ainsi, dit l'auteur, l'Angleterre obtient pour 10 yards de drap, 18 yards de toile au lieu de 15 ; c'est un avantage de 20 0/0. L'Allemagne obtient 10 yards de drap en donnant 18 yards de toile au lieu de 20 : c'est un avantage ou plutôt une économie de 10 0/0. L'avantage deviendrait très-grand pour celui des deux pays où l'article importé ne pourrait être produit qu'à très-grands frais, comme le vin d'Écosse d'Adam Smith. Il deviendrait *infini*, au sens mathématique du mot, si la production indigène de l'article importé était absolument impossible, et si le corollaire même, par son énormité, ne nous avertissait assez qu'il faut se méfier du théorème.

En effet l'on aurait pu dire avec autant de fondement : L'Allemagne obtient pour 20 yards de toile 11 yards et $\frac{1}{9}$ de drap au lieu de 10 ; c'est un avantage de 11 $\frac{1}{9}$ 0/0. L'Angleterre obtient 15 yards de toile en ne donnant que 8 yards $\frac{1}{3}$ de drap au lieu de 10 ; c'est une économie ou un avantage de 16 $\frac{2}{3}$ 0/0. Dans cette seconde manière de calculer, tout aussi plausible que l'autre, quoique le choix de l'exemple conduise à des nombres fractionnaires d'une expression moins commode, le troc profite moins à l'Angleterre et profite plus à l'Allemagne. Or, les questions de calcul n'admettent pas de telles ambiguïtés. C'est qu'à vrai dire l'une et l'autre manière de compter sont purement arbitraires.

« D'après la doctrine du troc international, dit encore Stuart Mill (p. 168 de la traduction française), tous les avantages *directs* du commerce étranger résultent des importations, contrairement à la théorie vulgaire où l'on estime que tout l'avantage du commerce consiste dans les exportations, comme si les bénéfices d'une nation résultaient, non de ce qu'elle reçoit du commerce extérieur, mais de ce qu'elle donne... »

Nous parlerons bientôt de ce que l'on peut appeler les avantages *indirects*, et nous ignorons ce que l'auteur entend au juste par la théorie *vulgaire;* c'est une affaire entre ses disciples et les autres économistes les plus en renom : mais nous avons montré plus haut que les résultats de nos calculs sont les mêmes, soit qu'on ait en vue la composition de la richesse ou du revenu réel, soit qu'on ait en vue les consommations et les satisfactions qu'elles procurent. Il nous a paru que ce genre de contrôle ou de *preuve* milite singulièrement en faveur de nos principes : tout comme (qu'on nous permette de le dire dans l'intérêt de la vérité) le désaccord des résultats numériques obtenus tout à l'heure, en appliquant de deux manières également légitimes les principes de Stuart Mill, montre ce qu'il y a d'arbitraire dans ces principes. En tout cas il était bon que le lecteur non prévenu pût se rendre compte de ce quelques-uns appellent, trop pompeusement selon nous, *l'état de la science,* et qu'il fût mis à même de juger de ce que la marche de cette science a encore de pénible et d'incertain, même dans les compositions les plus sévères et les plus récentes des maîtres le plus justement accrédités.

§ 7. — *De la distinction entre le commerce actif et le commerce passif. — Du compte que l'on doit tenir de l'excitation des forces productives, aussi bien que des conditions de l'échange entre les produits.*

Il est bien clair que les produits de la terre, à quelque règne de la nature qu'ils appartiennent, ne comportent pas un accroissement indéfini, et que même, dans l'ensemble, on atteint assez vite une phase où le surcroît de production, physiquement possible, est impossible économiquement : de sorte que, par ce côté, la richesse concrète d'un pays, la valeur *réelle* du revenu social, doivent inévitablement rencontrer des limites. Au contraire, rien ne limite nécessairement les richesses et les revenus en tant qu'ils dérivent du travail et de l'industrie de l'homme, et, en ce sens, la richesse des nations est bien, comme Smith l'a dit, le fruit du travail. D'après ce que nous avons vu dans cette section, les produits de nouvelle création peuvent indéfiniment s'échanger les uns contre les autres, pourvu qu'une direction convenable soit donnée aux diverses branches de la production, et pourvu que l'on trouve dans l'immensité du monde commercial, d'une part, des débouchés toujours ouverts aux produits de l'industrie qui grandit; d'autre part, des moyens d'a-

limenter, par des achats de matières premières et de
subsistances faits au dehors, l'activité industrielle et le
surcroît de population industrieuse qu'elle fait naître.
Le peuple placé dans de pareilles conditions n'agit pas
seulement sur les forces et les ressources naturelles
qu'il a directement sous la main : il utilise à son profit la fécondité des terres, l'énergie productive des
forces naturelles disséminées dans le monde entier.
Voilà ce qu'on a exprimé en disant qu'il fait un commerce *actif*, tandis que ceux qui ne savent trafiquer
qu'en se dépouillant d'une partie des biens que la
nature leur avait donnés gratuitement ou presque
gratuitement, pratiquent un commerce qu'on a qualifié de *passif* et qui les menace de dépérissement et
de ruine.

Dans l'antiquité et au moyen âge, le commerce qui
enrichissait quelques peuples privilégiés était un commerce de luxe dont, après tout, les autres peuples pouvaient se passer, avec profit pour la sévérité de leurs
mœurs et sans que leur constitution économique en fût
troublée sensiblement. Aujourd'hui que le globe entier
est exploité par l'industrie européenne, les produits
de la zone intertropicale sont devenus pour les habitants de l'Europe et des régions tempérées des articles de première nécessité. Il faut que chaque peuple
s'en approvisionne et produise de quoi les payer. Depuis l'abolition de l'esclavage et la décadence du système colonial, il ne peut pas les obtenir par un échange
direct s'il ne produit que des articles encombrants ou
des matières premières qui ne répondraient pas aux

besoins, qui ne tenteraient pas les goûts de ces populations lointaines. Il faudra donc que chaque peuple européen devienne, de ce chef, un peuple manufacturier, en ce sens qu'il demandera à l'industrie manufacturière plus que ne l'exigeraient les besoins de sa consommation en articles manufacturés; ou bien il faudra qu'il consente à se priver d'une partie des matières premières et des denrées alimentaires qu'il produit, afin d'acheter de ses voisins plus industrieux les denrées intertropicales qu'eux-mêmes auront payés en articles manufacturés. Supposons que, pour échapper à cette cause d'infériorité dans le système des relations commerciales, le peuple en question ait fait tous les efforts que sa situation comporte, à l'effet de se donner à dose suffisante la qualité de peuple manufacturier, il faudra encore qu'il fasse directement l'échange, le commerce avec des pays lointains, ou qu'il laisse à des peuples mieux préparés, mieux outillés, les bénéfices de ce commerce. Et alors il est bien clair que les avantages constamment acquis à un peuple sur l'autre, dans des échanges sans cesse répétés, ne peuvent tarder à se manifester : sinon, comme la vieille école l'entendait par l'émigration des métaux précieux d'un pays dans l'autre, du moins par une distribution inégale de la richesse réelle, c'est-à-dire des dons de la nature et des fruits du travail.

— Rien, venons-nous de dire, ne limite nécessairement celles des forces productives de la richesse, qui tiennent au déploiement de l'activité humaine. Lors donc que l'on entreprend l'analyse des changements

de valeur et de prix qui retentissent dans tout le système économique, par suite de la solidarité du système, faut-il raisonner comme si ces changements
n'influaient que sur la *direction* des forces productives qui émanent de l'homme, et n'avaient pas la
vertu d'accroître l'*intensité* ou l'efficacité de ces forces,
en suscitant des inventions, en encourageant à propos, tantôt la fécondité des mariages, tantôt l'ardeur
au travail et l'économie, c'est-à-dire en procurant des
bras et des instruments de travail là où le calcul établit qu'il y a dans les produits de quoi rémunérer tous
les producteurs, à quelque catégorie qu'ils appartiennent. Nous abordons ainsi la question vraiment majeure, question susceptible, en effet, selon les circonstances, de deux solutions différentes, dont chacune
peut être affirmée d'une manière absolue et par forme
de théorème, sans égard aux circonstances : de manière à ranger les économistes en deux écoles, en
deux sectes ou en deux camps opposés. Les uns font
de la fabrication et de l'échange des produits une
sorte de *statique* où figurent des forces sur l'intensité
desquelles l'homme n'a aucune prise et dont il ne peut
que changer la direction par ses engins : les autres
sont des *dynamistes*, ou plutôt des *vitalistes*, qui tiennent compte des circonstances extérieures, surtout
comme de moyens d'excitation pour faire arriver à
leur *summum* d'énergie des forces dont le principe est
interne et se rattache au principe même de la vie. La
divergence sera plus marquée, à mesure que l'intérêt
plus vif des conséquences pratiques animera davantage

la controverse ; et il n'en est que plus convenable de bien saisir, en thèse générale, le point précis où la scission commence, alors qu'elle attire à peine l'attention des écrivains spéculatifs et beaucoup moins encore celle des hommes pratiques, parce qu'elle ne se montre pas encore grosse de conséquences pratiques. Il est, d'ailleurs, intéressant pour le philosophe de faire un rapprochement entre la raison viscérale des divergences économiques et la raison des divergences qu'offrent les théories par lesquelles nous tâchons d'expliquer les plus importants phénomènes de la nature [1]. Il y a dans l'esprit humain un petit nombre de conceptions et d'oppositions fondamentales que nous retrouvons partout.

Chaque fois qu'une industrie nouvelle apparaît, nous voyons que la perspective de débouchés nouveaux, d'une rémunération immédiate ou prochaine, excite l'esprit d'entreprise, stimule le travail de l'intelligence aussi bien que le travail des bras. La jeunesse entre avec plus d'ardeur dans une voie nouvelle. Sans doute on ne trouve pas du premier coup des bras exercés, des contre-maîtres intelligents, des directeurs habiles, mais rien de tout cela ne se fait longtemps attendre, si l'excitation provient de causes durables, non d'un engouement passager. Il faut dire du capital, sous le bénéfice des réserves déjà faites en ce qui concerne la limitation des ressources naturelles, presque tout ce que nous venons de dire du travail de l'homme. L'in-

---

1. *Traité de l'enchaînement des idées fondamentales,* liv. III, chap. IV et IX.

vention de nouveaux produits, l'ouverture de nouveaux débouchés, l'acquisition de nouveaux moyens d'échange ne modifient pas seulement le genre d'emploi des épargnes existantes : elles opèrent surtout comme stimulants pour provoquer la naissance de nouveaux capitaux sous la forme spécifique et concrète, accommodée à la nouvelle industrie (p. 28). Il est naturel d'épargner sur les premiers profits d'une industrie qui commence à prospérer, et dont on espère des profits plus grands encore, tout ce qui peut servir à étendre, à développer, à fortifier cette industrie naissante. Cela vaut bien mieux que de dégager avec perte les capitaux engagés dans des industries stationnaires ou en voie de déclin, et mieux surtout que d'en attendre avec tristesse la lente destruction.

Les extrêmes se touchent. Quand l'homme n'a pour capital qu'un sac d'orge et une pioche, il lui importe peu de manger sa bouillie d'orge en faisant ceci ou cela, de se servir de la pioche pour façonner une vigne, pour creuser un fossé ou pour aplanir une route. De même il se peut qu'à la faveur d'institutions qui accroissent la mobilité du capital, poussé par un amour de gain qui fait bon marché des habitudes acquises, le possesseur de capitaux anglais ou américains soit porté à se faire indifféremment et tour à tour, fermier, manufacturier, armateur ; à aller chercher le thé en Chine ou la baleine parmi les banquises, suivant qu'il y trouvera pour son capital un plus grand profit. D'où la théorie de l'école anglaise (p. 210), qu'il ne faut s'occuper que d'accroître le capital pris génériquement, et qu'il trouvera de lui-même la forme spécifique la plus utile, l'emploi le plus avantageux ; qu'on ne peut doter une industrie nouvelle des capitaux dont elle a besoin, sans les enlever aux industries déjà existantes : théorie évidemment inapplicable au cas où la prospérité même d'une industrie naissante est la cause déterminante de la génération des capitaux ou d'une partie des capitaux dont elle a besoin.

— La considération du *stimulus* ou de l'encouragement s'applique à tous les degrés de la richesse, et par là seulement nous arriverons à bien entendre cette pensée du *poëte philosophe* :

Que le luxe enrichit
Un grand État, s'il en perd un petit.

En thèse générale, le luxe est ce qui détourne par l'attrait d'une consommation voluptuaire ou d'une richesse d'ostentation les demandes qui autrement se porteraient vers les choses susceptibles d'être employées comme instruments de production ou comme aliments des forces productives du pays. En ce sens, le luxe ne *perd* pas, mais il *appauvrit*, et la restriction du luxe *enrichit*, sinon les *États*, du moins les *sociétés*, aussi bien les grandes que les petites.

D'un autre côté, les forces et les substances naturelles n'opèrent pas dans un but de production ou de reproduction économique sans l'intervention de l'activité humaine, convenablement disciplinée et organisée. Il faut donc, car c'est la loi générale des êtres vivants, que quelque chose stimule cette activité à tous ses degrés, dans tous ses organes et pour toutes ses manifestations. Des besoins ou des appétits grossiers, des jouissances vulgaires peuvent suffire pour obtenir de l'homme un travail mécanique et en quelque sorte grossier comme les aiguillons qui l'excitent : il faut l'attrait de plaisirs plus délicats, de jouissances plus raffinées pour tirer de son inertie celui qui possède déjà de quoi fournir surabondamment aux besoins qu'il partage avec le commun des hommes. Supposons une société où tels progrès économiques, telles grandes combinaisons financières exigent la puissante intervention d'un banquier cent fois millionnaire : il faudra apparemment que quelque chose y pousse les hommes à travailler, à combiner, à capitaliser, à spéculer, même quand ils pourraient se contenter de la modeste aisance que donnent deux ou trois millions : et ce quelque chose (outre le plaisir de faire du bien et d'exercer de l'influence) ne peut être qu'un progrès dans le luxe, qui corresponde au progrès de la richesse. Voilà en quel sens et dans quelles limites le luxe peut contribuer à enrichir de grandes sociétés, les seules qui comportent des entreprises faites sur une si grande échelle.

L'influence du luxe sur ce corps politique qu'on appelle, non plus la *société,* mais l'*État,* est d'une tout autre nature. Par son action sur les mœurs et sur les idées régnantes il peut ruiner ou perdre les institutions politiques, lorsqu'il agit encore d'une manière économiquement avantageuse en faisant gagner à la production, par l'activité qu'il imprime aux facultés de l'homme, plus qu'il ne lui fait perdre en appliquant à des consommations voluptuaires ce qui aurait pu être réservé comme instrument de production ultérieure. Et comme les *petits États* ont surtout besoin, pour se soutenir, de force morale et de vigueur dans les institutions politiques, il n'est pas surprenant que les philosophes et les moralistes de tous les âges aient insisté, surtout à propos des petits États, sur les dangers du luxe comme cause de corruption et de ruine des institutions politiques. D'ailleurs, si la ruine des institutions politiques, la perte même de l'indépendance politique n'entraînent pas nécessairement l'appauvrissement ou la ruine commerciale d'une cité ou d'une nation, il peut arriver que l'une amène l'autre, lorsque l'activité industrielle ou commerciale n'est qu'une suite de l'élan imprimé par la politique à toutes les forces vives de la cité ou du pays.

Voilà un commentaire bien long et peut-être bien pédantesque sur quelques mots que le *Mondain* de Voltaire prononce en se jouant : mais, jusque dans leurs jeux, les poëtes ont la prétention fondée d'exprimer les instincts de l'humanité ou la sagesse des nations, et il est bon de voir comment la raison peut s'y prendre pour justifier par la froide analyse cette sagesse proverbiale.

CINQUIÈME SECTION

L'ÉTAT ET LA NATIONALITÉ

§ 1ᵉʳ. — *De la nationalité au point de vue des intérêts économiques.*

« Entre l'individu et le genre humain, dit excellemment Frédéric LIST[1], existe la *nation*, avec son langage particulier et sa littérature, avec son origine et son histoire propres, avec ses mœurs et ses habitudes, avec ses prétentions à la vie, à l'indépendance, au progrès, à la durée, et avec son territoire distinct..... De même que l'individu acquiert, principalement par la nation et au sein de la nation, culture intellectuelle, puissance productive, sûreté et bien-être, la civilisation du genre humain ne peut se concevoir et n'est possible qu'au moyen de la civilisation et du progrès des nations..... Il existe d'ailleurs actuellement entre les nations d'énormes différences ; nous trouvons parmi elles des géants et des nains, des corps bien constitués et des avortons, des civilisés, des

---

1. *Système national d'économie politique,* liv. II, chap. v.

demi-barbares et des barbares..... La nation *normale* possède une langue et une littérature, un territoire pourvu de nombreuses ressources, étendu, bien arrondi, une population considérable ; l'agriculture, l'industrie manufacturière, le commerce et la navigation y sont harmoniquement développés ; les arts et les sciences, les moyens d'instruction et de culture générale y sont à la hauteur de la production matérielle. La constitution politique, les lois et les institutions y garantissent aux citoyens un haut degré de sûreté et de liberté, y entretiennent le sentiment religieux, la moralité et l'aisance, ont pour but, en un mot, le bien de tous. Elle possède des forces de terre et de mer suffisantes pour défendre son indépendance et pour protéger son commerce extérieur. Elle exerce de l'influence sur le développement des nations moins avancées qu'elle ; et, avec le trop-plein de sa population et de ses capitaux intellectuels et matériels, elle fonde des colonies et enfante des nations nouvelles..... »

L'homme qui a écrit ces lignes remarquables n'était pas seulement un esprit spéculatif ; il était surtout un homme d'action et le vaillant promoteur de ce *Zollverein* qui devait selon lui faire de l'Allemagne une nation *normale*, en attendant qu'elle devînt plus normale encore par la possession de tout le littoral « des embouchures du Rhin aux frontières de la Pologne, *y compris la Hollande et le Danemark* » ; car tel est le vœu que cet esprit hardi, ce *voyant* de l'espèce de ceux que les temps modernes peuvent produire, exprimait dès 1841 !

En effet, dans notre état de civilisation, l'on peut ranger sous trois chefs les intérêts qui deviennent des causes d'association ou de groupement ethnique : intérêts politiques ou intérêts d'Etat, intérêts patriotiques ou intérêts de nationalité, et enfin intérêts économiques. Les accidents de l'histoire ont souvent réuni sous le même pouvoir politique des populations qui ne parlent pas la même langue, qui n'ont ni la même religion ni les mêmes mœurs, et qui se regardent sinon comme ennemies, du moins comme étrangères les unes aux autres. D'un autre côté, des populations de même sang, de même langue, de mêmes mœurs, et qui se regardent comme unies par la nationalité, ont été désunies par la politique. De là des aspirations sourdes ou des luttes violentes qui sont devenues, de nos jours seulement où les liens purement politiques se détendent, la grande affaire de la politique. Admettons (et ce n'est pas une mince demande) qu'un temps viendra où toutes les questions de ce genre seront résolues pour le mieux, de manière à faire cadrer ensemble autant que possible les exigences de la politique, les sûretés dont elle a souci et les sympathies ou les exclusions suggérées par le sentiment de la nationalité, par les souvenirs historiques : on se trouverait encore en face d'intérêts économiques qui pourraient ne pas s'accommoder des démarcations établies. De là ces confédérations douanières dont l'Allemagne a de nos jours donné l'exemple, moins, il est vrai, dans un intérêt économique que dans un intérêt de politique pour les uns et de nationalité pour les autres.

Remarquons un double caractère des intérêts purement économiques : celui de n'être pas restreints dans
leur durée et celui de n'exciter pourtant qu'une sensi-
bilité passagère. On perce une rue dans une ville, on
trace dans un pays une route nouvelle, et d'abord il y
a de l'agitation pour que la rue fende tel îlot, pour que
la route desserve telles localités intermédiaires. Ce sont
bien là des intérêts de l'ordre économique, et du parti
qui sera pris résulteront des effets susceptibles de durer autant que la ville, autant que la civilisation du
pays. Cependant, une fois le tracé décidé et exécuté,
l'agitation se calmera. Quelques propriétaires y auront
gagné beaucoup, d'autres auront éprouvé du dommage; mais désormais les propriétés se vendront sur
le pied de la valeur que leur donnent ou que leur lais-
sent les nouvelles circonstances. Avant un siècle, elles
auront été presque toutes aliénées, et les nouveaux
propriétaires seraient mal fondés à dire que la voie qui
a causé et qui cause à leur quartier, à leur canton, un
dommage réel, leur cause un dommage personnel;
comme aussi l'on aurait tort de dire qu'ils profitent
personnellement de ce qui a avantagé leur quartier,
leur canton, leur propriété. Or, le personnel, en ce cas,
c'est le vivant, c'est la chair et la moelle de l'homme;
le réel, c'est son vêtement, son outil, ou, si l'on veut,
c'est un de ces organes qui, sensibles dans les premiers
temps de la vie, s'endurcissent jusqu'à perdre la sen-
sibilité et les autres symptômes du mouvement vital.

Une ville, celle de Marseille par exemple, doit à des
circonstances nouvelles un grand surcroît de prospé-

rité. Son port devient un des plus importants du monde. Si la ville de Marseille était constituée comme l'antique cité phocéenne ou comme une cité italienne du moyen âge, si elle avait ses citoyens, ses natifs, ses métèques, ses patriciens, ses bourgeois, ses corporations d'ouvriers, la prospérité de la ville serait ressentie par eux comme une prospérité qui leur est propre. Mais aujourd'hui rien n'empêche les ouvriers, les capitalistes de tous les points de la France de venir faire concurrence aux bras et aux capitaux marseillais ; et la France ne s'émeut guère si quelque avocat indiscret des intérêts de Marseille ou de Bordeaux insinue que ces grandes villes pourraient bien se donner à l'Italie ou à l'Angleterre. On s'en méfierait plus si Bordeaux et Marseille étaient aussi éloignés de Paris que le Canada et l'Australie le sont de Londres.

Là où une foule de circonstances ont concouru à fortifier l'unité politique d'un grand État et à en soumettre toutes les provinces à une législation uniforme, il y a encore bien des intérêts économiques qui se combattent. Cependant personne ne songerait à y rétablir, tout en respectant l'unité politique, ces barrières intérieures dont les provinces se montraient si jalouses avant qu'elles ne se fussent aussi complétement fondues dans l'unité nationale. Il ne suit pas nécessairement de là que cette jalousie fût le pur effet de l'ignorance où étaient les provinces de leurs vrais intérêts économiques. Ainsi, de ce que toutes les provinces sont en train de s'enrichir pendant que la capitale croît démesurément, on aurait tort de conclure que l'agrandissement de la capitale est une cause d'enrichissement pour les provinces. On courrait moins de risques de se tromper en disant que la disparition de l'unité provinciale, en tant qu'unité vraiment vivante, a fait évanouir le souci des intérêts provinciaux ou abattu le drapeau autour duquel ils pouvaient se rallier. Aujourd'hui l'ouvrier, l'industriel, le capitaliste, le propriétaire lui-même et surtout l'employé, passent d'une province à l'autre bien plus facilement que jadis le manant ne passait d'un village à l'autre. Le réseau des chemins de fer allemands doit avoir promptement raison du *particularisme* allemand.

A beaucoup d'égards, la formation des grandes nationalités, de celles que List qualifie de *géantes*, doit être considérée comme un progrès économique, malgré les charges croissantes qu'imposent aux peuples les frais d'une administration plus compliquée, l'entretien des grandes armées, le goût des grandes entreprises, suites naturelles d'un accroissement de puissance. Nous nous éloignons toujours davantage des époques où de petites républiques, grâce à leurs richesses, à leur habileté dans l'exploitation de quelques avantages naturels, à leur esprit de conduite et surtout à leurs vertus patriotiques, pesaient plus que de grands royaumes dans la balance du monde politique comme dans celle du monde commercial. Aujourd'hui les intérêts économiques, aussi bien que les intérêts politiques, ont besoin d'un pavillon qui les couvre, qui les fasse respecter dans le monde, et ce ne peut être que celui d'une grande nationalité.

Cela frappe tous les yeux, surtout lorsqu'il s'agit de nations réputées riches entre toutes les autres, parce que leur activité s'est portée de préférence vers l'industrie manufacturière et le commerce extérieur. Tandis que d'autres nations s'agrandissent pour s'agrandir, pour flatter l'ambition de leurs souverains, l'ardeur guerrière de leurs troupes, la vanité de tous, ou (si l'on veut) pour accomplir des destinées historiques dont la Providence garde le secret, on en voit d'autres s'avancer pas à pas, avec une constance digne d'admiration, vers leur but de suprématie industrielle et commerciale, planter patiemment des jalons, occuper un à un les points de relâche, les comptoirs, les forteresses dont l'importance se montrera plus tard. Il faut que ces nations entretiennent à grands frais des escadres, des garnisons lointaines; qu'elles ne reculent point devant des entreprises d'un caractère incertain, ou dont les fruits se feront longtemps attendre. Peut-être faut-il encore ou du moins a-t-il fallu ne pas craindre de verser le sang, de prodiguer l'or pour susciter des embarras aux nations rivales, pour semer chez elles des germes de dissensions et de guerres, pour épuiser leurs forces, pour lasser leur courage dans des luttes acharnées. Comment répondre aux exigences d'une telle situation sans une puissante organisation politique et sans une vive excitation du patriotisme qui double les forces politiques? Cependant nous avons vu (p. 214) que la voie parcourue avec tant d'éclat par quelques nations ne pourrait être entièrement négligée par d'autres sans que cette négligence ne mît plus ou moins en souffrance leurs intérêts économiques.

§ 2. — *Considérations générales sur les dépenses, les impôts et les emprunts publics.*

Autant d'intérêts qui demandent satisfaction, autant de dépenses à inscrire à un budget : c'est la règle pour les communautés, pour les nations comme pour les particuliers. En quelque genre que ce soit, les dépenses peuvent être bien ou mal entendues, fécondes ou stériles, modérées ou excessives; mais il y aurait de la puérilité à ne donner la qualification de *productives* qu'aux dépenses faites en vue de répondre à des intérêts de l'ordre économique; comme serait la dépense de construction et d'entretien d'un canal ou d'une route. Sacrifier une partie de la richesse acquise à l'entretien, à la réparation, à l'excitation des forces productives de la richesse, telle est, dans la mesure que le bon sens indique, la règle de conduite de l'individu pour lui-même, du père de famille pour ses enfants, des administrateurs et des gouvernements pour les peuples qu'ils administrent et qu'ils gouvernent : ce qui ne leur interdit pas de sacrifier, quand il le faut, la fortune publique ou les fortunes particulières pour d'autres buts que celui d'entretenir ou de stimuler les forces productives de la richesse.

Au nombre des dépenses qu'une nation s'impose avec raison, figurent celles qui ont pour but d'assurer la police, le bon ordre dans la société, de protéger les personnes et les propriétés, d'assurer à tous une bonne justice, de répandre les bienfaits de l'instruction, de satisfaire aux besoins religieux de la population, de veiller à la morale publique, à l'hygiène publique et, dans une certaine mesure, aux plaisirs mêmes qui adoucissent et charment la vie. Tout cela ne dépend point de la forme politique, de la grandeur de l'État, de son action au dehors. On doit à cet égard avoir les mêmes objets en vue dans une république ou dans une monarchie, dans un grand empire soutenu de nombreuses armées et dans un petit canton qui ne compte guère, pour sauvegarder son indépendance, que sur les jalousies de ses puissants voisins. Enfin d'autres dépenses, et d'ordinaire les plus grosses de toutes, ont pour objet le maintien d'une institution politique, la représentation d'une cour, l'entretien d'une flotte, d'une armée, des places de guerre, l'établissement d'une Église en tant que cet établissement se lie à la constitution de l'État, tout ce qu'exigent les services diplomatiques, la conservation des alliances, la protection des clients, tout ce qui concourt à donner aux nationaux et aux étrangers une haute idée de la puissance de l'Etat, du prince ou de la nation. Ce sont là des dépenses *improductives* au premier chef selon tels économistes : tandis qu'aux yeux du politique toute cette richesse dont l'économiste fait si grand cas, n'a de prix qu'autant qu'elle permet au corps politique de déployer dans l'occasion plus de force et de grandeur. En un mot la richesse publique n'est pour celui-ci que l'aliment qui soutient la vie politique ; et il dirait volontiers, avec l'avare et l'ascète (p. 71), « qu'il faut manger pour vivre et non pas vivre pour manger ». Si le temps semble faire prévaloir dans la doctrine les idées de l'économiste, du moins on conviendra que rien dans la pratique n'annonce que le fardeau imposé par les nécessités de l'ordre politique tende à s'alléger.

La royauté féodale se soutenait avec quelques compagnies de gendarmes ; la monarchie despotique soldait des armées permanentes de deux ou trois cent mille hommes : aujourd'hui il faut mettre toute la population virile d'un grand pays sur le pied militaire, l'armer, l'habiller, l'exercer, l'enregimenter dans des cadres d'activité et de réserve. De là un grossissement énorme des dépenses publiques : sans parler des frais, des pertes de temps et des non-valeurs qui tombent à la charge des particuliers, et qui diminuent d'autant les ressources budgétaires.

Lorsqu'un État doit ajouter à ses dépenses courantes le service d'un emprunt et l'amortissement d'une dette, il y a pareillement lieu de distinguer, dans cette charge léguée par le passé, la part imputable à chacune des trois catégories de dépenses mentionnées ci-dessus. Les nations modernes ont surtout la ressource des emprunts pour payer leur gloire, leurs revers, leurs révolutions, leurs erreurs et leurs caprices.

Partout l'impôt a été d'abord considéré comme une marque de sujétion, de dépendance chez ceux qui l'acquittent. Il paraît si naturel que le maître pour prix de la liberté qu'il accorde, le propriétaire pour prix de la concession d'un terrain, le vainqueur pour prix de

sa modération dans la victoire, se réservent une rede-
vance comme la marque durable de leur supériorité,
de leur générosité, de leur clémence! Au contraire la
franchise d'impôt était la preuve qu'on appartenait à
la race des vainqueurs, à la caste des nobles, à la religion dominante. Et pourtant, même dans ce cas, une
aide, un *subside* réputé librement consenti, dans les
nécessités pressantes du prince, du seigneur ou du
suzerain, était encore regardé comme une suite naturelle de l'hérédité du pouvoir, de la supériorité seigneu-
riale et du lien de vassalité ou d'hommage.

A côté des notions de l'impôt et du subside, qui
impliquent celle de sujétion, vient se placer dans un
état de civilisation plus avancée l'idée de cotisation ou
de *contribution* par suite d'une communauté d'intérêts. Quoi de plus simple, pour des propriétaires qui
ont à se défendre contre les irruptions d'un torrent,
que de se cotiser pour la construction et l'entretien des
digues, et de régler la part contributive de chacun en
raison de l'avantage qu'il retire de la dépense faite en
commun ! Les habitants d'une ville en feront autant à
propos d'une dépense de pavage, d'éclairage, plus ou
moins utile à tous les habitants. Donc les peuples qui
ont agrandi l'idée de la *cité*, c'est-à-dire de la ville, en
fondant l'organisation de l'*État* sur l'idée d'une *chose
publique* à laquelle tous les citoyens sont intéressés,
ont dû, dans les temps modernes, revenir par le canal
du droit rationnel ou philosophique à l'idée d'une
contribution aux charges publiques : en attendant ce
que la jalouse démocratie athénienne exigeait spéciale-

ment des *riches* sous le nom, bizarre pour nous, de *liturgie* (λειτουργία). Dès lors on a dû être particulièrement frappé de ce principe de droit civil et d'équité naturelle, qui veut que les charges d'une association soient proportionnées aux avantages qu'on en retire. On s'est donc évertué à chercher des combinaisons qui satisfissent le mieux ou le moins mal possible à cette règle d'équité ; et l'on n'a pas encore tout à fait abandonné la recherche de cette pierre philosophale, quoiqu'elle ait beaucoup perdu de son crédit auprès des esprits pratiques.

C'est que le côté économique de la question ne pouvait manquer de prévaloir sur le côté juridique (p. 49). On a compris qu'il n'est pas en économie publique de problème plus épineux que celui de déterminer sur qui tombe effectivement la charge de l'impôt et dans quelle proportion. La terre est achetée sur le pied du revenu net, l'impôt défalqué, comme on l'achèterait, déduction faite de ce qui a été retranché jadis à la culture par une érosion lente ou par une irruption subite. Dans un cas comme dans l'autre, le dommage qui a vivement affecté l'ancien possesseur n'affecte plus le possesseur actuel (p. 225). L'industriel comprend l'impôt qui l'atteint dans les frais généraux dont il se rembourse autant que possible, soit sur l'ouvrier en abaissant son salaire, soit sur le consommateur en élevant le prix de l'article fabriqué, afin de tirer de ses capitaux le profit usuel : sinon il cherchera un autre emploi de ses capitaux, peut-être avec plus de préjudice encore pour le consommateur ou pour l'ouvrier. Celui-ci, quand il se verra frappé d'une capitation, ou quand les taxes lui rendront la vie plus chère, exigera un salaire plus élevé qu'on sera bien forcé de lui accorder, sous peine de voir les ateliers se déserter, la plaie du paupérisme s'étendre et la population s'éclaircir. D'après cela, le financier regarde comme le meilleur impôt celui dont le recouvrement offre le moins de difficulté et supporte le moins de déchet. A ses yeux, c'est la meilleure preuve que l'impôt est effectivement payé par celui à qui la charge de le payer impose le moins de gêne. Quant à l'économiste dont le domaine confine à celui du financier, sans être le même, et qui voudrait trouver, non le meilleur, mais le moins mauvais impôt, il préférera celui qui gêne le moins la production et la consommation, dans l'opinion où il est qu'une fois ce problème résolu par les tâtonnements de la pratique, le cours naturel des choses corrigera les inégalités de charges autant qu'elles peuvent être corrigées.

Ces considérations expliquent comment, même dans les contrées les moins livrées au pouvoir despotique, l'impôt peut aller presque toujours en augmentant, tout compte fait de la baisse progressive de valeur des métaux précieux, quoiqu'il ait paru de tout temps aux esprits les moins chagrins que l'impôt avait atteint ses dernières limites. Il ne faut que donner aux impôts établis le temps de *s'asseoir*, de sorte que personne ne soit bien renseigné, par le sentiment de son propre malaise, sur la part de fardeau qu'il supporte : pas plus que nous ne sommes renseignés par la sensation sur l'énormité de la pression atmosphérique à laquelle nos organes se sont habitués et adaptés. Car cette condition suffit pour qu'il y ait encore de la marge, au prix d'un malaise passager, pour quelque aggravation d'impôt.

D'autre part, il faut bien reconnaître que toute cette théorie philosophique de la *contribution votée*, par opposition à l'*impôt* qui n'a de limites que dans la modération du souverain, reçoit de la pratique un constant démenti. Peu importent à cet égard l'origine des gouvernements, les principes sur lesquels ils étayent leur souveraineté, les ressorts ou les rouages qu'ils mettent en jeu. Tous sont habituellement amenés à élever leurs dépenses au moins au niveau des ressources que leur offre la situation du pays. Il y a toujours tant de maux à réparer, tant de bons services à rémunérer plus convenablement, tant de besoins à satisfaire, tant d'entreprises utiles à encourager ! Les assemblées demandent tout d'une voix des réductions de dépenses, et chaque membre en particulier a sa petite ou sa grosse augmentation à proposer ou à appuyer. Rien ne peut arrêter ce mouvement ascensionnel que l'obstacle créé par les conditions économiques, c'est-à-dire l'impossibilité d'augmenter l'impôt sans tuer ou du moins sans rendre malade la poule aux œufs d'or. Bien entendu que le progrès réel de la richesse publique tend sans cesse à reculer l'obstacle, et qu'en l'absence d'un progrès réel, il faudrait tenir compte du progrès apparent dû à la baisse de l'étalon des valeurs. Donc le financier relève en réalité de l'économiste ; l'idée et la théorie de l'impôt doivent finalement rentrer dans la doctrine économique, après avoir été longtemps considérées plutôt dans leurs rapports avec le droit public, avec la coutume nationale, avec les règles générales de l'équité.

Les mêmes causes qui poussent les gouvernements à dépenser tout ce qu'ils peuvent dépenser, doivent mettre un obstacle à peu près insurmontable à l'amortissement effectif de leurs dettes. Les États-Unis sont paraît-il, en train d'amortir la leur : mais, à tous égards, les États-Unis ont le privilége de réaliser ce qui ne se voit point ailleurs. Quand le gouvernement autorise chez nous un département, une ville autre que la capitale à contracter un emprunt, il entend que cet emprunt sera effectivement remboursé dans un temps bien défini. Il se fait rendre un compte minutieux des ressources, tant pour l'amortissement du capital que pour le service des arrérages ; au besoin il approuve l'intervention d'une compagnie financière qui, par un calcul habile de l'intérêt composé, et moyennant une addition modique à l'intérêt annuel, se charge d'amortir la dette dans l'espace de temps qui mesure à peu près la durée d'une génération. Vainement alléguerait-on qu'il est juste qu'une génération ne s'épuise pas et que le fardeau se répartisse sur les générations futures, appelées à profiter des avantages en vue desquels la dépense a lieu. Le gouvernement n'écoute pas de pareils arguments, parce qu'il lui paraît avec raison fort à craindre que ce ne soit donner trop beau jeu auprès des générations actuelles aux inventeurs et aux promoteurs de dépenses.

Ce que les gouvernements savent si bien prescrire à

leurs pupilles, ils auraient sans doute la bonne foi de
le pratiquer pour leur propre compte sans les nécessités
de la politique, subordonnée, quoi qu'on en puisse dire,
à d'autres règles que celles qui prévalent en morale et
en droit commun. Ils payent par quelque honte attachée à cette inconséquence, les honneurs d'une souveraineté plus apparente que réelle. Car la nation qu'ils
ont l'air de conduire croit sentir sa force, et il lui plaît
d'en user. La passion politique est excitée, l'honneur
national est en jeu, on ne peut pas rester sous le coup
d'un échec ou d'une humiliation. Il faut faire la guerre
et emprunter pour la faire, après quoi il faudra emprunter pour avoir la paix. Aussi a-t-on vu trop souvent qu'après qu'une nation a acheté, au prix des
calamités d'une révolution et de la honte d'une banqueroute, l'anéantissement des dettes occasionnées par
la politique, elle rentre vite dans la voie des emprunts.
Ainsi ferait-elle à plus forte raison si l'ancienne dette
était éteinte à la faveur d'un mécanisme régulier. Elle
abuserait des ressources qu'elle croirait avoir de ce
côté, ou l'on abuserait contre elle des ressources
qu'on lui supposerait. Quels tributs les barbares du
ve siècle n'auraient-ils pas exigé des faibles successeurs de Théodose, s'il n'y avait eu qu'à inscrire des
rentes sur un grand-livre de la dette publique, à Rome
ou à Constantinople !

Par toutes ces raisons et sans revenir sur ce que
nous avons dit ailleurs (p. 101) des difficultés du jeu
prolongé d'un fonds d'amortissement, il semble que
l'extinction d'une dette d'État, dans les conditions où

se trouvent placées la plupart des nations modernes, ne puisse avoir lieu que de deux manières : ou par des mesures révolutionnaires plus nuisibles que la dette même, du moins à la génération qui les subirait, ou par la lente dépréciation des métaux monétaires. En multipliant leurs emprunts pour multiplier leurs moyens d'action, pour vivre en quelque sorte d'une vie plus intense pendant l'espace de temps que le destin leur mesure, les gouvernements ne feraient ainsi qu'escompter cette ressource que l'avenir tient probablement en réserve pour les emprunteurs et les escompteurs de toute taille.

§ 3. — *Des impôts directs.*

Le plus simple de tous les impôts directs, le plus conforme à l'équité naturelle et à l'idée d'une contribution proportionnée aux facultés de chaque contribuable, est celui que l'on a appelé, par excellence, l'*impôt sur le revenu* ou, comme disent les Anglais, l'*income-tax*. Il diffère de la *dîme*, qui d'ordinaire ne porte que sur les produits du sol, et qui se proportionne au produit brut plutôt qu'au produit net ou au revenu proprement dit. Notre vieil impôt de la *taille* était une sorte d'*income-tax*, grevant directement le paysan ou le vilain et n'atteignant qu'indirectement le noble ou le propriétaire. Donnez au mot de *revenu* l'acception que nous y avons attachée dans la précédente section ; comprenez-y les fruits de l'industrie, du travail, même manuel, aussi bien que les intérêts des capitaux et les rentes des propriétés foncières ; exemptez de la taxe, si vous le jugez bon, les salaires au-dessous d'un certain taux, et ensuite imposez chacun en proportion de la totalité de son revenu imposable : n'aura-t-on pas résolu le problème et trouvé ce que nous appelions tout à l'heure (p. 233) une pierre philosophale?

On fait à cette solution si simple des objections très sérieuses : la difficulté, même pour le contribuable, d'estimer le revenu, sujet à tant de déchets et de non-valeurs, variable comme les produits de la terre, l'affluence de la clientèle, les profits de l'industrie et du commerce ; le danger pour le crédit de mettre toutes les situations à jour ; la provocation à la réticence et à la fraude, l'arbitraire de l'assiette ou l'odieux des mesures inquisitoriales inventées pour réprimer la fraude et l'arbitraire. Plus on y regarde de près, plus les difficultés d'exécution apparaissent. Si la rente sur l'État est affranchie de l'*income-tax*, que devient le principe d'équité? Et si l'impôt frappe la rente, que devient le contrat entre l'État et ses créanciers? La rente baissera, sur le marché national comme à l'étranger, d'un valeur égale au capital de l'impôt qui la frappe, et il en sera tenu compte, au détriment de l'État, lors de ses futurs emprunts, pendant que les rentiers, qui n'auront acheté qu'après la baisse, jouiront par le fait d'un revenu parfaitement affranchi de l'*income-tax*. Comment l'État retiendra-t-il par l'impôt une partie des traitements et des pensions, si traitements et pensions ont été fixés, comme on doit le supposer, juste-

ment aux taux qu'il faut pour assurer un bon service?
Au cas contraire, n'est-ce pas un jeu puéril que de
donner d'une main et de retirer de l'autre?

Mais le vif de la question n'est pas là. Ce qui fait
l'équité apparente de l'*income-tax* et sa conformité à
un type philosophique est justement ce qui fait que,
pour la plupart des imposés, la plaie produite par l'établissement d'un tel impôt ne se cicatrise pas et qu'elle
reste sensible tant que l'impôt subsiste. Il en résulte
qu'au taux où sont inévitablement portées les dépenses
publiques, sous le régime de notre civilisation moderne
et chez les grandes nations civilisées, l'*income-tax,*
comme impôt unique, comme charge permanente,
semble jusqu'à nouvel ordre impossible, et qu'il faut
plutôt le regarder comme un expédient temporaire,
comme une charge additionnelle destinée à combler le
déficit causé par des circonstances passagères. C'est
ainsi que jusqu'à présent les Anglais l'ont entendu.

Songeons à ce qui vient d'être dit de la tendance à
un grossissement continuel des dépenses et de l'impôt.
Les autres impôts résistent plus ou moins, par la structure économique de la société, à un accroissement indéfini. Au contraire, comment résister à une qué-
manderie de tous les jours, si la recette est aussi facile
à trouver que la dépense, s'il ne s'agit que d'augmenter d'un trait de plume la cote de celui à qui l'on fait
l'honneur de le ranger parmi les riches? Ce particulier vivait avec cinq mille francs de rente, ne peut-il
pas vivre avec quatre? Quoi de plus simple aux yeux
de répartiteurs dont la plupart s'estimeraient heureux

d'avoir quatre mille francs de rente? Bien entendu que
la faculté d'élever le *minimum* de la cote imposable,
de convertir l'impôt proportionnel en impôt progressif,
de modifier l'échelle de la progression selon les besoins
et les appétits du moment, ferait vite passer à l'état
aigu la maladie que nous ne considérions d'abord qu'à
l'état chronique, et qu'elle rendrait l'impôt sur le revenu, tel que le conçoivent les utopistes de notre temps,
aussi incompatible que le régime des avanies turques
avec le droit de propriété tel que l'entendent les nations occidentales. Reste à savoir si les utopies de notre
temps peuvent devenir les réalités de l'avenir, et ce
n'est pas la question que nous examinons pour l'instant. On y reviendra plus loin.

L'impôt foncier, quand il a acquis la fixité qu'on lui
connaît en Angleterre, est justement le rebours de
l'*income-tax*. Au bout d'un certain temps, il ne pèse
plus sur le propriétaire, qui n'a acheté que sur le pied
du revenu net de la terre, défalcation faite de l'impôt.
L'effet est tout autre lorsque l'impôt foncier est sujet à
des remaniements, soit à titre d'impôt *de quotité*, afin
de faire profiter l'État des améliorations naturelles ou
factices que la terre a reçues, ou pour tenir compte au
propriétaire des dégradations qu'elle a subies, soit à
titre d'impôt *de répartition*, afin d'opérer, comme on
dit, la *péréquation* de l'impôt et de corriger les im-
perfections d'une première assiette ou les inégalités
amenées par le temps. Une telle opération peut devenir nécessaire au point de vue économique, afin que
sur aucun point du territoire la proportion de l'impôt

foncier à la rente foncière n'excède les bornes indiquées par l'expérience pour le libre jeu et l'encouragement de l'agriculture ; mais en thèse générale l'on peut dire que la peréquation, à supposer qu'elle rendît aux uns tout ce qu'elle ôterait aux autres, ferait aux propriétaires dégrevés un don gratuit au préjudice des propriétaires surimposés, jusqu'à ce que le temps eût effacé, pour les successeurs des uns et des autres à titre onéreux, toute trace du cadeau ou du préjudice.

L'impôt sur les bâtiments agit comme le surcroît d'impôt foncier, provoqué par les améliorations du sol productif. Le propriétaire qui veut bâtir en tient compte dans la comparaison qu'il établit entre les dépenses de construction et le revenu net que donnera la propriété bâtie. Si l'accroissement de population ou les progrès du luxe exigent effectivement de nouvelles constructions, les loyers s'élèveront en raison de l'impôt foncier qui pèse sur la propriété bâtie, et cet impôt atteindra en réalité les locataires des bâtiments.

Malgré les diversités de noms et d'assiettes, il faut, quant aux effets, assimiler à l'impôt foncier porté à la cote du propriétaire l'impôt porté à celle des locataires et tarifé, soit d'après le prix de location, soit d'après le nombre des ouvertures et des feux. L'administration elle-même semble en juger ainsi en ce qui concerne l'impôt dit *des portes et fenêtres*, qu'elle porte à la cote du propriétaire, quoiqu'il soit d'usage que le locataire lui en fasse le remboursement. On a prétendu assimiler l'impôt sur les locations à un impôt sur le revenu, d'après cette idée que le taux du loyer est le meilleur indice de l'aisance du locataire. L'indice *oui*, mais la mesure *non*. Tous ces impôts pèsent habituellement sur le propriétaire, à qui leur suppression laisserait de la marge pour élever ses loyers; mais ils pèsent aussi sur le locataire en ce sens qu'ils découragent la spéculation sur les constructions. Lorsqu'on affranchit de l'impôt les petites locations, on ne soulage en réalité le locataire que d'une manière très-indirecte, en encourageant la construction des petits logements ou l'appropriation des bâtiments existants à de petites locations.

L'impôt de *mutation*, par succession ou par contrat, n'offre au théoricien aucun embarras. Il pèse sur celui qui hérite, il pèse sur celui qui aliène; et lorsque cet impôt est devenu excessif, comme en France, il dévore avec une effrayante rapidité, non le revenu, mais le capital. Nos instincts démocratiques, notre jalousie d'égalité s'en accommodent; et, à chaque remaniement financier rendu nécessaire par nos folies ou nos malheurs, on a pu accroître ce genre d'impôts sans provoquer de réclamations bien vives. La perception en est facile et peu coûteuse. On plaint eu l'héritier qui compte à l'État le dixième de la valeur d'une riche succession dont peut-être il ne jouira jamais, à cause de l'usufruit dont elle est grevée. Le propriétaire qui revend après quinze ans une propriété plus cher qu'elle ne lui a coûté, soit à cause des progrès réels de la richesse publique, soit à cause de la dépréciation de l'or et de l'argent, survenue dans l'intervalle, se résigne à laisser dans les caisses de l'État une part de son bénéfice apparent ou réel. Mais renversez la situation : supposez que le capital national aille en décroissant, qu'il faille aliéner à bas prix une partie des immeubles de la succession pour acquitter les droits, et bientôt l'on s'apercevra qu'un impôt exagéré sur les mutations équivaut à une confiscation de la propriété, graduellement accomplie dans un assez court espace de temps; et qu'il n'y en a pas qui tende plus à la destruction du capital national.

Il a aussi le tort de pousser d'un côté à la subtilité fiscale, de l'autre au déguisement des transactions et, ce qui est plus fâcheux encore, à la transformation des titres sur lesquels la loi a une prise en titres au porteur, qui se prêtent à tous les genres de spoliation et de fraude, au point de rendre vaines les plus importantes dispositions du droit civil. Que serait-ce donc si, comme l'entendent des sectes nouvelles, il était question de fixer, selon la fortune de l'héritier, une limite à la faculté d'hériter, de supprimer l'hérédité en ligne collatérale et même en ligne directe jusqu'à concurrence de la quotité disponible, d'abolir le droit de tester, et de faire dévolution à l'État de tous les biens que ces dispositions nouvelles mettraient en déshérence? Il n'y aurait plus assez d'or, de cassettes et de valeurs au porteur pour ceux qui voudraient dénaturer leur fortune afin d'échapper à la tyrannie de la loi fiscale. Mais alors il s'agirait d'une éversion radicale de notre droit civil, d'une révolution dans les mœurs, ou plutôt de cette maladie aiguë de la société, à laquelle nous faisions allusion quelques lignes plus haut.

§ 4. — *Des taxes de consommation.*

Les monopoles que l'État s'attribue à titre de ressources financières, pour les exploiter en régie ou pour
les affermer, ressemblent aux taxes sur la consommation en ce qu'ils influent sur la consommation par
l'élévation factice des prix, plutôt qu'ils n'atteignent le
propriétaire ou le producteur dans sa rente ou dans
son revenu. L'État se trouve à cet égard dans des conditions analogues à celles de tout monopoleur qui peut
perdre par la réduction de la demande plus qu'il ne
gagnerait par la hausse de prix (p. 169). D'où ce *dictum*
vulgaire « qu'en finances deux et deux ne font pas
quatre » ; et de là aussi ces essais souvent conseillés
aux gouvernements par les parties intéressées, quelquefois tentés par eux avec succès, et qui consistent à
provoquer par une forte réduction de prix un tel surcroît de demande, que la mesure se trouve être financièrement bonne, sans compter ses autres avantages
économiques.

Les taxes qui frappent immédiatement sur les articles, au fur et à mesure de leur production, de leur
fabrication ou de leur mise en vente, constituent des
frais en quelque sorte artificiels, dont il est toujours au
pouvoir du législateur de fixer, sinon le total, au moins
la répartition entre les divers articles ; et comme le système adopté a une grande influence sur la production
et la demande des articles taxés, on conçoit que la
théorie de pareils impôts préoccupe particulièrement

l'économiste et le financier. Dans le prix payé par le consommateur doivent se retrouver, non seulement la taxe, mais l'intérêt de la taxe pendant tout le temps écoulé entre la perception de la taxe et le remboursement final par le consommateur. Il importe donc que la perception ait lieu le plus tard possible, quoique la perception devienne plus coûteuse et plus désagréable en devenant plus détaillée ; qu'elle se prête davantage à la fraude et qu'elle froisse bien plus le gros des consommateurs qu'elle ne froisserait les agents intermédiaires qui ne voient dans l'acquit de la taxe qu'une avance dont ils se rembourseront, en tâchant de mettre le *fort denier* de leur côté.

Si la taxe frappe des articles manufacturés dont le prix de revient s'abaisse quand la production a lieu plus en grand, la taxe qui élève le prix de l'article en restreignant la demande et la production élève en même temps les frais de production pour chaque unité produite. La hausse totale de prix doit donc surpasser le montant de la taxe. Le cas inverse est celui où la taxe frapperait des denrées dans le prix desquelles une rente foncière entre comme l'un des principaux éléments, ou porterait sur des articles dont les prix de revient vont en croissant quand la production augmente pour suffire à la demande. Alors le prix de la denrée taxée pourra ne pas augmenter de tout le montant de la taxe, et les rentes des propriétaires fonciers se trouveront atteintes. Ce sera, jusqu'à concurrence, l'équivalent d'une addition à l'impôt foncier.

L'on voit comment il se peut qu'une taxe de con-

sommation grossisse nominalement le total des revenus nationaux, tout en en diminuant la valeur
réelle. Lorsque la taxe, en renchérissant l'article taxé,
élève le chiffre qu'on obtient (p. 170), en multipliant
le prix de l'unité par le nombre d'unités produites, le
total des revenus éprouve une augmentation nominale.
La part que l'État prélève dans la valeur que ce chiffre
représente sert à acquitter, au profit des créanciers
de l'État, les intérêts de la dette publique ; ou bien elle
se dépense en salaires, en solde, en traitements et en
achats de matières pour les services publics, de manière à composer le revenu et à subvenir aux dépenses
d'une foule de personnes : pendant que le surplus compose les revenus de tous les propriétaires, capitalistes,
chefs d'industries, ouvriers, trafiquants, qui coopèrent
à la production et à la circulation de l'article taxé. La
taxe n'en occasionne pas moins dans le total des revenus
nationaux, selon les principes établis au § 4 de la précédente section, une diminution de valeur réelle,
accusée par le chiffre qu'on obtient en évaluant, au
prix qu'elle avait avant la taxe, la quantité dont se
trouve réduite la production de l'article taxé.

Cela établit une différence essentielle entre les taxes
de consommation et les impôts assis directement sur la
rente ou sur le travail, lesquels n'agissent qu'indirectement sur la production, en tant qu'ils découra-
geraient la culture, l'industrie, la capitalisation et le
travail. Par les impôts de cette dernière catégorie,
l'État, en supposant qu'il n'ait point de tributs ou
d'arrérages de rentes à payer à l'étranger, n'agit que

comme une machine intermédiaire destinée à changer, fort mal au gré des uns, fort bien au gré des autres, la répartition du revenu national, sans en altérer *immédiatement* la valeur totale. On est allé plus loin et l'on a dit que les impôts de toute sorte, pourvu qu'ils soient modérés, stimulent les forces productives; que le propriétaire s'occupe d'améliorations auxquelles il n'aurait pas songé sans l'impôt qui vient réduire sa rente; que l'ouvrier assujetti à une capitation ou (ce qui est la suite des taxes de consommation) obligé de payer plus cher les articles qu'il consomme, travaille un peu plus et ne s'en porte pas plus mal; qu'ainsi les producteurs parviennent plus ou moins à regagner leurs anciens revenus, auxquels s'ajoute, dans la composition du revenu total des nationaux, l'accroissement de revenu de tous ceux qui profitent de l'augmentation des dépenses publiques. Mais ceci rappelle un peu trop le fouet du maître, et nous ne voudrions pas suivre jusque-là les partisans de la théorie de l'excitation, sans nier ce qu'elle a de vrai, même dans ce cas. De même qu'un climat plus rude, en provoquant chez l'homme un surcroît d'efforts, lui donne souvent une industrie et par suite une richesse à laquelle il ne serait jamais arrivé sous un climat plus doux, ainsi la nécessité de vivre dans un pays où les charges publiques sont très-lourdes, dans un milieu qui a pris artificiellement la dureté que la seule nature donne à d'autres milieux, peut retremper les courages, réveiller les énergies assoupies et en ce sens contribuer au progrès de la richesse publique, pourvu que l'excès des charges et des obstacles naturels ou factices n'aille pas jusqu'à produire l'épuisement ou l'affaissement. Car il ne faut pas, de peur que la mollesse du ciel d'Ionie ne nous énerve, nous donner le climat des Samoyèdes.

Les taxes à l'importation ont eu ordinairement, dans les temps modernes, le double but de procurer au gouvernement une ressource financière et d'offrir, sur quelques points réputés plus vulnérables, une protection à la production et à l'industrie nationales. Nous ne tarderons pas à les étudier à ce dernier point de vue. En tant que ressource financière, la taxe peut être regardée comme une addition aux frais de transport du marché étranger sur le marché national, addition dont le gouvernement auteur de la taxe profite directement et qui, par ce qui vient d'être dit, tourne à l'accroissement du revenu national chez la nation qui importe. Un cas extrême serait celui où l'établissement de la taxe n'affecterait, ni le prix de l'article sur le marché d'importation, ni la quantité importée : les producteurs étrangers prenant la taxe tout entière à leur charge et préférant supporter pour cela une baisse dans les fermages, dans les profits et dans les salaires. Alors la taxe cesserait d'avoir un effet de protection pour les producteurs nationaux : elle servirait seulement à prélever un tribut sur des producteurs étrangers, et c'est ainsi que les taxes de cette nature ont été considérées dans l'origine.

Les taxes à l'exportation ont été longtemps en faveur : car, en même temps qu'elles offraient une ressource financière, elles avaient un côté populaire, en ce qu'elles protégeaient ou semblaient protéger les consommateurs nationaux. Depuis, les idées ont changé : les gouvernements se sont préoccupés davantage des intérêts des producteurs, les libéraux de la liberté; et l'on n'a plus admis les taxes à l'exportation que pour des articles réputés indispensables à la défense du pays, à la subsistance de ses habitants, à l'entretien de ses manufactures. On peut regarder la taxe comme une addition aux frais de transport, si la nation qui exporte se réservait le monopole du transport. Et si l'article taxé était tellement recherché à l'étranger que la taxe n'influât pas sensiblement sur le chiffre de l'exportation, la taxe deviendrait en effet un moyen de rendre l'étranger tributaire du gouvernement de la nation qui exporte.

§ 5. — *Des attributions économiques du gouvernement.*

« On peut dire, d'une manière générale, que tout ce qu'il est désirable qu'il soit fait, dans l'intérêt général de l'humanité ou des générations futures, ou dans l'intérêt des membres de la société, qui ont besoin de secours extérieurs, sans être de nature à rémunérer les particuliers ou les associations qui l'entreprendraient, rentre dans les attributions du gouvernement[1]. »

1. *Principes d'économie politique*, par John STUART MILL. Passage cité par M. DUPONT-WHYTE dans son livre intitulé : *L'Individu et l'État*, p. 135 de la 3º édit.

Même en mettant de côté « l'intérêt général de l'humanité », pour lequel nous ne croyons pas que les gouvernements soient institués, nous n'entreprendrons pas d'énumérer toutes les attributions qui découleraient de la définition qui précède ou de toute autre plus exacte. Il ne sera question ici, ni des lois politiques et civiles qui règlent la distribution des richesses, et qui ont, par cela même, une influence indirecte sur la production; ni de cette action générale qui consiste à maintenir, par une bonne justice, par une bonne police, par l'entretien d'une force publique suffisante, la sûreté des personnes et des propriétés, la liberté des contrats et l'exécution des engagements; ni enfin des institutions d'assistance, d'hygiène, de morale, d'instruction publiques, quoique toutes concourent à conserver ou à accroître les forces productives au sens économique (p. 229). Il s'agit uniquement ici de l'intervention directe et spéciale du gouvernement, pour un but économique déterminé. Cette intervention directe a trois moyens principaux de se manifester, selon que l'État exécute à ses frais ou subventionne des travaux réputés économiquement utiles, ou suivant qu'il établit des taxes et des primes destinées à encourager certaines productions et à en décourager d'autres qu'il voit d'un œil moins favorable.

Il semble, de prime abord, que des travaux, des ouvrages, dont le but économique est évident, comme des routes, des canaux, des voies ferrées, des ports, des digues, des barrages, devraient toujours pouvoir s'exécuter, ou par des associations de particuliers inté ressés directement à la chose, ou par des compagnies de capitalistes, qui retrouveraient dans le produit d'un péage, d'une taxe, d'un tarif, l'intérêt de leurs capitaux engagés. Si les particuliers intéressés ne s'associent pas, même quand la majorité fait loi, si une compagnie ne se présente pas pour se charger de l'entreprise sans demander de subvention à l'État, c'est apparemment que l'œuvre ne vaut pas économiquement ce qu'elle coûte; et dès lors, ne conviendrait-il pas de laisser aux contribuables des deniers dont ils sauraient bien trouver un emploi plus rémunérateur ou économiquement plus utile?

Cependant il y a une foule de réponses à cette objection. Les mêmes obstacles qui s'opposent (p. 233) à ce que l'on réalise l'idéal de la répartition équitable d'un impôt, s'opposent à ce qu'on réalise l'idéal de la répartition d'une dépense purement économique entre tous ceux à qui la dépense profite, et dans la juste mesure du profit qu'ils en retirent. Le percement d'une route nouvelle est directement utile aux voyageurs, aux entrepreneurs de transports, aux propriétés riveraines, et utile aussi, quoique d'une manière moins directe, aux consommateurs des denrées dont le prix s'abaisse par la diminution des frais de transport, aux industriels qui emploient ces denrées comme matières premières, puis aux consommateurs qui se procurent, à prix réduits, les articles fabriqués dans ces nouvelles conditions, et ainsi successivement. Nous nous gardons d'en conclure que l'avantage économique résultant du percement de la route n'a pas de limite ; au contraire, nous avons eu recours, dans la section précédente, à divers principes, à divers artifices de raisonnement, pour évaluer avec quelque approximation l'avantage économique qu'en retire le corps de la société, ou ce qu'on nomme le *pays* : mais le tour même du raisonnement fondé sur la considération des moyennes et des compensations présumées, implique l'impossibilité de faire estime des avantages et des désavantages individuels. En tout cas, il est clair que l'entrepreneur n'a aucun moyen d'atteindre, par un tarif rémunérateur, les avantages indirects placés à un rang quelconque dans la série des réactions consécutives. Ces intéressés *de seconde main* (ou, si l'on veut, de dixième main), ne peuvent être atteints qu'en leur qualité de contribuables de l'État, lorsque l'État se charge de l'entreprise ou donne une subvention à ceux qui s'en chargent.

D'autres considérations interviendraient au besoin. Les avantages économiques de la voie nouvelle ne se produisent pas tous soudainement. Quelques-uns peut-être, ne deviendront très-sensibles que dans un demi-siècle. Or, si une nation peut semer pour recueillir au bout d'un demi-siècle, aucun particulier, aucune compagnie ne le peuvent faire, quel que soit le rapport de la récolte à la semence : les lois de l'intérêt composé y mettent obstacle (p. 37). De plus, il faut pour des entrepreneurs particuliers que l'espérance de larges bénéfices compense l'incertitude du succès. Le concours de l'État à beaucoup d'entreprises du même genre produit l'effet d'un vaste système d'assurances qu'il serait difficile d'organiser autrement. A la vérité, si l'État a contracté des dettes pour mener l'entreprise à bonne fin, le service des arrérages devient pour l'État et pour le public une charge permanente : tandis que, si l'esprit aventureux des compagnies les fait échouer financièrement dans des entreprises, d'ailleurs utiles au public, l'affaire se liquide, bientôt les capitaux détruits se régénèrent, et la société jouit gratuitement des avantages de l'entreprise, sans même se souvenir des pertes qu'elle a causées. Mais autant vaudrait laisser un fou se jeter à l'eau, parce que son bien passera à ses héritiers, qui sauront en faire un meilleur usage.

Même dans les pays où le génie des habitants est le plus enclin à la centralisation administrative, à l'uniformité des procédés, les gouvernements tâchent de tenir compte approximativement de la subordination des divers intérêts. Certaines dépenses sont mises à la charge des départements, des communes, à qui l'on crée pour cela des revenus spéciaux, tantôt par voie d'addition à la contribution foncière, de manière à atteindre plus directement les propriétaires, tantôt par des *octrois*, c'est-à-dire par des taxes de consommation. Quelquefois l'État se charge d'une partie de la dépense, dans la proportion présumée des intérêts généraux et des intérêts de localité; d'autres fois il use du pouvoir discrétionnaire de subvention comme d'un appât pour obtenir des localités de plus grands sacrifices : car ce qui est pris sur les fonds généraux du pays leur paraît une conquête, et l'on ne regarde pas de trop près à ce que coûte une conquête. Enfin, il y a des dépenses, comme celles de l'instruction publique, dont une part est payée par les familles intéressées, pendant qu'une autre est mise à la charge de la commune, une autre à la charge du département, une autre enfin à la charge de l'État : de manière à correspondre aux divers ordres d'intérêts auxquels le même service donne satisfaction; ou pour obéir à ce précepte de fraternité sociale qui veut que le fort vienne en aide au faible, même en l'absence de tout intérêt direct ou indirect, prochain ou éloigné. Il en résulte plus de complication dans les rouages administratifs, et, à la longue, le mécanisme tend à se simplifier. Toutefois, il faut se garder de simplifications trop hâtives qui blesseraient l'équité naturelle, jusqu'au moment où une nation plus riche trouve que ce n'est pas le cas d'y regarder de si près, et que les avantages de la simplicité en affaires l'emportent sur ceux d'une minutieuse pondération des intérêts et des charges.

Parlons maintenant de la protection et des encouragements directs donnés à certaines branches de production et d'industrie, sans toutefois mêler encore à ces considérations aucune idée de rivalité avec des nations étrangères. Ce sera le moyen de mettre plus d'ordre dans l'analyse et d'impartialité dans la discussion.

Que le gouvernement soit fondé à imposer des sacrifices à la nation pour la protection et l'encouragement d'une industrie nécessaire, ou seulement utile à la défense du pays, ou qui jette un lustre sur la nation, cela ne fait point l'objet d'un doute. Par exemple, si la pêche en haute mer est le moyen de former des matelots pour la marine militaire, et que l'État ne puisse se passer de marine militaire sans danger pour sa sûreté ou pour son honneur ; si, d'autre part, l'industrie de la pêche pélagique, livrée à elle-même, ne procure pas aux armateurs un bénéfice suffisant pour que cette industrie se développe au point d'assurer le recrutement de la marine militaire, l'État fera bien d'exciter par des *primes* ou par des encouragements équivalents l'industrie de la pêche en haute mer. Il en supportera les frais comme il supporte les frais de construction et d'armement de ses navires, et comme il paye la solde de ses marins, même en temps de paix. Ce seront des questions de fait et non de principes, que celles de savoir si l'entretien d'une marine militaire est nécessaire à la sûreté et à la grandeur de l'État, et si l'encouragement de la pêche pélagique est le moyen le plus sûr ou le moins onéreux de procurer le recrutement de la flotte en marins endurcis et expérimentés. Seulement, il ne faudrait pas justifier l'extension de la marine militaire par le besoin de protéger la pêche, et la protection de la pêche par le besoin de recruter la marine militaire : car on tomberait ainsi dans un cercle vicieux, justiciable de la pure logique.

A l'égard des livres utiles au progrès des sciences, à la connaissance de la nature, de l'antiquité et des arts, et qui font honneur au pays où on les publie, personne ne trouve mauvais que le gouvernement se charge de la

publication ou qu'il l'encourage par ses souscriptions.
On ne lui demande, comme à un particulier généreux,
que de renfermer ses libéralités dans les limites de ses
ressources, après qu'il a été pourvu à d'autres dépenses d'une nécessité plus impérieuse ou d'une utilité
plus directe.

En fait d'encouragements donnés dans un but purement économique, personne ne conteste non plus, en
principe, l'opportunité d'encouragements temporaires.
Le père de famille le plus économe paye volontiers
pour son fils des frais d'éducation, d'apprentissage ; il
n'hésite pas à entamer pour cela, s'il le faut, son capital : n'y aurait-il pas quelque chose d'analogue pour
les nations? Quand une industrie nouvelle vient à
poindre, celle même qui doit avoir un jour la plus
vigoureuse croisssance, ne faut-il pas d'abord qu'elle
s'abrite, qu'elle s'acclimate, et que tous ceux qu'elle
emploie fassent leur apprentissage? Il faut que l'ouvrier acquière l'habileté de main, que l'entrepreneur
acquière l'expérience en passant par des hésitations,
des tâtonnements et des bévues. Les outils, les machines, les procédés, ne s'améliorent que successivement, par des remarques et des inventions dont l'une
suggère l'autre, lorsque l'industrie a pris assez d'importance pour attirer l'attention et provoquer les essais
de beaucoup d'hommes intelligents. Il faut aussi du
temps pour que les produits soient goûtés et le marché
étendu autant que l'exigent les meilleures conditions
économiques de la production. Il pourrait donc se faire
que l'industrie naissante fût étouffée dans son berceau,

si elle n'était, de la part du gouvernement, l'objet d'une protection spéciale ou d'un encouragement toujours plus ou moins coûteux au public. Dans quelles limites doit-on renfermer la protection et les dépenses qu'elle entraîne? Combien de temps doit-elle durer? Autres questions techniques, à renvoyer aux experts.

La question de principe est celle-ci : Quand toute latitude a été laissée aux producteurs pour se perfectionner et pour améliorer leur outillage, aux consommateurs pour fixer leurs préférences en connaissance de cause, et que cependant l'industrie ne peut prospérer sans une tutelle ou un encouragement de l'État, convient-il de prolonger indéfiniment cette tutelle, de continuer cet encouragement dont rien ne fait prévoir le terme? Le pays peut-il gagner à maintenir des industries qui ne se suffisent pas à elles-mêmes, ou à étendre une industrie au delà des limites où elle se contiendrait d'elle-même? Est-il juste que celles qui se suffisent payent pour en soutenir ou pour en agrandir d'autres? Voilà les questions scabreuses, qu'il faudra bien aborder dans les paragraphes suivants.

§ 6. — *Du principe de la liberté économique.*

Sur quelque terrain qu'on observe la lutte entre le principe d'autorité ou de gouvernement, et le principe de liberté, les vicissitudes de la lutte sont les mêmes. Le système qui se rattachait à des institutions vieillies cesse de cadrer avec les exigences d'une situation nouvelle, et alors il est tout simple que les frondeurs, les

démolisseurs de l'ordre ancien invoquent le principe
de liberté : sauf à pousser plus loin leur succès et à se
prendre à leur tour d'amour pour l'autorité, lorsqu'ils
se croient en mesure de réglementer la société et de
lui imposer leurs systèmes.

Jadis l'organisation économique portait comme tout
le reste l'empreinte des priviléges, c'est-à-dire d'un
droit positif et traditionnel, dévolu à des familles, à des
ordres, à des corporations. De là les maîtrises, les
jurandes, les monopoles de corps et de compagnies,
contre lesquels on a tant réclamé au nom de la liberté.
Puis, quand la victoire a été remportée, quand on a vu
qu'un nouvel âge d'or n'en était pas sorti, des gens se
sont trouvés pour tourner en dérision la conquête et
demander d'autres règlements. Il se peut en effet que,
plus l'organisme économique se perfectionne en se cen-
tralisant, plus il ait besoin d'être gouverné et régle-
menté. Voici, par exemple, que de gros capitalistes
concentrent dans de vastes établissements la confec-
tion, l'exposition, la vente des articles les plus usuels,
de manière à faire craindre l'oppression de l'artisan,
la suppression du boutiquier, les abus du monopole.
Alors il faudrait bien que des règlements intervinssent,
comme il a bien fallu réglementer plus que par le passé
l'industrie des transports lorsqu'elle est devenue, par
la force des choses, le monopole des compagnies de
chemins de fer.

Dans la cause de la liberté économique on a plaidé
un moyen en quelque sorte préjudiciel. Mettons qu'elle
ne produise pas tous les effets utiles que d'autres en

attendent; au moins réalisera-t-elle l'idéal de la justice, puisque chacun recevra tout ce qu'il peut recevoir
en raison de sa capacité, de ses forces, de son travail et
de ses veines de fortune : le pouvoir social n'ayant
d'autre attribution que de laisser chacun user de sa
liberté comme il l'entend, pourvu qu'il n'entreprenne
pas sur la liberté des autres.

Quand on raisonne ainsi l'on perd de vue que le
droit positif, le droit humain, n'est qu'un perpétuel
compromis entre l'idée de la justice pure ou de l'équité,
et celle de l'intérêt social : d'où les prescriptions, les
possessions *longi temporis*, les formalités, les délais
emportant déchéance, en un mot toutes les règles artificielles dont jusqu'ici le droit civil d'aucun peuple n'a
pu se passer. Encore moins peut-on fonder le régime
économique de la société sur la pure idée de la justice,
puisque toute société suppose des charges sociales, et
que personne ne peut dire (p. 233), dans quelle proportion les charges sociales, notamment celle de l'impôt, pèsent sur chaque membre de la société. Écoutons
à ce sujet un écrivain des plus récents et des moins
suspects, M. Dupont-White [1] : « *Le droit*, dit Bos-
suet, *c'est la raison même*. Or, quel médiateur plus
naturel entre la raison et l'esprit humain, que l'État ?
Qu'y a-t-il dans l'humanité de plus propre à concevoir
la raison et à l'imposer, qu'un être collectif, situé et
constitué de manière à ne pas ressentir comme l'individu ce qui trouble l'empire de la raison ? » Cela mon-

---

1. *L'Individu et l'État*, 3ᵉ édit., p. 44.

tre qu'il faut toujours en revenir à l'analyse aussi exacte que possible des intérêts sociaux, à tâcher de savoir ce que comporte la nature humaine, et ce qu'elle ne comporte pas, ce que les perfectionnements déjà obtenus permettent d'espérer, et ce qu'une expérience constante, renouvelée dans des circonstances diverses, a définitivement condamné.

Mais cette marche circonspecte est trop lente pour beaucoup d'esprits et pour beaucoup d'intérêts à qui conviendrait mieux une prompte solution. On veut des raisonnements *a priori*, des arguments généraux, et voici le plus en crédit. On dit et l'on érige en axiome que chacun, en servant son propre intérêt, sert par cela même de la manière la plus efficace l'intérêt social ; que les capitaux vont d'eux-mêmes où ils trouvent le plus de profit ; que par conséquent le gouvernement, en détournant les capitaux de leur pente naturelle par des règlements, ne peut que nuire à la richesse du pays. A ce compte il faudrait soutenir que le gouvernement a tort d'encourager d'une manière permanente une branche d'industrie, fût-ce même l'agriculture, par des récompenses honorifiques qui ne coûtent rien ou presque rien à personne, comme des prix, des médailles, des décorations. Car, puisqu'il y a des hommes à qui l'amour des honneurs et des distinctions peut faire oublier leurs intérêts pécuniaires, on détourne ainsi les capitaux de leur pente naturelle, au détriment de la somme des intérêts particuliers, somme qu'il plaît d'identifier avec l'intérêt public. Selon cette manière de voir, on pourrait encore donner un prix à l'éleveur d'une belle génisse ou d'un cheval de sang, comme on donne un prix à l'auteur d'un mémoire de haute géométrie ou d'un beau tableau, à titre d'encouragement pour la science ou pour l'art, nullement à titre d'encouragement à l'industrie et dans un but économique.

Cependant la plus grande fluidité des capitaux, par comparaison avec les autres éléments de la production, est bien cause qu'ils cèdent plus facilement à la direction que leur imprime l'intérêt particulier, mais ne saurait leur communiquer l'aptitude de se diriger d'eux-mêmes là où il serait le plus utile à la société qu'ils se dirigeassent. Soyez l'ami d'un banquier puissant, d'un habile agent de change, et ils sauront bien faire rapporter à votre argent beaucoup plus que vous n'en tireriez en le prêtant à un propriétaire rural ou à son fermier. Et pourtant, sans contester les services que peut rendre en temps opportun la spéculation sur les fonds publics, sur le *report* et le *déport*, on ne soutiendra pas qu'il est de l'intérêt public que les capitaux ne se portent sur l'agriculture qu'après que la Bourse en est saturée. Au fait, il ne s'agit pas plus d'attraction exercée sur le capital que d'attraction exercée sur l'ouvrier, sur le propriétaire. Mettre en jeu l'un plutôt que l'autre est l'effet d'un préjugé d'école trop souvent signalé dans le cours du présent livre, pour que nous ayons besoin d'y revenir. D'ailleurs, il n'est pas plus démontré pour le capitaliste que pour les autres producteurs, que la direction de l'intérêt général doive nécessairement coïncider avec celle de la résultante des intérêts particuliers. Loin de là, le contraire est prouvé par des exemples topiques (p. 36). Et dès lors pourquoi l'encouragement gouvernemental ne serait-il pas cette force additionnelle qui ramène la résultante de toutes les forces auxquelles le système est soumis, à coïncider en direction avec l'intérêt général?

Enfin l'on a invoqué, dans l'intérêt de la pleine liberté économique, le principe mystérieux des causes finales. En effet, l'esprit de l'homme éprouve toujours un noble plaisir à pénétrer, autant que le lui permet sa faiblesse, dans les plans divins, et à en contempler l'économie avec une admiration d'autant plus vive qu'il les saisit mieux. Les objections, les négations d'une philosophie sceptique n'ont jamais satisfait ces génies vraiment supérieurs, qui de siècle en siècle se sont transmis le sceptre de la pensée. Raison de plus pour nous tenir en garde contre des finalités, des harmonies prétendues que nous décréterions de notre chef, au lieu d'en attendre la manifestation de la patiente étude des faits et des lois. Mettons ici hors de cause l'ordre moral devant lequel notre science s'incline, et qu'elle n'a pas mission de discuter. Ce que quelques-uns ont admis, ce qu'il faudrait établir, c'est que quelque chose d'analogue au merveilleux instinct de l'animal, au mystérieux principe de l'évolution des fonctions de la vie, opère naturellement au sein des sociétés humaines, à l'effet d'y produire dans l'ordre économique, sans direction extérieure, sans calcul préconçu, cette coordination des fonctions partielles, cette subordination des parties au tout, des organes composants à l'organisme

entier, qu'il nous est si malaisé de concevoir et qui n'en
excitent que plus notre admiration lorsque nos yeux se
portent sur les phénomènes de l'organisme vivant. Or,
les sociétés humaines, à qui l'on ne saurait pourtant
refuser une certaine manière de *vivre* [1], la capacité
d'être un *milieu organique* dont l'individu subit l'influence et sur lequel il réagit, ont en plus grande partie dépouillé les caractères de l'organisme vivant, lorsqu'elles sont arrivées aux phases dans lesquelles
l'économiste les considère. Qui plus est, il est amené
par les besoins de la construction scientifique, à les en
supposer plus dépouillées encore qu'elles ne le sont
actuellement ; et cette hypothèse lui coûte d'autant
moins qu'il sait bien qu'elles tendent à s'en dépouiller
toujours davantage. Il faut donc, pour rester dans les
conditions de la science actuelle, exclure toute idée
d'un concert organique, instinctif, mystérieux, et n'in-
voquer que l'idée d'un ajustement mécanique, comme
celui qui produit le bel ordre des mouvements célestes,
ajustement amené par la vertu de principes mathématiques dont nous comprenons parfaitement la
nécessité.

Rien de plus aisé à concevoir que l'ajustement mécanique ou mathématique de la production à la demande, de l'approvisionnement habituel d'une ville
immense comme Paris à sa consommation habituelle,
sans concert préalable entre tous les fournisseurs et
tous les consommateurs, sans l'intervention habituelle

---

1. *Matérialisme, vitalisme, rationalisme,* p. 189 et 219.

de l'autorité. Après quelques tâtonnements, l'accord, l'équilibre s'établissent d'eux-mêmes : car le défaut de consommation réprime l'excès de production, et ainsi de suite. Mais, dans une société sans gouvernement, sorte d'animal acéphale (au moins pour tout ce qui touche à l'ordre économique), on ne saurait compter sur de pareilles réactions, ni pour soumettre nos forêts à un aménagement séculaire, ni pour modérer la consommation de la houille, tant qu'il y aura pour des particuliers un intérêt actuel à en presser encore plus la consommation. Le sauvage coupe l'arbre pour avoir le fruit ; l'homme moins grossier ménage l'arbre pour avoir du fruit l'année suivante, en quoi l'instinct naturel de la propriété (instinct qui est du ressort du naturaliste encore plus que du moraliste) vient fort à propos en aide à la prévoyance. Le vieillard plante pour ses petits-enfants, et un autre instinct naturel, celui de la famille, le porte à faire ce qu'il ne ferait pas par intérêt égoïste. Nous croyons tellement à l'utilité fonctionnelle, à la préordination harmonique de pareils instincts naturels, que l'ordre social nous paraît sérieusement menacé par tout ce qui tend à les affaiblir. Cependant leur action ne sort pas d'une sphère bornée et en quelque sorte moléculaire : pour nos grandes sociétés, où la solidarité de molécule à molécule est si affaiblie, on ne conçoit plus d'autre *archée*, d'autre principe interne de coordination que l'autorité gouvernementale ; et plus l'échelle des relations sociales s'agrandit, plus l'intervention du régulateur paraît nécessaire.

Sur le terrain de la pratique, les partisans de la liberté économique ont de meilleurs arguments à faire valoir.

Le fait est que toute ingérence du gouvernement dans le régime économique en appelle d'autres : chaque industrie voulant être protégée à son tour, et arguant du tort que lui fait la protection dont d'autres industries sont l'objet. Plus le système protecteur se complique, et plus il devient difficile d'en apprécier les suites et d'en mesurer les effets immédiats, à plus forte raison les effets éloignés. Dans de telles conditions et après beaucoup d'essais qui ont tourné contre les intentions de leurs auteurs, l'*opinion*, sinon la *science*, incline à abandonner les choses à leur cours naturel et à diminuer la responsabilité des pouvoirs publics : disposition qui n'a pas besoin, pour se justifier, qu'on invoque des principes douteux ou faux. En conséquence la maxime « laissez faire », si elle n'a pas, comme quelques-uns le voudraient, la valeur d'un axiome ou d'un théorème, doit finalement prévaloir dans une foule de cas comme un adage de sagesse pratique : en ce sens que, là où nous courrions grand risque de nous tromper sur l'application de nos théories, lors même que les principes en seraient hors de contestation, le mieux est de laisser la nature agir. On en dit souvent autant à propos de la médecine, et l'on peut dans la pratique user très-sobrement de la médecine et des médecins, sans pour cela regarder comme un axiome ou comme un théorème démontré, que tout recours à la médecine et aux médecins ne peut que nuire, vu que la nature laissée à elle-même fait tout pour le mieux. En repoussant ici une assertion du même genre, nous le faisons dans l'intérêt de la pure doctrine, sans parti pris quant aux applications, et sans le moindre désir de combattre, sur le terrain des faits, les enseignements aujourd'hui les plus accrédités.

D'ailleurs, personne ne met en doute l'honnêteté du médecin, lors même qu'il se trompe, tandis qu'on a toujours lieu de craindre, dans l'institution des règlements économiques, l'influence des hommes ou des classes qui peuvent avoir leurs intérêts particuliers, contraires à l'intérêt général : car il arrive d'ordinaire que l'intérêt général est moins vivement défendu ou patronné que les intérêts particuliers. Enfin, lors même que l'on supposerait au législateur toutes les lumières et toute l'impartialité requises, il faudrait encore que l'exécution des règlements fût confiée à un grand nombre d'agents, d'une capacité et d'une moralité vulgaires, qui s'acquittent médiocrement de leurs emplois, juste autant qu'il le faut pour les conserver et pour obtenir un avancement régulier, non comme des gens qui gèrent leurs propres affaires.

Enfin, si le principe de la liberté économique n'a la valeur scientifique ni d'un *axiome*, ni d'un *théorème*, on peut le regarder comme le *postulat* dont la science a besoin pour ne relever que d'elle-même, pour n'être point à chaque pas entravée dans sa marche : puisque les règlements particuliers, variables à l'infini selon les circonstances de temps et de lieux, selon les convenances et même les caprices du législateur, ne peuvent pas être considérés comme des matières de science, dans le sens propre du mot. Aussi a-t-on vu les écoles les plus opposées de principes, les disciples de Quesnay comme ceux d'Adam Smith, s'accorder sur le chapitre de la liberté économique, dont ils avaient également besoin pour fonder un corps de doctrine et pour gagner des partisans.

§ 7. — *Du libre échange.*

La théorie du *troc international* (p. 209) permet de présenter sous la forme la plus simple le plus spécieux argument à l'appui du *libre échange*. Si dix mètres de drap s'échangent en deçà de la frontière contre quinze mètres et au delà contre vingt mètres de toile, il y aura de ce côté de la frontière un avantage clair à se procurer la toile dont on a besoin, non pas en fabriquant de la toile, mais en fabriquant du drap qui passera la frontière pour s'échanger contre de la toile. De même pour l'autre pays, produire de la toile, ce sera encore produire du drap dans de meilleures conditions. Le commerce n'a pris naissance et ne s'est développé que pour substituer ainsi des procédés de production indirecte aux procédés moins avantageux de production directe : de même que l'art du physicien consiste essentiellement dans la substitution des procédés de mesure indirecte aux procédés de mesure directe, quand ceux-là offrent une commodité ou une précision que ceux-ci ne comportent pas.

Toute la question revient donc à savoir, dans chaque cas particulier, si le fait économique qu'on veut étudier s'explique bien par la formule du troc international, ou si au contraire cette formule n'est qu'un tour ingénieux pour introduire une symétrie fictive dans les données du problème économique (p. 206), et pour dissimuler les conséquences du défaut de symétrie. Or, la nation qui fabrique du drap dans de meilleures conditions vendra ce drap à l'étranger, si le commerce des draps est libre, soit qu'elle prenne ou qu'elle ne prenne pas en retour la toile que l'étranger fabrique dans de meilleures conditions. Si elle peut parvenir, sans trop de sacrifices et sans nuire en rien à ses fabriques de drap, à fabriquer toute la toile dont elle a besoin, et si elle repousse à cette fin les toiles de l'étranger, elle se ménagera les moyens de tirer de l'étranger, en retour de ses draps, des céréales qui nourriront sa population laborieuse, des vins fins qui flatteront la sensualité de ses riches consommateurs, des objets d'art et de luxe qu'ils étaleront avec complaisance. Elle se procurera en un mot tout ce que la richesse procure. Que si l'autre nation, mieux avisée, ne permet l'entrée des draps qu'à condition que l'on permettra l'entrée de ses toiles, de manière à être à peu près sûre de payer en toile ce qu'elle achète en drap, elle rétablit en effet la symétrie que suppose la théorie du troc international, à cause de la ressemblance des conditions économiques de la production des deux articles : ou du moins, pour faire ressortir quelques défauts de symétrie, il faudrait pousser l'analyse plus loin et entrer dans des détails que nous négligeons ici [1].

Prenons un exemple tout différent et propre par cela même à faire ressortir l'autre face de la question. Il y a déjà plus d'un siècle qu'un vieillard à jamais célèbre, et qui portait sur toutes choses sa prodigieuse activité, s'avisait d'établir aux portes de son château une colonie d'horlogers, tirés de ce qu'il appelait cavalièrement « la petite république voisine de ses terres ». Il leur prêtait de l'argent, il dictait des lettres pour eux, il usait de son crédit auprès des ministres, des duchesses, des favorites, pour placer leurs plus belles montres et leur attirer des commandes. Il se vantait de servir en cela les intérêts économiques de son pays mieux que les économistes qui faisaient à Paris des brochures ou de gros livres, quoique lui-même ne dédaignât pas de traiter aussi, en vers légers ou en prose charmante, des questions économiques. Son rare bon sens lui faisait-il défaut? Y avait-il pour la France un intérêt

---

1. « C'est dans la question du libre échange que l'esprit moderne a fait ses preuves de la meilleure manière, et, alors ou jamais, il était facile de reconnaître que cet esprit était un bon conseiller. Le commerce est comme la guerre, ses résultats sont palpables. Fait-on ou ne fait-on pas de l'argent? Les chiffres prononcent un jugement sans appel comme les batailles. Or, il n'est pas douteux que *l'Angleterre a profité admirablement du libre échange;* depuis qu'il est établi, elle gagne plus d'argent et l'argent y est plus répandu, *comme on devait le désirer chez nous...* » W. BAGEHOT, *la Constitution anglaise*, p. 176 de la traduction française.

— Nous n'admettons pas (p. 226), que la preuve soit aussi décisive que le croit M. Bagehot; mais le passage n'en est pas moins curieux comme expression naïve de la satisfaction sans mélange que donne à l'Angleterre le succès de sa propagande *libre-échangiste* chez les autres nations européennes.

quelconque à ce que l'on fît des montres à Ferney plutôt qu'à Genève, ou à *annexer* en quelque sorte à la
France un quartier de Genève, non de vive force comme
cela s'est vu de tout temps, non par des bulletins de
vote comme cela s'est vu depuis, mais par un déplacement de population, suite naturelle du déplacement
des moyens de subsistance? La question vaut la peine
qu'on s'y arrête un moment.

Voilà donc, je le suppose, un établissement situé à
la porte de Genève, mais sur la terre française. Les
premiers ouvriers embauchés étaient Genevois, ils sont
devenus Français; leurs enfants et les élèves qu'ils formeront seront Français, ils contribueront pour leur
part aux charges publiques de la France, ils serviront
dans ses armées, leurs forces en tous genres feront
partie des forces du pays. L'industrie nouvelle offrira
un placement aux capitaux français déjà formés, ou
qui se formeront grâce aux bénéfices qu'elle donnera.

Quand la France tirait des montres de Genève, il
fallait bien qu'elle donnât à Genève quelque chose en
retour; et il était naturel que le seigneur ou les fermiers de Ferney, en envoyant à Genève le blé destiné
à nourrir les ouvriers genevois, contribuassent à acquitter cette dette de la France envers Genève. Des pro-
testants du Languedoc envoyaient le drap destiné à les
habiller, d'autres envoyaient autre chose. Maintenant
le blé récolté à Ferney est consommé sur place, les bal-
lots de drap n'ont qu'un bien petit détour à faire pour
aller trouver Ferney au lieu de Genève. Mettons que,
ni les fabricants de drap, ni les cultivateurs de Ferney

n'aient pas gagné grand'chose à ce nouvel arrange-
ment, du moins ils n'y auront rien perdu, et le chiffre
des revenus français sera accru des gains des ouvriers
attachés à la nouvelle colonie, ainsi que des profits des
capitalistes engagés dans l'entreprise.

Cependant il se peut que l'avantage en vue duquel on
encourage la fondation de la colonie n'exige pas seulement une protection ou un encouragement temporaire,
que la colonie ne puisse se soutenir qu'à la faveur d'un
droit protecteur qui élève de quelque chose comme
4 ou 5 0/0 le prix des montres. Car l'ouvrier de Ferney
et celui de Genève, tout rapprochés qu'ils sont, ne
vivent pas dans le même milieu politique et social.
Décharger indirectement l'ouvrier de Ferney, par la
protection qu'on lui accorde, de l'impôt qu'il acquitte
et dont il laisserait le poids à d'autres s'il ne pouvait
plus subsister sur la terre française, ce n'est pas, à
proprement parler, imposer un sacrifice aux autres nationaux. Et puis, les acheteurs de montres auraient-ils
si peu de patriotisme, qu'ils ne consentissent pas à
supporter de bonne grâce, même d'une manière définitive, une taxe légère, pour conserver à la France une
industrie qui fait vivre des compatriotes, et qui figure
honorablement dans les *expositions universelles?*

Toutefois il ne faut pas exposer le patriotisme, non
plus que les autres vertus, à de trop grosses tentations.
Très-peu de gens ajouteraient volontiers 20 ou 30 0/0
au prix d'une montre pour la satisfaction d'avoir une
montre de fabrique française. Si la stricte justice était
de mise en fait d'impôts (p. 234), la stricte justice vou-

drait qu'au lieu d'une taxe spéciale qui frappe sur telle catégorie d'acheteurs, l'encouragement nécessaire fût donné sous la forme d'une prime qui se confondrait avec les autres dépenses publiques, et viendrait grossir un budget déjà si gros. Il importe que le gouvernement ait l'appui de l'opinion publique lorsqu'il demande à la nation, sous une forme ou sous une autre, des sacrifices pour son agrandissement industriel, comme lorsqu'il lui en demande pour son agrandissement territorial : car, qu'il s'agisse d'industrie ou de territoire, il ne faut pas qu'une nation accepte l'offre de tout ce qui voudrait s'annexer à elle pour mieux vivre à ses dépens. La question nationale porte sur l'acceptation ou la répudiation de cette annexion industrielle, plutôt que sur l'alternative de fabriquer directement des montres ou d'en fabriquer indirectement, en fabriquant du blé ou du drap que l'on troquera contre des montres.

A la vérité nous avons choisi pour faciliter l'explication un cas très-singulier, puisqu'il est rare qu'une industrie nationale s'établisse si près de l'industrie étrangère avec laquelle elle prétend rivaliser, de manière à ne nécessiter que de si légères déviations des relations commerciales. Ainsi la ville de Besançon fait aujourd'hui concurrence sur une plus grande échelle à l'horlogerie suisse du canton de Neuchâtel ; et l'on ne peut guère admettre que le blé qui nourrit l'ouvrier de Besançon soit justement celui qui nourrirait, sans cette concurrence, l'horloger du Locle ou de la Chaux-de-Fond. Mais, si la substitution d'une demande à l'autre ne peut plus s'opérer si simplement, il doit se faire de proche en proche, selon la doctrine exposée ci-dessus, une série de substitutions équivalentes, quant aux résultats généraux et moyens. Les articles demandés à la France par la Suisse et par l'étranger en général seront également demandés, soit que la France tire des montres de la Suisse, soit que les produits de l'industrie française lui suffisent. Seulement ce que la Suisse payait avec des montres devra être payé avec autre chose, par exemple avec des meules de fromage de Gruyère ou avec des produits des manufactures de Zurich et de Saint-Gall. Il ne convient plus de s'arrêter, justement parce que l'on s'y est longtemps beaucoup trop arrêté, au cas très-particulier où la Suisse payerait en or ce qu'elle payait auparavant en montres. De quelque manière que les comptes se liquident, il faudra que des produits étrangers pénétrent en France au préjudice de quelques producteurs français, par exemple au préjudice des contrefacteurs comtois du fromage de Gruyère, lesquels perdront ce qu'ont gagné les fermiers, les vignerons de la banlieue de Besançon, par suite de l'état prospère de la fabrique d'horlogerie. Il ne faut donc point s'exagérer les avantages de la protection, en ajoutant à la valeur des produits de l'industrie protégée l'accroissement de revenu de tous ceux qui trouvent, dans la consommation des industriels protégés, un débouché pour leurs propres produits. On irait ainsi à l'infini, et l'on tomberait dans l'absurde. L'effet direct et principal reste seul; les effets dérivés, les réactions de second ordre se compensent. Un accroissement de revenu annuel et de matière imposable, représenté par la valeur commerciale des produits qu'enfante annuellement l'industrie protégée ; et d'autre part l'accroissement de la population ou l'aisance d'une partie de la population naguère souffreteuse : voilà ce que la nation en tant que nation, le gouvernement en tant que gouvernement, gagnent à l'acclimatation de la nouvelle industrie. Il pourrait y en avoir encore d'autres, si les montres possédaient la vertu économique de produire quelque chose ou de servir à la production de quelque chose : mais, quoiqu'il soit passé en proverbe que le temps est de l'argent, et quoique ce soit une bonne chose que de savoir compter son argent, il faut reconnaître qu'à moins d'être navigateur, astronome, physicien ou médecin, on achète une montre pour l'agrément de savoir l'heure, plutôt que pour s'en servir dans l'exercice d'un art ou d'une profession lucrative.

C'est ici le lieu de revenir sur ce qui a fait l'objet du dernier paragraphe de la précédente section (p. 215). Autre chose est de regarder les richesses naturelles et l'industrie d'un pays comme un amas dont les parties s'ajoutent les unes aux autres, ainsi qu'une molécule inorganique s'attache à d'autres molécules, autre chose est de tenir compte de ce qui constitue l'unité du système organique, l'harmonie des fonctions et l'énergie des forces intérieures qui le font vivre et agir. Ainsi nous disions tout à l'heure, et bien d'autres ont dit avant nous, qu'il n'importe que le solde des comptes de nation à nation se paye avec de l'or ou avec d'autres marchandises. Il n'en est pas moins vrai qu'une nation forcée de se servir d'une monnaie de papier, se trouve dans un état d'infériorité commerciale et par suite d'infériorité politique vis-à-vis de celles qui peuvent acheter et maintenir dans la circulation une monnaie métallique. Viennent une disette, une guerre, une entreprise qui requièrent de grands sacrifices, et l'on s'apercevra de reste de cette cause d'infériorité. Si donc l'acclimatation de l'industrie qu'il s'agit de protéger devait particulièrement contribuer à prévenir un excès annuel des exportations sur les importations de métaux précieux, et à conserver au pays les avantages attachés à la possession d'une monnaie métallique, il faudrait tenir grand compte de cet accroissement de force pour la nation ou de cet obstacle à une déperdition des forces nationales. Le système de *la balance du commerce*, suranné et justement décrié (p. 208), en tant qu'il s'agirait d'accumuler des lingots ou des jetons improductifs pour la nation comme pour le particulier qui les entasse, redeviendrait digne de toute l'attention des économistes et des hommes d'État, au point de vue de la conservation d'un organe essentiel au libre jeu des forces productives.

De même qu'une nation peut attirer à elle une population industrieuse, l'adopter, se l'annexer dans le but d'augmenter ses forces en tout genre, et notamment ses forces commerciales, de même elle peut envoyer au loin une partie de sa population, dans le but d'exploiter, soit au profit de quelques-uns de ses nationaux, soit pour l'avantage du corps de la nation, les forces productives naturelles que son sol lui refuse.

Sur le terrain des principes abstraits et des théories générales, qu'importe que quelques-uns de nos compatriotes fabriquent des montres à Ferney et à Besançon, ou qu'ils fabriquent du sucre à Bourbon et à la Martinique? Dans un cas comme dans l'autre nous préférerions de bon cœur des compatriotes à des étrangers, si notre bourse n'en souffrait pas. On peut même nous prouver qu'un léger sacrifice fait par nous à titre de consommateurs trouve sa compensation dans les avantages de commerce que la métropole réserve aux producteurs métropolitains; et qu'en tout cas il nous dispense d'un sacrifice égal ou plus grand à titre de contribuables. Surtout l'on peut, à propos d'annexions territoriales, en nous montrant le pavillon national planté dans des parages lointains, parler à l'imagination et faire vibrer les cordes du patriotisme beaucoup plus fortement que s'il ne s'agissait que d'annexions industrielles et de chiffres de fabrique. De là plus de disposition à nous résigner à des sacrifices pécuniaires, même permanents, pourvu qu'ils ne soient point excessifs et qu'ils n'affectent pas trop inégalement les diverses classes de la population métropolitaine. De quelque côté que l'opinion penche dans des cas semblables, il est au moins convenable de pouvoir se rendre théoriquement compte des effets généraux de la liberté commerciale et de la protection. Voilà ce que nous avons essayé de faire à l'aide d'une analyse nouvelle et avec l'intention formelle d'être impartial. Le lecteur jugera de la méthode et verra si nous avons eu par mégarde le tort qui n'était pas dans notre intention.

SIXIÈME SECTION

LA QUESTION SOCIALE

---

§ 1ᵉʳ. — *De la population et du paupérisme.*

Le phénomène de la population, dont l'analyse exacte par la statistique offre tant de difficultés, bien connues des gens du métier, ne dépend pas seulement du tempérament des races, du climat et des moyens de subsistance : il tient encore plus aux mœurs, à la religion et aux lois, en tant que celles-ci influent sur les mœurs ou sont le résultat des mœurs. Par là l'homme se distingue, même dans un état social encore grossier, de l'animal qui cède au pur instinct : non que l'homme, sous l'influence du milieu social, devienne moins accessible aux sollicitations de l'instinct physique; au contraire, les adoucissements mêmes opérés dans son genre de vie, l'imagination qui s'empare de lui favorisent l'excitation des sens, en même temps que sa raison plus cultivée lui montre plus de motifs de ne pas céder aveuglément à leur impulsion. Rien n'est plus propre que ce conflit à lui suggérer l'idée, tantôt

de deux principes qui se combattent en lui comme
hors de lui ; tantôt d'un désordre dans sa propre
nature qui contraste avec l'ordre général et qui le
rend un sujet de contradiction pour lui-même.

Il ne se pouvait pas qu'un fait si considérable dans
la constitution de l'individu et dans les relations sociales n'eût une grande influence sur les croyances religieuses. Les religions fondées sur le culte des forces
de la nature, apparentes ou cachées, ont eu leurs rites
obscènes, leurs fables lascives : tandis que des systèmes
plus monstrueux attaquaient la population dans sa
source en réprouvant, non la débauche, mais la propa-
gation de l'espèce, et tandis que les religions les plus
pures poussaient la pureté jusqu'à mettre la perfection
du mérite dans la continence absolue et à condamner
toute concession faite aux sens pour la seule satisfaction
des sens.

Or, il faut remarquer d'une part, que les religions
pures ou corrompues n'ont jamais eu la force d'amener
les mœurs publiques au degré de pureté ou de corruption qui semblait devoir être la conséquence de dogmes
admis sans contestation ; et d'autre part, que les mœurs
publiques n'ont pu tellement s'écarter de l'idéal religieux, que l'on ne reconnaisse, en cette matière, l'influence des idées religieuses sur les bienséances sociales,
et cela même aux époques des plus graves désordres
dans les mœurs ou de la plus grande tiédeur religieuse.

Ces réflexions ne sont point étrangères à notre
sujet ; car voici ce qui est arrivé : Tandis qu'au dernier siècle encore les philosophes se préoccupaient

d'un décroissement supposé de la population et l'im-
putaient au célibat ecclésiastique et conventuel; le
siècle actuel commençait à peine, que, malgré d'ef-
froyables guerres, on s'apercevait d'une tendance marquée de la population à augmenter, quoique avec une
rapidité inégale, dans toutes les contrées de l'Europe.
En même temps, l'attention du public se portait sur
les progrès du paupérisme chez les nations placées à
la tête du mouvement industriel et commercial, et il
était naturel de se demander si l'unique moyen d'arrêter la contagion du paupérisme ne consistait pas à
résister, d'une manière ou d'une autre, aux instincts
qui poussent à l'accroissement de la population. C'est
alors que Malthus se mit à recommander aux classes
laborieuses comme leur planche de salut, ce qu'il
appelait la *contrainte morale*, en déclarant (très-sin-
cèrement, nous le croyons), qu'il entendait par là, soit
le renoncement au mariage, soit des habitudes de mariage tardif, précédé d'une vie aussi pure chez le sexe
le plus fort, qu'elle l'est d'ordinaire chez le sexe le
plus faible. Mais le monde a compris, ou a cru comprendre, qu'au fond il s'agissait de ramener une question de morale religieuse à n'être plus qu'une question
de physique sociale, d'opposer l'idée de l'inflexibilité
des lois naturelles à l'idée des bontés infinies de la
Providence, de ressusciter, jusqu'à un certain point,
le vieux paganisme et le vieux manichéisme, tués jadis
par l'idée morale qu'apportaient au monde le judaïsme
et les religions sorties de son sein. Malgré l'affaiblissement des croyances chrétiennes, les disciples de Mal-

thus n'ont pu discuter qu'avec embarras ce qu'il eût
été si facile de discuter dans un cercle de philosophes
grecs, romains ou chinois; et les nouveaux patrons
des classes laborieuses, qui pourtant ne se piquent pas
d'une soumission aveugle aux décisions de l'Église,
n'ont pas eu assez de sarcasmes, sinon d'anathèmes,
pour les préceptes et les conseils de ce qu'ils ont
appelé le *malthusianisme*. Tout récemment, on a jeté
en France un cri d'alarme en face de certains symptômes menaçants de dépopulation au moins relative;
mais de telles questions demandent à être traitées
d'une manière générale, abstraction faite des inci-
dents passagers.

Or, il n'y a pas d'espèce vivante dont la multiplication à la surface de notre planète puisse être illimitée,
et l'espèce humaine, malgré les prérogatives qui la
distinguent, ne saurait faire exception à cette règle
générale. C'est une loi suprême que toutes les espèces
vivantes (dont chacune porte en soi un principe d'expansion, sans quoi elle aurait disparu depuis longtemps), se
limitent les unes les autres, luttent entre elles dans cet
incessant *combat pour la vie,* dont on parle tant et
non sans raison, depuis que l'Anglais Darwin en a fait
le pivot de son système de philosophie naturelle. Par le
fait, la célébrité de Malthus a précédé celle de Darwin;
mais ce n'est là qu'un hasard historique: régulière-
ment le malthusianisme aurait dû venir comme corollaire du darwinisme.

Si rien ne combat l'instinct naturel qui pousse à
l'accroissement continuel de la population, et dont les

causes physiques ne changent pas d'une année à l'autre, l'accroissement annuel se proportionnera au chiffre actuel de la population, absolument comme, dans le placement à intérêt composé, l'intérêt annuel se proportionne à la valeur déjà acquise par le capital : d'où il suit que, d'une année à l'autre, la population doit croître *en progression géométrique*, comme le capital (p. 37). Il est curieux de voir la peine que Malthus se donne pour établir ce fait si simple, et aussi pour montrer qu'en admettant même que les moyens de subsistance croissent *en progression arithmétique*, la population sera bientôt réduite à mourir de faim. Autant vaudrait s'évertuer à prouver que tous les œufs d'une carpe ne deviendront pas des carpes de dix livres et que tous les glands d'un chêne ne deviendront pas des futaies. Quand la population, en voie de croissance, n'a pas devant elle une étendue illimitée de terres fertiles et des ressources naturelles qu'on peut actuellement réputer inépuisables, il y a tout autant d'absurdité à faire croître les moyens de subsistance en progression arithmétique qu'à les faire croître en progression géométrique. Il faut absolument que la résistance à un accroissement ultérieur augmente en raison de l'accroissement déjà réalisé, c'est-à-dire qu'il faut que l'accroissement aille toujours en se ralentissant, jusqu'à ce qu'il devienne insensible et que le système soit parvenu à un état sensiblement stationnaire. Si l'on tenait à donner, par un exemple mathématique, une idée de ce ralentissement progressif dans une progression croissante, on pourrait citer les logarithmes de nos tables qui, à la vérité, croissent sans cesse avec les nombres auxquels ils correspondent, mais dont la vitesse d'accroissement se ralentit sans cesse : au point qu'ils n'augmentent pas plus, pour un accroissement de dix millions d'unités dans les nombres correspondants, qu'ils n'augmentaient vers le commencement de la série, pour un accroissement dans les nombres de dix unités seulement.

En vain répéterait-on que la plus grande partie de notre mappemonde est encore déserte ou peu peuplée ; qu'il y a là de la place et des subsistances pour tout le monde, et qu'au besoin, les denrées nécessaires à la vie viendraient trouver, sans grande addition de frais, ceux qui s'obstineraient à rester chez eux, tant sont ou seront perfectionnés les moyens de transport. L'expérience a appris qu'il n'est pas si facile de supprimer la misère par l'émigration, et l'on sait ce qu'il en coûte pour distribuer, sur la surface d'un royaume, les subsistances dont l'importation a été rendue nécessaire par un déficit de quelques semaines seulement dans la récolte de l'année. Quand le pays produit ordinairement plus de blé qu'il n'en faut pour les besoins de la consommation intérieure, la suppression temporaire de l'exportation équivaut à l'ouverture d'un grenier de réserve, et si le blé manque, on a la ressource des pommes de terre ; mais alors la population tend à croître en raison de l'accroissement des ressources alimentaires, et si les succédanées du blé viennent à manquer à leur tour, la population éprouve une de ces famines dont l'Irlande a offert, de nos jours, le navrant spectacle, et que l'émigration en masse peut seule conjurer.

Ainsi l'homme, sans être fixé au sol comme la plante et sans être un animal comme un autre, n'échappe pas plus qu'un autre aux conditions fondamentales de la vie et de l'animalité. Il ne peut que par une sorte de crise rompre avec le milieu où il est né. Les ressources qu'offre ce milieu limité ne peuvent être illimitées ni croître, tant s'en faut, comme la population tend à croître par le seul instinct naturel. Il faut donc que quelque obstacle restrictif ou préventif maintienne la population dans des limites assorties aux limites des ressources naturelles. Si ce n'est pas l'obstacle restrictif de la misère et des causes de mortalité ou d'infécondité que la misère amène, il faut que ce soit l'obstacle préventif de la prévoyance dont l'homme est doué, et qui le porte à s'abstenir de ce qui pourrait être, soit pour lui, soit pour les siens, une cause de misère ou tout au moins d'abaissement dans l'échelle sociale.

En ce sens, une foule de variétés du malthusianisme ont dû précéder de beaucoup Malthus. Le gentilhomme qui se faisait chevalier de Malte, la noble demoiselle qui se faisait chanoinesse pour que leur aîné soutînt dignement le rang de leur maison, s'imposaient une contrainte morale ou immorale, selon la manière de la subir. L'Église usait de tolérance, parce qu'elle avait affaire à un honneur de caste, plus fort même que le principe religieux. A l'autre bout de l'échelle sociale, je pourrais citer le cas de mon trisaïeul, qui n'était qu'un simple paysan, et qui avait sept garçons, dont six entraient dans les ordres, apparemment parce que le morceau de terre qui devait leur revenir leur semblait trop petit, ou parce qu'ils aimaient mieux chanter au chœur et dire leur bréviaire que de labourer ce morceau de terre. Je suppose que ces bonnes gens n'étaient ni des saints, ni de mauvais prêtres. Ils s'en tiraient de leur mieux, sans se douter que leur vocation, plus ou moins mêlée de motifs humains, ressemblait fort à ce que devait prêcher plus tard le protestant Malthus.

Si l'on ne tient compte que des cas extrêmes, on dira qu'il est bien rare, hors des temps de calamités publiques, d'avoir le douloureux spectacle d'un homme mourant de faim : sans doute, puisqu'il suffit d'une faible aumône pour prévenir actuellement ce malheur. Mais les privations font à la longue ce que la faim ferait en quelques jours. L'insalubrité du logement, l'insuffisance du vêtement ne sont pas de moindres causes de mortalité que l'insuffisance de nourriture. L'employé, le professeur, l'avocat, à qui son médecin prescrit le repos absolu, et qui ne peut s'y résoudre à cause des besoins de sa famille, meurt à la peine par insuffisance de ressources, comme celui qui meurt de faim et qui n'est peut-être pas le plus à plaindre.

On dira encore (et ici nous entrons au cœur de notre sujet), qu'à la faveur de certaines institutions qui égaliseraient mieux les parts, sinon les fortunes, puisqu'il n'y aurait plus de fortunes, un plus grand nombre d'hommes pourraient avoir, à doses suffisantes, des aliments et tout qu'exige l'entretien de la vie dans

de bonnes conditions hygiéniques. Nous l'accorderons
sans peine, et même nous accorderons, pour l'instant,
que de telles institutions comportent une application
pratique : grâce à la vertu de la progression géométrique, il suffira toujours d'un nombre d'années qui
compte à peine dans la vie séculaire des peuples pour
que la population se presse, autant qu'il est possible de
se presser dans le nouvel ordre de choses, et pour
qu'elle se retrouve en face des mêmes obstacles, condam-
née à la même option entre le restrictif et le préventif.

Mettons qu'il ne faille s'occuper de cet état final
que comme on s'occupe de la fin du monde ; toujours
est-il que le chiffre de la population laborieuse ne saurait suivre les rapides et fréquentes oscillations de la
demande de travail. Des chômages, des disettes, des
fléaux de toutes sortes reviennent irrégulièrement,
mais inévitablement dans le cours de chaque siècle, et
des maux sporadiques, individuels, se joignent aux
maux endémiques pour constituer ce que l'on peut
nommer le *paupérisme flottant*, autre dette flottante
de la société, bien suffisante pour donner un aliment à
la charité privée et pour motiver les institutions d'assistance publique. L'art de la charité consiste à empêcher que les institutions charitables n'augmentent le
paupérisme flottant, ce qui n'est pas chose aisée. Car,
comment empêcher que l'insouciance de l'avenir ne
l'emporte encore plus sur la prévoyance chez celui qui
sait, qu'après tout, la société se chargera de pourvoir
à ses besoins extrêmes, sans même qu'il soit tenu à
beaucoup de gratitude pour cela ?

Les difficultés augmentent lorsqu'il s'agit, non plus de troubles passagers, mais de modifications durables dans le régime économique. Laissera-t-on un excédant de population, que les lois économiques condamnent à une extinction graduelle, périr effectivement dans les étreintes de la faim, ou par l'excès de mortalité qui est une suite de la misère ? Et si cela révolte l'humanité, comment empêcher que l'assistance, en devenant habituelle et systématique, ne tende à remplacer une opération douloureuse par une infirmité permanente ? Alors, outre le paupérisme flottant, il y en aurait un autre pour lequel, surtout, le mot de *paupérisme* a été créé, et qui imposerait à la société une de ces charges fixes et en quelque sorte *consolidées*, que les générations se transmettent, d'ordinaire avec accroissement d'une génération à l'autre, jusqu'à celle qui succombe sous le fardeau ou qui le rejette violemment. Car il doit y avoir, sous quelque régime que la société vive, une limite aux ressources dont elle dispose pour l'entretien d'une population parasite, comme il y en a une à ses facultés imposables. Quand cette limite est atteinte, tous les raisonnements théoriques retrouvent leur application rigoureuse, absolument comme si la charité privée ou l'assistance publique n'intervenaient pas.

Les géomètres diraient que le problème n'est modifié « que par l'addition d'une constante », ce qui n'a rien d'essentiel à leurs yeux. Il faudra toujours en venir, ou à des obstacles préventifs, comme l'entend Malthus, ou à des obstacles restrictifs qui ramènent, non sans souffrance, la population dans les limites que la nature impose.

Faute d'être venu après Darwin, Malthus, tout sévère qu'il est, n'a pas dit le mot le plus dur. Pour les espèces des deux règnes, le *combat de la vie* n'est pas seulement une cause de limitation ; il agit surtout comme une cause de triage ou de *sélection*. Nous n'adoptons pas, tant s'en faut (et nous croyons l'avoir montré ailleurs), toutes les idées de Darwin, mais nous ne pouvons méconnaître le grand moyen de la nature pour perfectionner les races ou pour les empêcher de dégénérer. Le germe mal constitué avorte, l'individu faible et mal conformé meurt sans postérité en laissant aux forts, aux vaillants, à ceux que leurs organes, leurs sens ou leurs instincts servent le mieux, le soin de propager l'espèce et quelquefois de l'améliorer. De là nos sociétés et le degré de civilisation où elles sont parvenues. Au contraire, si la solidarité sociale y était portée aussi loin que l'entendent des prédicateurs venus de plus d'un point de l'horizon, et qui ne s'accordent guère que sur ce chapitre, ce serait à la partie la plus forte, la plus laborieuse, la plus prévoyante, la plus morale de la population à s'épuiser pour soutenir une population parasite à laquelle souvent toutes ces qualités manqueraient, et qui, on a trop lieu de le craindre, transmettrait aux générations futures une partie de ses vices héréditaires. Sans outrer les choses et sans froisser des sentiments ou des croyances respectables, il faut au moins conclure de cette remarque que nous ne devons qu'avec grande circonspection

tenter de réformer l'œuvre du Créateur, et, sous prétexte des qualités morales par lesquelles l'homme se
distingue effectivement du reste de la création, oublier
qu'il est lui-même soumis aux lois générales qui régissent tout être vivant. Chez les classes supérieures,
les dons de la fortune, la prévoyance de Malthus neu-
tralisent aussi en partie le principe de la sélection
naturelle, et peut-être n'a-t-on que trop de motifs
de s'en apercevoir, mais du moins, lorsqu'il ne s'agit
pas de castes absolument fermées, le mal est moindre
que celui de la surcharge d'une population parasite
appartenant aux bas-fonds de la société. Le recrutement continuel des classes supérieures par les classes
inférieures permet encore à la nature d'agir avec une
liberté suffisante pour prévenir l'abâtardissement des
races et la corruption du sang.

§ 2. — *De la demande de travail.*

Dans le langage ordinaire, on dirait du paysan qui
vient, sur le marché d'un bourg de Beauce ou de Brie,
se louer pour la moisson, qu'il *demande* du travail et
que le fermier lui en *offre*. Mais, pour ne pas rompre
avec les analogies économiques, il est plus exact de dire
que le paysan *offre* ses bras ou son travail en échange
du salaire dont il a besoin, et que la *demande* de travail
vient du fermier qui a actuellement besoin de bras ou
de travail. Tout à l'heure il était question de la population, c'est-à-dire de l'offre de travail au sens économique, et nous savons que cette offre tend d'elle-même

à s'accroître. Est-il aussi sûr que les progrès de la civilisation, de l'industrie, de la science, fassent croître, suivant telle progression qu'on voudra, mais enfin fassent croître la demande de travail? Le grand argument pour l'affirmative, c'est que toute production exige du travail, et que l'on ne produit jamais trop, que l'on ne produit même jamais assez pour répondre à tous les besoins et à tous les désirs de l'homme, du moins quand il est civilisé à notre manière : car nous savons, au contraire, que le sauvage et le lazzaroni savent imposer de très-étroites limites à leurs besoins.

A celui qui se plaindrait de manquer de travail, apparemment parce que tous les besoins de la société en fait de travail sont satisfaits, Stuart Mill répond à peu près en ces termes[1] : Non, mon ami, tous les besoins de la société ne sont pas satisfaits, car vous faites partie de la société et vous vous plaignez de manquer de pain. Mais, au lieu de produire ou d'aider à produire ce surplus de pain dont vous seriez le premier consommateur, vous offrez à la société des choses qu'elle ne demande pas, dont effectivement elle n'a pas besoin, peut-être un poëme, un tableau, la musique d'un opéra, quand déjà elle a trop de poëtes, de peintres et de musiciens. — Mais, pourrait répliquer ce pauvre homme avec apparence de raison, cherchez donc bien vite quelque père Enfantin à qui vous donnerez les lumières et l'autorité requise pour assigner à chacun le poste où son travail répondra aux besoins

---

1. *Principes d'Économie politique,* t. II, p. 146 de la traduction française.

effectifs de la société, et ne nous parlez plus de votre équation de l'offre et de la demande (p. 163), sur laquelle portent toutes vos spéculations économiques.

Sur ce terrain, l'on ne saurait manquer de se heurter contre le socialisme. « Toutes les fois, dit un autre écrivain dans l'article où il nous a fait l'honneur de nous critiquer [1], toutes les fois que par le fait d'un perfectionnement quelconque dans la production, il y a un ouvrier de supprimé, la société (représentée soit par le producteur, soit par le consommateur) a en excédant le montant exact du salaire de cet ouvrier supprimé et peut, sans perte, *le payer sans lui demander aucun travail.* » Nul doute qu'on ne puisse concevoir une communauté, un couvent où l'autorité retirerait des mains du producteur ou du consommateur l'avantage que leur procure l'économie de travail, de manière à faire de l'ouvrier mis en chômage un pensionnaire de la communauté, ou à lui faire gagner son pain par quelque travail productif ou non, que personne ne *demanderait* et que l'autorité *commanderait,* ainsi que l'on commande des ateliers nationaux, c'est-à-dire une aumône nationale, chaque fois qu'une révolution fait fermer les ateliers particuliers.

« De plus, ajoute le critique, cet excédant de revenu qu'a le producteur ou le consommateur, ni l'un ni l'autre ne peuvent l'employer à se donner une jouissance nouvelle, *quelle qu'elle soit,* sans commander un travail nouveau venant en surcroît de la production an-

1. *Journal des Économistes,* août 1864, p. 248.

térieure, c'est-à-dire sans occuper *un ouvrier de plus* que n'en exige la production antérieure. » — Quoi donc, justement *un ouvrier de plus !* Voilà une assertion bien précise, présentée sous la forme d'un théorème de géométrie, mais où la démonstration manque absolument. Cette demande venant à la suite d'un avantage procuré par l'économie de travail, demande provoquée par le désir d'une jouissance nouvelle, quelle qu'elle soit, pourra tout aussi bien élever la demande des choses susceptibles d'appropriation, et par suite les revenus des propriétaires et des capitalistes, qu'élever la demande et le prix du travail ou que les maintenir précisément à leur ancien taux, malgré l'économie précédemment opérée dans la demande de travail. C'est ici le lieu d'appliquer le principe de compensation et tous les raisonnements ou les postulats dont nous avons fait usage dans notre quatrième section. Par suite d'un perfectionnement industriel, une certaine quantité de travail humain a été rendue inutile ; des bras, des talents divers ont été mis en chômage : voilà l'effet principal et direct. Quant aux contre-coups de l'effet principal, quant aux effets dérivés et secondaires, les uns favorables à l'ouvrier, à l'artiste, les autres favorables au possesseur de fonds ou de capitaux, ils se compenseront en moyenne. Du moins nous devons l'admettre, au degré d'approximation auquel nous nous arrêtons forcément, et si on ne l'admettait pas, toute conclusion ultérieure serait une conclusion en l'air. Reste donc l'effet principal, c'est-à-dire un détournement de la part du revenu social dépensée en

salaires ; et cet effet, peu sensible dans un cas particulier, pourra devenir très-sensible par la sommation
ou par la répétition des mêmes causes. Tel serait le
résultat définitif de perfectionnements industriels venus
à la suite les uns des autres, si la puissance de l'homme
sur la nature arrivait effectivement, selon le souhait
peut-être imprudent de Bacon, à ce degré qui fait de
tous les agents naturels les esclaves de l'homme.

Représentons-nous ce monde antique où le travail
servile étouffait en quelque sorte le travail libre : l'esclave
était une machine, un capital au propre sens du mot
(p. 86), dont le propriétaire usait à son gré. Des
quatre catégories de contrats, fameuses dans l'école,
la catégorie *do ut des* devait se présenter plus fré-
quemment que toute autre entre personnes libres, et
l'on n'en aurait guère connu d'autres s'il n'y avait eu
que du travail servile. — L'homme libre n'aurait eu
qu'à guerroyer pour la cité, à décider des questions
politiques, à juger des procès, à se frotter d'huile pour
gagner des couronnes dans les jeux publics, à s'accom-
pagner sur la lyre et finalement à deviser de philosophie. Tel était l'idéal des grands philosophes du temps :
de même que, dans nos opinions modernes, il semble
que la perfection consisterait en ce que tout le travail
pût être accompli par des machines, par ces esclaves
de bronze et d'acier à l'aide desquels nous utilisons,
parfois d'une manière si admirable, des agents physiques dont la force se consomme, mais ne se lasse
jamais. Qu'arriverait-il donc ou que pourrait-il arriver
si nos machines remplaçaient plus complétement encore

les esclaves d'autrefois, et que la propriété de la terre
et des instruments de travail continuât d'être, non pas
en paroles seulement, mais en réalité, le fondement de
l'ordre social ? Il faudrait bien que le contrat *do ut des*
redevînt prépondérant ; que les fonds naturels et factices, la terre et les améliorations agricoles, les constructions fixes et le capital mobilier acquissent plus
d'importance en regard du travail humain. Il n'est
même pas malaisé de concevoir comment les sociétés
humaines pourraient s'accommoder de ces nouvelles
conditions. On bâtirait moins de cabanes, on en dé-
truirait même, tandis que les classes favorisées se construiraient des habitations, les unes plus somptueuses,
les autres plus commodes, selon le degré de richesse
ou d'aisance. La laine épargnée sur les vêtements des
pauvres gens disparus s'apprêterait en tapis moelleux,
jadis réservés aux grands de la terre, devenus nécessaires aux gens de fortune médiocre. Le combustible
que les ouvriers supprimés ne consommeraient plus
servirait à chauffer des vestibules et des serres. Plus
de terres seraient affectées à l'élève des chevaux de
luxe, des bestiaux de premier choix, et moins à la culture des pommes de terre, du sarrazin et du maïs.
Tout cela serait compatible avec le nivellement progressif des conditions dans les classes favorisées,
pourvu que la tendance à l'accroissement de la population fût contenue, ou que l'émigration débarrassât le
pays d'une population superflue. A la faveur de l'ilo-
tisme, l'égalité était maintenue à Sparte entre les
hommes libres : elle aurait pu encore subsister si les

Spartiates étaient parvenus à remplacer les ilotes par
des machines, et l'on aurait eu de moins à craindre la
révolte des ilotes.

Considérons encore ces contrées équatoriales où le
rude travail de la terre semble interdit aux races européennes. L'esclavage aboli, il est assez probable que
les nègres finiront par chasser les blancs et les jaunes,
et que leurs huttes se dresseront sur les ruines de la
luxueuse habitation du colon. Si les esclaves pouvaient
être remplacés par des machines, on reconduirait les
nègres en Guinée, et la population blanche, délivrée de
ses plus graves soucis, serait une population de propriétaires et de capitalistes qui regarderaient leurs
machines fonctionner à l'aide de quelques Chinois.

Sans remonter si haut ou sans aller si loin, nous
voyons ce que produisait naguère chez nous, ce
qu'avait produit en Irlande l'émiettement de la terre
entre de petits propriétaires ou de petits tenanciers.
Le sol ainsi émietté subvient à la nourriture d'une population plus nombreuse, mais il résiste à l'emploi des
machines, qui procurerait l'économie du travail humain. Quoi de plus plausible que d'admettre à l'inverse
qu'une économie de travail amènerait cette raréfaction
de la population, que notre patriotisme commence à
craindre, et que nous souhaitait tant Arthur Young
lorsqu'il visitait la France au siècle dernier ?

Le but des engins mécaniques est tantôt d'écono-
miser le travail de l'homme, comme moteur ou comme
outil, en le remplaçant par un travail moins coûteux,
tantôt d'obtenir une régularité, une précision, une per-

fection que le travail de l'homme ne donnerait pas. Le plus souvent, les deux genres de perfectionnement se trouvent réunis. Ainsi les livres imprimés l'emportent généralement sur les copies manuscrites pour la régularité et la netteté des caractères ; et en même temps l'invention de la typographie a réduit considérablement le prix des livres, en procurant une grande économie de main-d'œuvre.

Pas de difficulté quant aux progrès industriels qui ne tendent qu'à améliorer la qualité des produits, ou à en augmenter la quantité et le débit à la faveur de la baisse de prix, sans amener en définitive une réduction dans la demande de travail humain. Tous les consommateurs en profitent ; et s'il y a des catégories de propriétaires, de manufacturiers, de commerçants qui s'en plaignent, on ne s'apitoie guère plus sur leur sort que sur celui du médecin ou de l'avoué qui se plaignent, l'un de manquer de malades, l'autre de ce qu'on a trop simplifié la procédure. On plaint, il est vrai, les ouvriers qui auront à changer de métier et qui souffriront dans le passage d'un régime à l'autre ; mais l'on comprend que c'est là un mal transitoire, au prix duquel s'achète un avantage permanent.

Reste le cas où le progrès industriel a pour conséquence définitive une réduction dans la demande de travail. Et d'abord le moyen le plus commode de se tirer d'affaire est de nier que le cas puisse se présenter ; on n'y a pas manqué, et cette négation est devenue l'un des prétendus théorèmes « acquis à la science » ; mais c'est encore un de ces théorèmes qu'on ne démontre nullement, dont la démonstration rationnelle est impossible, et pour lequel les exemples que l'on cite ne fournissent pas une preuve empirique, valable dans tous les cas. Évidemment on ne recourrait pas aux machines, si l'économie annuelle de travail que leur emploi procure ne l'emportait de beaucoup sur la dépense annuelle de travail à laquelle donnent lieu leur fabrication, leur entretien et leur mise en œuvre. Car il faut en outre trouver dans l'économie de travail de quoi payer les matières premières consommées pour la fabrication des machines, et les profits des capitaux engagés dans les usines où les machines se construisent. Et cependant l'on voudrait regarder comme démontré qu'après tous ces prélèvements la baisse de prix due à l'emploi des machines amène dans tous les cas un tel surcroît de demande, qu'il faut autant d'ouvriers pour faire rouler les machines, qu'il en fallait avant l'emploi des machines. En effet, l'on sait très-bien que la civilisation moderne emploie plus d'ouvriers typographes que l'ancienne civilisation n'employait de copistes ; mais tous les progrès industriels n'opèrent pas de révolution dans le monde civilisé ; ils peuvent n'amener qu'une amélioration de la qualité sans baisse de prix, et par conséquent sans qu'il y ait lieu de compter sur un accroissement de demande ; ils peuvent aussi ne déterminer qu'une baisse de prix insuffisante pour que l'accroissement de production rouvre au travail humain le débouché qui lui est fermé par l'économie de travail sur chaque unité produite.

Nous avons vu le battoir mécanique remplacer le

fléau, au grand soulagement de nos petits cultivateurs, sans que cette intéressante application ait paru influer sensiblement ni sur le marché du blé, ni sur le marché du travail. Si l'on parvient à organiser en grand le service des *faucheuses* et des *moissonneuses*, il est certain que le marché du travail s'en ressentira, et la théorie voudrait que le marché du blé ne s'en ressentît pas du tout, tant que la population n'aurait pas de ce chef sensiblement diminué. En tout cas l'on peut affirmer qu'il ne s'en ressentirait jamais assez pour que l'on vît autant d'ouvriers employés à diriger les moissonneuses et les faucheuses, qu'il y en avait d'occupés à manier eux-mêmes la faucille et la faux. Ce n'est donc pas le cas d'arguer de l'exemple des copistes et des typographes.

De là un grand souci pour ceux qui se rappellent la terrible devise : « Vivre en travaillant ou mourir en combattant. » Car enfin ces ouvriers qui vont être nos maîtres, au moins par intervalles, et qui supporteraient difficilement la concurrence d'ouvriers étrangers à peine vêtus et vivant d'une poignée de riz, comme des Hindous ou des Chinois, pourraient bien n'être pas disposés à supporter la concurrence des machines. Que le travail soit fait par des machines ou par des nègres esclaves, ou par des Chinois, c'est absolument la même chose pour l'ouvrier européen, quoique ce ne soit pas la même chose pour le philanthrope ou pour le chrétien, dont la sympathie ou la charité s'étendent à tous les membres de la famille humaine. S'il y a des cas où il faille protéger le travail national contre le travail étranger, des motifs analogues peuvent justifier la protection de la main-d'œuvre contre le travail des machines ; ou plutôt, en reconnaissant que cette protection est de fait impraticable, il faudra constater une antinomie, une contradiction économique bien autrement grave que celle à laquelle un calcul d'intérêt composé pourrait donner lieu (p. 36) ; il faudra reconnaître le mal réel qui se trouve inséparable du progrès industriel.

Il n'est pas moins évident que ce mal économique, tout réel qu'il est, doit être imputé à l'imperfection de l'état social, ou au mode de distribution des dons de la nature et des fruits du travail ; puisque l'on peut toujours concevoir un mode de répartition d'après lequel tout ce qui épargne à quelques membres de la communauté une peine, une fatigue, sans diminuer en rien la quantité ou la qualité des produits, profiterait au moins à quelques-uns sans nuire à personne. A plus forte raison si l'épargne de travail concourait avec une supériorité de produits, en qualité ou en quantité. Tout se réduit donc à savoir si l'on peut réformer systématiquement les conditions actuelles de notre état social, c'est-à-dire la concurrence et le libre jeu des intérêts individuels, qui donnent lieu à nos doctrines économiques et aux fâcheuses conséquences qu'on est quelquefois forcé d'en tirer.

Mais, avant de nous livrer à cet examen scabreux, il convient encore de soumettre à une plus scrupuleuse analyse les idées d'amélioration ou de progrès au sens économique.

§ 3. — *Du progrès économique.*

Il n'y a pas d'idée plus en faveur que l'idée de *progrès* : elle est devenue, par ses obscurités mêmes, par l'élan qu'elle imprime à des âmes généreuses, par les perspectives illimitées qu'elle ouvre à des imaginations ardentes, une sorte de religion à l'usage de ceux qui n'en ont plus d'autre. On ne peut pas dire non plus qu'elle soit étrangère à la science; car, outre qu'il est de la nature de la science, prise en général, de faire de continuels progrès, la paléontologie est une science qui témoigne d'une évolution progressive des types organiques, depuis la première apparition des êtres vivants sur notre planète refroidie, jusqu'à celle de l'homme que nous pouvons, sans trop de partialité, à ce qu'il semble, regarder comme le couronnement de la création organique. Cette même idée d'une évolution progressive relie à l'histoire générale de la nature l'histoire de l'humanité, puisqu'il est incontestable qu'en somme, et sauf des régressions passagères et locales, les conditions de la vie sociale sont allées en se perfectionnant, en s'améliorant dans la suite des âges, de manière à donner l'espoir fondé de perfectionnements futurs et d'améliorations ultérieures.

Mettre autant que possible toutes les forces naturelles au service de l'homme, exploiter pour son plus grand bien la terre, en tant qu'elle est un magasin de produits de formation ancienne et un atelier où s'élaborent sans cesse des produits nouveaux : voilà une idée vaguement conçue dès le berceau de la civilisation, exprimée par Bacon avec une mâle énergie à l'avénement de la civilisation moderne, tombée de nos jours dans le lieu commun. Cependant, il suffit de se reporter aux deux précédents paragraphes pour qu'une grave difficulté se présente. Le mode d'exploitation de la terre par l'homme dépend de la densité de la population ainsi que de la quantité de travail humain qu'elle veut et qu'elle peut fournir. Or, vaut-il mieux acheter, au prix d'un plus rude labeur, un surcroît de population, ou payer par un déchet de population plus d'aisance, de loisir, de culture, d'élégance et (du moins, dans certains cas) plus de moralité dans la vie commune ? Question aussi difficile à résoudre que facile à poser. Il faudrait savoir ce que les philosophes ont si vainement cherché, quelle est la fin dernière et partant le souverain bien de l'homme individuel et des sociétés humaines. Si la question s'adressait au politique qui n'a souci que de la puissance de l'État, il n'hésiterait pas à voter pour ce qui donne à l'État plus de soldats robustes et plus d'argent pour les payer. Une autre solution plairait mieux au pieux pasteur qui ne tient compte des joies et des souffrances de la vie terrestre que comme d'autant de moyens dont la Providence se sert pour préparer l'homme aux destinées qui l'attendent dans un monde surnaturel. L'amélioration dans les conditions *de la vie* serait-elle trop payée par le sacrifice d'un grand nombre *de vies ?* La réponse est le secret de Dieu. L'économiste ne sonde point ces mystères, ne s'élève pas à cette hauteur. Il reste dans les régions terrestres. Il ne subordonne pas l'organisation des sociétés à un idéal religieux non plus qu'à un idéal politique, et il n'envisage, au contraire, la religion et la politique que dans leurs rapports avec les fonctions de la vie sociale.

On parle de mettre toutes les forces de la nature au service de l'homme. Mais d'abord l'idée de l'*homme* n'est qu'une idée générale, typique et abstraite. Faisons ici bon marché de la diversité des races et des nationalités, puisque aussi bien l'extinction successive des races et le remplacement des unes par les autres, semblent être, dans le plan général de la nature, la condition et le moyen du progrès (p. 288) : *l'homme*, c'est-à-dire *l'humanité*, se composera encore d'une suite de générations et d'une multitude d'individus sur lesquels, sans doute, la Providence veillé d'un œil paternel, mais que la nature semble négliger, et qu'à son instar la science, l'histoire sont tentées de négliger aussi. Or, l'obligation d'embrasser la suite des générations successives s'impose lorsqu'il s'agit de richesses qui s'épuisent par l'exploitation, mais dans quelle mesure ? Un père de famille songe à ses enfants et à ses petits-enfants ; mettons que les chefs des nations doivent pousser leur prévoyance plus loin et l'étendre à un siècle ou deux, soit à une demi-douzaine de générations : à coup sûr, ils ne pourraient, ils n'oseraient pas, ne fût-ce que par crainte du ridicule, restreindre la construction des chemins de fer et des bateaux à vapeur, sur le fondement qu'au train dont on y va, les gîtes houillers de l'Europe seront épuisés avant cinq ou six siècles, ce qui n'est pourtant qu'un espace de temps médiocre dans l'histoire des peuples. On ne manquerait pas de répondre qu'il se fera, d'ici là, des découvertes imprévues, qu'on trouvera de nouveaux gîtes de houille ou des moyens de s'en passer, et qu'après tout, qui vivra verra. On sent que de telles réponses n'ont rien de scientifique et qu'il faudrait avoir tiré au clair cet inconnu pour résoudre et même pour poser scientifiquement le problème écomique de la plus avantageuse exploitation. D'ailleurs, nous aurions à cet égard tous les renseignements qui nous manquent et que l'expérience aura donnés certainement dans quelques centaines d'années, que nous ne serions pas encore mis à même de répondre à la question. Car il faudrait de plus savoir quels sont, au juste, le rôle de l'homme dans ce monde et les destinées de l'humanité ; s'il vaut mieux que le foyer de la civilisation soit plus longtemps entretenu ou qu'il brûle plus vite avec une ardeur plus intense ; que ce foyer reste fixe ou qu'il se déplace ; qu'une plus longue suite de générations se réchauffent et s'éclairent à ses rayons ou que son action se concentre sur quelques générations privilégiées : toutes questions transcendantes que la raison humaine ne résoudra jamais scientifiquement, pas plus dans mille ans qu'aujourd'hui.

Si l'on veut apprécier les conditions des sociétés humaines, même au point de vue comparativement restreint de l'économiste, il ne suffit pas de considérer la population, les produits et les rapports d'un chiffre à l'autre, il faut aussi tenir grand compte de l'échelle de répartition des produits. Pour le coup, nous nous trouvons en face d'une idée très-simple, ayant toutes les qualités requises pour faire fortune, celle de l'égale répartition des produits, de manière que le progrès consiste à se rapprocher de plus en plus de ce type idéal. Malheureusement les moyennes sont en tout genre d'une désolante faiblesse, et bien éloignées de ce qui nous paraîtrait devoir appartenir au type normal de l'espèce. La taille moyenne, telle qu'on la conclut de mesures effectives, reste bien au-dessous de celle d'un homme que nous appellerions de moyenne taille, en ce sens que sa taille nous paraîtrait à égale distance de celles qui nous frappent par leur grandeur et de celles qui nous choquent par leur petitesse. Inutile de dire qu'il y a beaucoup plus de laides que de belles figures, et qu'en ce sens, la beauté moyenne ne serait qu'une variété de la laideur. Un régent de collége, à qui l'on ôterait ses deux ou trois *têtes de classe*, dirait quelque chose d'analogue. En tout sens, la moyenne des qualités morales, telle que l'expérience de la vie nous la fait connaître, reste bien au-dessous de ce type moyen de moralité dont un moraliste indulgent se contenterait. La société ne fait de progrès selon la morale, et ne se relève de ses chutes que par l'action énergique des grandes individualités, non de celles qui flottent dans les régions moyennes du milieu social.

Revenons à l'ordre économique. *L'homme aux quarante écus* de Voltaire n'était rien moins qu'un homme riche, il y a cent ans, et l'on sait dans quel sens les choses ont marché depuis. Si l'on opérait actuellement un partage égal des terres et des capitaux, chacun serait pauvre : tout le monde est d'accord sur ce point. On s'accorde aussi, à peu près généralement, à reconnaître que ce nivellement absolu, pût-il durer, serait incompatible avec le jeu des fonctions sociales, avec les exigences de la vie domestique, avec la conduite des affaires publiques et des grandes entreprises, avec les progrès des sciences et des arts. Nous savons que l'agrégat de molécules similaires est au plus bas degré de l'échelle des êtres, et que tous les perfectionnements de l'organisme tiennent à un progrès dans la spécialité des fonctions. En admettant donc qu'il y ait actuellement dans notre état social de trop grandes inégalités et que ce qui les amoindrit soit un bien, il faut admettre aussi qu'un moment viendrait où le progrès du nivellement serait un mal. Or, quand s'opérerait ce *changement de signe?* quelle est cette échelle de distribution de la richesse qui satisferait l'esprit amoureux de l'égalité, sans nous affranchir d'une loi suprême de la nature et sans nuire essentiellement à l'organisme social ? Personne ne peut le dire, personne ne peut donner avec autorité scientifique la formule de cette loi idéale qui certainement n'aurait pas la simplicité que nous voudrions y trouver, tout en craignant de rompre avec les règles sur lesquelles les sociétés humaines ont vécu jusqu'à présent. De plus, si la définition du mieux économique, au point de vue de la production, dépend de la loi de

la demande, et dès lors implique la définition préalable
du meilleur mode de distribution de la richesse, il en
faut conclure l'impossibilité de définir le mieux économique, et partant le progrès économique, aussi bien
en ce qui touche la production qu'en ce qui concerne
la distribution des richesses.

Suivant les caprices de la mode ou de la vanité, selon
les goûts et les habitudes qui gagnent la foule ou les
classes élevées, telles cultures, telles fabrications sont
abandonnées et d'autres les remplacent. Est-ce un
bien ou un mal? Pour en décider, il faudrait comparer entre eux des articles non similaires, entre lesquels il n'y a pour terme précis de comparaison que la
valeur vénale, laquelle a pris cours parmi les hommes
(p. 52) justement pour que l'on pût comparer en
nombres les choses qui de leur nature excluent la comparaison numérique. Par exemple, s'avisera-t-on de
comparer des boissons alcooliques d'après leur titre à
l'aréomètre? Ce serait évidemment faire trop de tort à
la bouteille de Chambertin et trop d'honneur au litre
d'eau-de-vie de pommes de terre. Il n'y a d'autre élé-
ment de comparaison que la valeur vénale, ce qui suffit
bien pour les opérations du commissaire-priseur et du
collecteur de taxes, ce qui suffit de même pour toutes
les spéculations du propriétaire, du fabricant et du commerçant, mais ce qui ne suffit plus pour d'autres spéculations d'un ordre plus relevé.

§ 4. — *Des cas où s'applique effectivement l'idée du progrès économique.*

On aurait grand tort de conclure de toutes les remarques qui précèdent, qu'il n'existe dans l'ordre économique ni bien, ni mal, ni amélioration, ni progrès, ni du moins aucun moyen de constater précisément l'amélioration ou le progrès. En mathématiques, l'absence d'un *maximum* absolu n'empêche pas d'assigner un *maximum* relatif, sous la condition de regarder comme fixes et invariables dans le cas particulier, des grandeurs de la variabilité desquelles il faudrait tenir compte en thèse générale. Remplacez le superlatif *maximum* par le superlatif *optimum*, et la même remarque trouvera son application dans l'ordre économique. Ainsi, le défaut d'un terme de comparaison, d'une commune mesure entre des choses hétérogènes n'empêche pas de comparer les choses homogènes et d'y appliquer une mesure commune. S'il survient dans telle partie du système économique un changement qui n'ait pas de retentissement sensible dans le reste du système, et si ce changement porte uniquement sur des choses homogènes et comparables, nous pourrons constater un accroissement, une amélioration, un progrès, et l'on sortira de l'indétermination. S'agit-il d'anéantir des espèces nuisibles ou dépourvues de toute utilité, de multiplier des espèces utiles, c'est-à-dire de défricher un terrain inculte, de dessécher un marais, d'endiguer un torrent, d'augmenter, ici par l'irriga-

tion, là par le drainage, ailleurs par de meilleurs procédés de fumure et d'assolement, le rendement de la
terre ? Pas de doute sur l'application de l'idée de progrès ou d'amélioration économique. Les plus vulgaires des hommes l'ont faite de tout temps et la font
encore tous les jours, guidés par le sens commun,
aiguillonnés par l'intérêt privé ; et personne ne
doute qu'en cela l'intérêt privé cadre avec l'intérêt
général.

Nous savons qu'il vaut mieux pour un propriétaire
substituer la culture de la vigne à celle du froment,
quand il augmente ainsi la moyenne de son revenu en
argent ; car c'est pour lui le moyen d'être mieux pourvu
de vin, de froment et de tout ce qu'il souhaitera. Nous
n'en pourrions plus dire autant d'un pays qui ne serait
pas sûr de toujours combler par l'exportation de ses
vins et l'importation du blé étranger le vide que le
changement aurait produit dans sa récolte de froment,
et qui pourrait causer un vide dans sa population.
Mais, si le changement consistait à mieux approprier
chaque culture à chaque canton, de sorte que le pays
récoltât à la fois plus de vin et plus de froment, chacun
s'accorderait à y voir un progrès économique.

On ne contestera pas que ce qui favorise la population sans infliger à personne plus de fatigues ou de
privations, ne soit un bien ; que supprimer des fatigues
ou des privations sans nuire à la population, ne soit
aussi un bien ; et qu'à plus forte raison ce qui profite
en même temps à la population et à l'aisance générale
ne soit une amélioration dans l'ordre économique,

quelque opinion qu'on ait d'ailleurs de la fin de l'homme et de la destinée des sociétés.

Tels perfectionnements apportés à la machine à vapeur, et qui économisent le combustible sans perte pour l'effet utile, profiteront certainement, tant à la génération actuelle qu'aux générations futures. Il en résulte donc une amélioration incontestable, quelque importance qu'il plaise d'attacher à la solidarité d'intérêts entre les générations successives.

A tout prendre, on remarque beaucoup d'analogie entre les idées d'optimisme et de progrès en économie sociale, et les idées d'optimisme et de finalité en philosophie naturelle [1]. Au lieu d'un fil conducteur qui se dévide sans interruption, il faut rattacher comme on peut tel brin à tel autre quand le premier est à bout ; ce qui veut dire que dans les deux cas les idées auxquelles l'esprit s'attache ne comportent que des applications partielles, en rapport avec des circonstances déterminées. Voilà tel détail d'organisation qui certainement est ce qu'il y a de mieux pour que telle fonction s'accomplisse, pour que telle race se propage. Mais élevez-vous plus haut et demandez pourquoi cette espèce et non telle autre a été appelée à figurer en tel coin du monde : alors le principe *téléologique* (comme Kant l'appelle) vous échappe en tant que fil conducteur dans l'étude de la nature ; il faut en trouver ou en chercher un autre. Ce qui favorise la multiplication d'une espèce est pour l'autre une cause de restriction, parfois

---

1. *Traité de l'enchaînement de nos connaissances,* liv. IV, chap. XII.

de suppression totale, sans qu'on ait de motifs de juger qu'il vaut mieux que telle espèce se propage aux dépens de l'autre, et malgré la difficulté qu'on éprouve à se rendre raison de tant d'harmonies admirables là où tout principe de finalité nous échappe.

Le fil conducteur se retrouve quand nous envisageons la création terrestre dans ses rapports avec l'homme ; et tout d'abord nous jugeons qu'il vaut mieux que certaines races soient propagées et d'autres restreintes ou détruites ; qu'à cette fin l'on adopte certains modes d'exploitation, de culture, de préférence à d'autres. Puis, nous en venons à comparer des espèces et des produits diversement utiles, répondant à des besoins et à des goûts divers, en raison de la complexité de notre organisation et de la constitution variable des sociétés humaines, selon les circonstances de temps et de lieux. Ici le fil conducteur nous échappe de rechef ; car il nous faudrait mesurer, comparer des choses qui ne sont ni mesurables, ni comparables. La pente de notre esprit nous porte cependant à chercher une mesure commune ; et comme l'usage de la monnaie et le jeu des institutions de commerce nous ont familiarisés avec l'idée de valeur vénale, si sujette pourtant aux lents et aux brusques changements, nous sommes portés à croire que l'accroissement de valeur vénale ou de richesse est l'exacte expression de l'idée de progrès économique ; mais c'est là une supposition gratuite, qui ne tient pas devant une critique impartiale.

§ 5. — *Des conditions dans lesquelles ont apparu les utopies socialistes.*

Dès la plus haute antiquité, les sages, les législateurs, les philosophes qui se sont proposé d'isoler une cité, un peuple des autres peuples par la singularité de ses institutions, et d'y fortifier l'unité sociale par le sacrifice de l'indépendance individuelle, ont fait ce que nous appelons aujourd'hui du *socialisme*. Ils ont pris la ruche pour type, et la vie de clan, de tribu nomade ou sédentaire, telle qu'on la pratiquait autour d'eux, celle dont les rudiments s'observent chez des animaux d'espèces supérieures, ne leur a paru être qu'un état de barbarie, une grossière ébauche de la vie sociale. Certaines institutions du mosaïsme restreignent le droit de la propriété individuelle à ce point qu'on a peine à croire qu'elles aient pu être effectivement pratiquées dans l'état social du peuple juif, tel que l'histoire nous le fait connaître. A l'autre bout de la chaîne des temps, les *Missions* du Paraguay, suivant ce qu'on nous en rapporte, seraient encore un plus pur, mais bien fragile exemplaire du socialisme théocratique.

Chez les peuples de l'antiquité classique, qui ne reconnaissaient plus le joug de la théocratie, on admettait que le citoyen existe pour la cité comme le membre pour le corps ; et de là cet air de grandeur et d'héroïsme qui nous plaît dans leurs institutions républicaines. En conséquence, leurs législateurs, leurs philosophes les plus renommés n'hésitaient pas, dans leurs lois ou dans leurs utopies, à acheter la liberté politique, telle qu'ils l'entendaient, au prix de la liberté individuelle ; à exagérer l'intervention de la cité ou des magistrats dans l'éducation des enfants, dans la police du culte et même dans les actes de la vie domestique. Évidemment l'importance des cités ou des villes, dans l'ancienne civilisation de l'Europe occidentale, favorisait cette manière de comprendre l'organisation de la société. Au contraire, un vif sentiment de l'indépendance personnelle n'a pas cessé de dominer les plus fidèles représentants du vieil esprit germanique, les descendants de ces hommes du Nord, d'abord nomades ou pasteurs, puis fixés sur leurs terres, sur leurs domaines, dans leurs châteaux, dans leurs *cottages*, et portés à regarder le séjour des villes comme bon pour des hommes de race inférieure, pour une plèbe d'artisans et de marchands. De là, chez les nations modernes, héritières à la fois de la civilisation gréco-romaine et du génie des races qui l'ont retrempée, deux tendances contraires : l'une favorable à l'intervention des pouvoirs publics ou de l'État dans tout ce qui intéresse le corps social ; l'autre qui suscite partout l'esprit d'initiative individuelle et de libre association.

D'ailleurs, à toutes les époques il a dû se trouver des gens pour rêver une réforme systématique de la société, et des sectaires disposés à essayer de mettre ces réformes en pratique, surtout lorsqu'ils pouvaient leur donner le caractère religieux sans lequel les sectes ont tant de peine à vivre. Ainsi les utopies que nous appelons socialistes sont de tous les temps : mais à peine attiraient-elles l'attention des publicistes et des hommes d'État. On faisait de la politique ; et plus les institutions politiques vieillissaient, se compliquaient, moins on songeait à mettre en discussion ce qui, d'un commun accord, était regardé comme le fondement même de l'ordre social, sur lequel repose l'échafaudage politique.

Pour arriver tout de suite aux temps les plus rapprochés de nous, on ne voit pas que ces utopies aient joué un rôle dans la fondation de la grande démocratie américaine, ni même qu'elles aient eu une action efficace sur la crise révolutionnaire de la France à la fin du XVIIIe siècle. Les révolutionnaires les plus avancés, ceux qui ne se contentaient pas d'une réforme philosophique de l'ancien régime, sentaient bien qu'il serait difficile de faire accepter à la vieille société leurs systèmes politiques, rattachés par eux à des souvenirs de collége ; mais les uns supposaient qu'on en viendrait à bout par l'influence d'une douce philosophie qu'égayeraient des bouquets à Chloris et des plaisanteries voltairiennes ; d'autres pensaient qu'il était nécessaire d'y joindre l'assaisonnement de la guillotine. Après ce régime de terreur, la tentative socialiste de Babœuf n'était plus qu'un anachronisme. On revint à la politique de guerre et de conquête, puis aux luttes dynastiques, électorales et parlementaires. Il fallait que de grands changements s'accomplissent dans le sein même de la société pour que le temps pût venir où, chaque fois qu'une émeute renverserait un gouvernement, des démagogues d'un genre nouveau osassent proclamer que la vieille société était dissoute, et afficher la prétention d'en être les liquidateurs.

Il fallait en effet pour cela que, chez une nation aussi mobile que la nôtre, le radicalisme politique eût tiré toutes les conséquences de ses prémisses ; qu'il fût reconnu impossible de l'enrayer par des institutions politiques sans racines dans la tradition ; et que l'impossibilité non moins grande de corriger par des révolutions politiques les maux et les souffrances qui tiennent à la structure même de la société, frappât tous les yeux. Les agitateurs de profession ne peuvent se passer d'un moyen d'agir sur les masses. Puisque l'attrait d'une démolition de l'édifice politique ne suffisait plus, il fallait bien recourir à l'attrait d'une démolition de cet ordre social qui survivait obstinément à toutes les subversions politiques. La rude et grossière invention du suffrage universel, à laquelle ont finalement abouti les travaux de tant d'ingénieux publicistes, de tant de pamphlétaires incisifs, de tant d'orateurs véhéments ou diserts, mettait le peu qui restait d'institutions politiques à la discrétion des masses les moins intéressées en apparence, et selon leur propre opinion, au maintien du vieil organisme social. Joignez-y l'agglomération des ouvriers de l'industrie dans des villes immenses, où tout les pousse à la débauche et les détourne de l'épargne, où le mot d'ordre peut être transmis avec ensemble, obéi avec ponctualité ; et vous comprendrez comment ce qui n'avait été pendant des siècles que le rêve de quelques cerveaux mal sains, étrangers aux affaires du monde, a pris tout à coup les proportions d'un phénomène historique. Vous comprendrez comment le monde s'est effrayé à bon escient de ce mot de *socialisme*, drapeau d'une secte ou de sectes nouvelles, quand il a sondé ses plaies et vu toutes les passions et toutes les convoitises que ce drapeau peut rallier.

Ces explications pourraient sembler suffisantes, et cependant elles ne touchent pas encore à ce qu'il y a peut-être de plus viscéral dans le phénomène historique qui nous occupe. La philosophie du xviiie siècle, qui a préparé l'explosion de la Révolution française, s'attaquait aux croyances chrétiennes et particulièrement à la hiérarchie catholique, plus encore qu'aux institutions politiques et civiles issues de la féodalité du moyen âge, et que nous comprenons aujourd'hui sous la dénomination d'ancien régime. Après tant de luttes et de revirements politiques, il s'est trouvé que les vieilles croyances, malgré leur affaiblissement incontestable, avaient conservé bien plus de vitalité et de force que les philosophes ne le supposaient. Que non-seulement elles restaient debout après la chute de toutes les institutions politiques successivement essayées, mais qu'elles redoublaient de confiance en elles-mêmes sans se départir d'aucune de leurs prétentions, en sachant retourner habilement contre leurs adversaires leurs propres armes, chaque fois que ce genre d'escrime pouvait les servir. On était donc en présence d'un arbre séculaire dont les racines, après avoir facilement percé la couche superficielle du sol politique, pénétraient dans les profondeurs du milieu social. C'était donc dans ces profondeurs qu'il fallait fouiller. Puisque ni la philosophie, ni la science, ni l'ardeur des passions politiques ou nationales ne suffisaient, il fallait pouvoir compter sur une solidarité, une assistance, une propagande que les frontières nationales n'arrêtent pas, pour combattre à armes égales un principe qui a la vertu d'unir tous les hommes sous une discipline commune, sans distinction de nationalité. Tel est le rôle que prétendent remplir les sectes socialistes, auxquelles il ne serait pas sensé de demander un passe-port délivré au nom de la philosophie, de la science ou de la politique. Elles professen avant tout la haine du prêtre, et le prêtre le leur rend : car s'il peut malgré ses préférences se prêter à toutes les formes politiques, la seule forme socialiste dont il s'accommoderait, celle des Missions du Paraguay, lui paraît trop incompatible avec les conditions des sociétés actuelles. De là une guerre à outrance dénoncée de part et d'autre, déjà signalée par des actes sauvages, et qui est pour la civilisation le plus grave des périls.

Car, on ne saurait se le dissimuler, l'alliance du clergé a perdu jusqu'ici tous les partis politiques qui l'ont recherchée. Bien loin d'y avoir puisé des forces comme ils l'espéraient, ils y ont en grande partie dépensé la force qui leur était propre, celle qu'ils devaient à leurs principes ou à la faveur des circonstances. Tant de gens redoutent avant tout, soit par indépendance d'esprit, soit par fierté de caractère, soit par d'autres motifs plus équivoques, l'ingérence du prêtre dans la conduite de la société, et à plus forte raison sa domination ! Il se trouve donc que les deux bases sur lesquelles ont reposé jusqu'à présent les sociétés humaines, la religion et la propriété, sont menacées en même temps, et qu'au lieu de pouvoir s'appuyer sur l'une pour défendre l'autre, on a de justes motifs de craindre de les compromettre toutes deux en les reliant dans une commune défense.

Il ne faut pas confondre la cause de la propriété avec celle de la liberté économique, ni la thèse du socialisme avec celle de la réglementation. L'activité individuelle n'est pas éteinte, elle est plus habituellement excitée par les obstacles qu'elle rencontre dans le milieu où elle s'exerce, tant qu'elle espère les surmonter. Il en est à cet égard des difficultés créées par la police sociale comme de celles qui viennent de la nature des choses, du milieu physique : là surtout où l'on est généralement convaincu que le règlement même, quoique d'institution humaine, a pour but d'aider l'homme à surmonter les difficultés naturelles, et en ce sens tient aussi à la nature des choses. Ce qu'il faut par-dessus tout craindre de tuer, c'est le principe interne de l'activité individuelle, du travail, de la prévoyance et de l'épargne. Or, ce qui a toujours paru capable de le tuer, c'est la suppression du droit de propriété qui est le lien entre la personne humaine et les choses du dehors, ou la suppression de l'héritage qui prolonge, dans la portion d'avenir qu'il est donné à la personne humaine d'embrasser en ce monde, ses œuvres, ses intérêts et ses droits. Grâce à la propriété, l'homme sent mieux qu'il est une *cause*, et, grâce à l'institution de l'héritage, il sait qu'avec son consentement exprès ou tacite, il aura dans l'avenir des *ayant cause*, comme dit le jargon juridique. Mais on ne peut pas juger en si peu de mots un procès si grave, et il faut se rendre mieux compte de ce qu'il y a de possible et d'impossible dans les utopies socialistes.

§ 6. — *De l'impossible et du possible, dans le but poursuivi par les sectes socialistes.*

L'ouvrier de la ruche socialiste serait un moine d'une nouvelle espèce, qui, sur les trois vœux essentiels du vieux monachisme, en ferait deux : le vœu d'*obéissance*, puisque le système exige que tout soit de proche en proche réglé par l'autorité sociale, production, distribution, circulation, consommation ; et le vœu de *pauvreté*, qui n'impliquerait pas sans doute le dénûment et la souffrance, pas plus pour le socialiste que pour le moine des grasses abbayes, mais qui rappellerait la pauvreté monacale, en ce sens que le socialiste comme le moine n'aurait que le simple usage des choses, non la propriété, et tout en usant de la chose en abhorrerait la propriété, à la manière d'un franciscain du quatorzième siècle. Reste un troisième vœu que faisait le moine et que se garderait bien de faire un socialiste en ce temps de *réhabilitation de la chair*. Ce serait là, suppose-t-on, le dédommagement des autres vœux, puisque la société se chargerait de tout. Seulement il faudrait que la société eût de quoi pourvoir à tout, et comme les hommes ne peuvent point par une convention, sur la motion d'un orateur ou par le vote d'une

assemblée, changer les lois de la nature, Darwin serait
là pour montrer qu'on a omis dans le règlement de
police sociale justement le chapitre le plus important
dans ses suites, le plus malaisé à rédiger et à faire
exécuter. Il faudrait bien que la société eût le droit de
donner aux enfants qu'elle adopte et qu'elle nourrit
l'éducation, l'instruction, la morale, la philosophie qui
lui conviennent; et le système primitivement conçu
dans un but économique d'organisation du travail et
de distribution des produits, asservirait rapidement
l'homme tout entier [1].

Chacun varie à son gré la nouvelle règle conven-
tuelle : mais, justement parce que chacun peut la varier
à son gré, en l'absence de preuves scientifiques ou de
miracles dont le temps est passé, personne n'a l'autorité
requise pour imposer aux autres la règle de son invention. Nous ne sommes plus aux temps de Pythagore ni
de saint François. Se figure-t-on un chef de secte, l'in-

---

1. « Mais voilà tous ces gens à l'œuvre. Qui les dirigera? qui les
surveillera? qui saura de quelle manière chacun d'eux remplit sa tâche?
qui recueillera les produits? qui les échangera, les vendra? Car une
partie devra passer par le commerce à l'étranger. Qui touchera le prix
de la vente? qui le distribuera? Il faudrait autant de surveillants, autant d'agents du pouvoir que de travailleurs réels. Et qu'est-ce que cela
sinon l'esclavage antique, une classe de maîtres ordonnant, administrant,
n'importe au nom de qui, et une classe de machines employées à la production? L'hérédité au moins n'y serait pas. Elle y serait bien vite,
elle y serait le lendemain si, de toutes les choses impossibles, un pareil
système n'était pas la plus impossible, grâce à Dieu. » LAMENNAIS,
Œuvres posthumes, p. 174. Paris, 1856, in-8.
Sectaire par tempérament, Lamennais n'avait pas plutôt abjuré à
Rome son catholicisme ultramontain, qu'il était devenu socialiste jusqu'à la moëlle des os : mais sa raison, comme on le voit par cette cita-
tion, ne pouvait s'accommoder du socialisme systématique.

venteur d'une nouvelle règle de couvent, capable de ranger sous cette règle des millions de compatriotes et même de l'imposer au monde civilisé tout entier? Car apparemment les voyages, le commerce, le mélange incessant des populations de toute origine, ne permettraient pas qu'une règle artificielle, gênante pour beaucoup de gens, subsistât longtemps dans un grand pays, en face de tant d'autres peuples, pourvus aussi de quelques lumières, qui s'en passeraient et qui s'en moqueraient. Les religions mêmes s'usent à ce continuel frottement, et jamais secte socialiste n'aura sur les hommes le même empire qu'une religion.

En admettant que l'État puisse, là où les mœurs et les institutions s'y prêtent, agir sur le système économique intérieur au point de réaliser, dans les limites que le bon sens indique, l'idéal d'une utopie socialiste, le pouvoir lui échapperait en tout ce qui concerne les rapports internationaux. On ne peut plus isoler les unes des autres les nations civilisées, pas plus pour le commerce des produits que pour celui des idées. Les barrières tombent les unes après les autres; et après leur chute, comment maintenir par la vigueur de l'autorité, par la tension d'une police intérieure chez telle nation en particulier, un régime économique qui contrarierait par trop les habitudes des autres nations civilisées? Si ce régime avait de l'attrait pour les classes ouvrières, les ouvriers étrangers afflueraient, et il serait humainement impossible de les repousser. S'il effrayait les capitalistes, les capitaux émigreraient, et l'on sait que la plus ombrageuse tyrannie n'en peut empêcher l'émigration. On aurait beau régler les rapports entre patrons et ouvriers, et tarifer les produits en conséquence de ces rapports,, on ne ferait pas accepter ces tarifs aux nations étrangères ; et il faudrait bien reviser les règlements et les tarifs en face de la concurrence étrangère.

Toutefois, en bannissant les chimères, il ne faut pas se refuser à voir ce qu'il y a de réel dans les tendances dont elles sont l'expression indiscrète et exagérée. Il faut donc que derrière les sectes qui se voilent, qui se contredisent, ou dont la controverse fait aisément justice, il y ait une idée commune à toutes les sectes et dont la réalisation n'implique rien de contradictoire. On a pu aisément saisir le côté ridicule des utopies socialistes, ou montrer que ce que leurs auteurs donnent pour neuf a été maintes fois proposé, discuté, réfuté, conformément à cet adage, « que rien n'est nouveau sous le soleil » , et que les rêves mêmes se renferment dans un cercle limité. On n'en aurait pas moins tort d'assimiler les utopistes du dix-neuvième siècle à leurs devanciers : car les uns sont venus dans des temps où leurs utopies étaient en effet de purs rêves, de vains jeux d'esprit ; au lieu que les autres, tout en rêvant, ont eu de ces songes que la réalité actuelle suggère, et où se mêlent bien des pressentiments de l'avenir. Personne de sensé ne peut prendre aujourd'hui ces utopies à la lettre, pas même les gens d'esprit qui les ont faites, et qui ont bien prouvé depuis qu'ils savaient composer avec la dureté des temps, d'une manière très-profitable pour eux-mêmes et parfois profitable aussi pour le public. Mais les principes praticables, voilés sous leurs utopies impraticables comme sous autant de symboles, n'en continuent pas moins de faire leur chemin dans le monde, au grand applaudissement des uns, à la grande frayeur des autres. Par exemple on ne cite plus de jeunes enthousiastes, prêts à déposer leur fortune aux pieds d'un supérieur de couvent, en se soumettant pieusement à cirer les bottes ou à laver la vaisselle, dans le cas où le supérieur jugerait que c'est à cela que « leur esprit se hausse » : mais il n'en est pas moins vrai que la fameuse formule : « à chacun selon sa capacité, à chaque capacité selon ses œuvres », tend de plus en plus à prévaloir dans le gouvernement de la société ; qu'il devient toujours plus rare et plus difficile de vivre de son héritage, et qu'il ne faudrait pas beaucoup augmenter la part de l'héritage dévolue au fisc ou à la communauté, pour répartir sur un petit nombre de générations cette confiscation de l'héritage, qui, faite d'un seul coup, choquerait encore trop nos mœurs. On a renoncé à bâtir des *phalanstères* sur le plan de l'inventeur : mais les crèches, les asiles, les cités ouvrières, les associations ouvrières sont autant d'institutions par lesquelles on demande à l'association et au principe de la division des travaux domestiques, conformément à l'idée mère du phalanstère, des conditions d'économie et de bien-être que l'isolement des individus et des familles ne permettrait pas de réaliser. Le socialisme, qui fait de l'État le grand organisateur du travail et le grand distributeur des produits, n'est pas sans doute en mesure de s'imposer d'emblée à toute une nation :

mais le développement énorme des travaux publics, la
continuelle absorption par l'impôt, et surtout par les
emprunts publics, d'une part considérable des profits
annuels du capital national, qu'est-ce autre chose
qu'un socialisme gradué et mitigé, qui met dans la
main de l'État le souverain aménagement de tous les
canaux de la richesse publique, de manière surtout à
déverser sur la masse des salaires ce qui aurait pris
un autre cours par les seules lois de l'équilibre économique ?

Si l'on ne peut radicalement abolir ni la propriété, ni
l'hérédité, ni l'inégalité des conditions, il faut qu'il y
ait dans la machine de l'impôt dont le législateur dispose, des moyens d'atteindre indirectement et non
moins sûrement au but que poursuivent en commun
toutes les sectes divisées par le drapeau. On supprimerait aujourd'hui l'hérédité *ab intestat* en ligne collatérale, tout en maintenant la faculté de tester, que
très-peu de gens s'en formaliseraient, tant les « oncles
à succession » deviennent rares, et tant il serait facile
de pourvoir testamentairement à ces cas exceptionnels !
Qu'importe que, par l'énormité des droits de mutation,
l'héritage ne se transmette pas à la quatrième génération, si par là l'on ne décourage aucun travail et
aucune économie, attendu que personne, en travaillant
ou en épargnant, n'a plus en vue sa quatrième génération ?

Dans la démocratie athénienne, la plèbe s'arrogeait
le droit de taxer les riches, de rejeter sur eux tout le
fardeau des dépenses publiques, y compris le salaire de

la plèbe qui les gouvernait, les jugeait et les taxait. A ce régime ressemblerait fort celui du suffrage universe, combiné avec une judicature élective et avec un impôt progressif sur le revenu ou sur le capital. A vrai dire il y aurait alors des *possessions de biens,* comme pour le pérégrin de la Rome antique, plutôt que des *propriétés.* Le droit privé s'inclinerait de plus en plus devant la déclaration d'utilité publique ; on verrait s'accroître continuellement la part mise à la disposition de l'État ou des meneurs de la plèbe, dans un but réputé d'utilité publique ou démocratique. Il faudrait entreprendre de grands travaux publics pour donner du travail à la population ouvrière, c'est-à-dire pour consacrer effectivement le droit au travail. Il faudrait fournir des capitaux aux ouvriers pour les affranchir de la dépendance d'un entrepreneur ou d'un patron, ou pour faire cesser « l'exploitation de l'homme par l'homme ». Bien aveugle celui qui ne reconnaîtrait point là le socialisme pratique dont les générations à venir sont probablement appelées à goûter les fruits bons ou mauvais, et qui, en se dégageant de certains accessoires propres à le compromettre, n'en doit inspirer que plus de craintes aux intérêts qu'il menace. Après tout, ces intérêts si chers au père de famille ne touchent que médiocrement l'historien et le philosophe. Louis XIV disait, au rapport de Saint-Simon : « Que m'importe lequel de mes petits-fils me succède ? » Au besoin l'historien et le philosophe diraient aussi : « Qu'importe que telles générations périssent dans un cataclysme ou s'éteignent de langueur, et que telles

autres soient appelées à continuer les destinées de
l'humanité?» Ce qui aurait une importance historique
et philosophique, ce serait que les nouvelles conditions
fussent meilleures ou pires, que la civilisation gagnât ou
perdît à l'avénement de cette démocratie extrême, de
ce socialisme déguisé, lorsqu'il serait poussé au point de
décourager l'activité individuelle autant que pourrait le
faire le socialisme systématique auquel on aurait dû renoncer. Instruits par l'expérience, les futurs théoriciens en pourront raisonner plus pertinemment que
nous, si tant est qu'en ce genre l'expérience instruise
et qu'il y ait encore des faiseurs de théories.

CONCLUSION

§ 1er. — *Des théories économiques et de leur place dans le cadre scientifique.*

Notre esquisse achevée, nous pouvons utilement revenir sur quelques-unes des considérations qui précèdent et mieux caractériser la place, la nature, les moyens, la portée de cette science d'origine moderne qui traite de l'économie des sociétés, et plus particulièrement de ce qui tient à la production et à la distribution des richesses.

Nous savons (p. 44) que l'homme a l'idée des biens et de la propriété longtemps avant d'avoir l'idée précise de la richesse : c'est en partie pour cela que la science des jurisconsultes s'est développée bien avant celle des économistes. D'ailleurs, la jurisprudence touche au vif les intérêts privés, tandis que les spéculations de l'économiste portent sur le corps de la société et n'ont pour les particuliers qu'un intérêt secondaire et indirect. Voyez en effet à quelles conditions se réalisent ou tendent à se réaliser l'idée abstraite de la richesse et toutes les conséquences qu'on en tire. Il faut le concours d'un grand nombre de vendeurs et d'acheteurs pour qu'il s'établisse un prix courant ou une valeur commerciale déterminée. On ne saurait tenir compte des écarts de la fantaisie individuelle, ni de l'exagération des espérances et des craintes, selon l'humeur de chacun : il faut embrasser un temps et un espace assez considérables pour que tous les effets des causes irrégulières et accidentelles se soient sensiblement compensés. Ainsi, l'on n'a pu aborder de telles spéculations sans se placer à un point de vue qui domine la sphère des intérêts privés.

D'un autre côté, le jurisconsulte ne perd jamais de vue la personne humaine, ses obligations et ses droits, ce qui imprime à sa doctrine le caractère d'une science morale. Au contraire, s'agit-il de savoir comment, par suite de changements dans les conditions de la production ou dans les relations commerciales, les prix hausseront, baisseront, se nivelleront ; comment les profits et les pertes se répartiront entre les diverses catégories de producteurs et de consommateurs? On sent que la morale est étrangère à de telles questions, que la solution trouvée ou désirée ne dépend pas de la manière d'entendre des questions d'un autre ordre, en politique, en religion, en philosophie non plus qu'en morale, et que réciproquement il faut accepter les solutions que donne la science, quand elle en donne, sans craindre que d'autres en puissent tirer valablement des conclusions contraires à des principes qui nous sont chers, en morale, en philosophie, en religion, en politique. Dira-t-on qu'une science distincte à ce point de la morale est une science *matérialiste?* Mais elle n'est pas plus matérialiste que l'arithmétique et la géométrie dont elle se rapproche en tant qu'elle procède des idées abstraites du nombre et de la mesure, c'est-à-dire de ce qui domine les conditions du monde matériel, bien loin d'en être une conséquence.

Comme la politique a passionné les hommes bien avant que leur attention ne se portât d'une manière suivie sur le mécanisme de la société dont les institutions politiques sont loin d'être l'unique ressort, on a confondu la société avec l'État, le corps social avec le corps politique, l'économie sociale avec l'économie politique, et même on a affecté spécialement le nom d'*économie politique* à la branche de l'économie sociale qui peut arriver plutôt que d'autres à la forme scientifique, justement parce qu'elle traite de choses mesurables, comme les richesses. On reconnaît généralement ce que cette dénomination a d'incorrect, mais elle a passé jusque dans la langue officielle, jusque dans l'énoncé de certaines prescriptions ou défenses légales, et il serait peu raisonnable, peut-être ridicule, d'entreprendre aujourd'hui de la réformer.

Chaque peuple a ses coutumes et son droit national, en même temps qu'il obéit à des règles juridiques d'une application universelle : en ce sens donc, il y a une jurisprudence commune et des jurisprudences locales ou nationales. De même pour la science de l'économie sociale, qui comprendra des règles communes à toutes les sociétés, et d'autres qui ne conviennent qu'à des sociétés placées dans des conditions particulières. Ce n'est pas un motif pour se dispenser de faire figurer l'économie sociale dans un tableau philosophique des connaissances humaines, puisque tout le monde s'accorde à y donner une place à la jurisprudence. Ce n'est surtout pas une raison pour changer le nom d'économie sociale en celui d'économie politique, car, à ce compte, il faudrait aussi rattacher à la politique toutes les parties de la science du droit, même celles qui sont le plus étrangères à la politique.

Il est toujours instructif de voir comment un grand esprit, quand il trouve sur son chemin des questions étrangères à ses études habituelles, les tranche à sa manière, avec plus d'indépendance et d'originalité, quoique avec plus de risques de s'égarer. Dans son essai de classification encyclopédique, Ampère admet un groupe ou un *embranchement* qu'il appelle l'embranchement *des sciences politiques* et qui se ramifie dans son système, à l'instar des autres embranchements, en quatre sciences *de premier ordre :*

La Nomologie, — l'Art militaire, — l'Économie sociale,
— la Politique.

Remplaçons le terme inusité de *nomologie* par celui de *jurisprudence ;* mettons aussi de côté l'*art militaire*, qui n'a rien à faire ici s'il s'agit de l'art qui a illustré les grands capitaines, et qui rentre dans la politique ou dans les applications des sciences physiques, suivant qu'il s'agit de l'organisation des armées ou des engins de guerre. La liste d'Ampère sera réduite à trois termes :

La Jurisprudence, — l'Économie sociale, — la Politique.

Mais l'ordre n'y vaudra rien encore, car, dans son évolution historique, l'économie sociale ne s'intercale pas entre la jurisprudence et la politique. Au contraire, les peuples développent d'abord parallèlement leur jurisprudence civile et leurs institutions politiques, fondées également sur l'idée du droit ; après quoi, et dans une phase tardive des sociétés humaines, l'idée d'une utilité sociale, d'une économie sociale, se fait jour et tend à se subordonner aussi bien la législation civile que les institutions politiques [1]. Pour exprimer ces rapports de parallélisme et de succession, nous écrirons les termes ainsi :

Jurisprudence, — *Politique*,
|
ÉCONOMIE SOCIALE ;

et nous croirons avoir assorti, autant qu'il se peut, le signe graphique à l'idée qu'il s'agit de rendre.

Reprenons, pour les détails, cette science de premier ordre que nous nommons avec Ampère l'économie sociale. Fidèle à son principe d'analyse dichotomique, tout artificiel qu'il est en réalité, Ampère la divise en deux sciences de *second ordre*, dont chacune se subdivise en deux sciences de *troisième ordre*, conformément au tableau suivant :

| ÉCONOMIE | *Chrématologie.* | Statistique.
Chrématogénie. |
| SOCIALE | *Économie sociale*
(proprement dite.) | Dianémétique.
Cœnolbologie. |

1. *Traité de l'enchaînement des idées fondamentales*, livre IV, chap. IX, X, XI, XII.

La *chrématologie* (de χρῆμα, richesse) n'est pas autre
chose que ce que nous avons entendu, dans ce livre et
ailleurs, par la *théorie des richesses*. Le mot paraît bien
fait, mais, quand il s'agit de la facture d'un mot grec,
l'autorité d'Ampère doit le céder à celle d'Aristote ; et
puisque Aristote a pris la peine[1] de forger lui-même
le mot de *chrématistique* (χρηματιστική), il n'y en a pas
de plus convenable si l'on veut éviter les embarras
d'une dénomination complexe. Il faut aussi convenir
que la statistique ne saurait être considérée comme une
dépendance, ni même comme une annexe de la chrématistique, puisque, loin de se borner à inventorier des
richesses, elle s'occupe avant tout de relever les naissances, les mariages, les décès, les nombres d'écoliers,
de conscrits, de malades, d'aliénés, d'accusés, de con-
damnés. D'un autre côté, la *dianémétique* (de διανέμησις,
partage ou *distribution*) a apparemment pour but d'étu-

1. *Polit.*, liv. I, chap. VIII. — A plus forte raison l'autorité d'Aristote
doit-elle faire rejeter les mots de *catallactique*, de *ploutologie*, souvent
proposés. Aristote ne poussait pas l'archaïsme jusqu'à remonter à l'idée
rudimentaire de *troc* ou d'*échange;* et quand au mot πλοῦτος, il répond
mieux à l'acception vulgaire de notre mot *richesse*, pris pour synonyme
d'*opulence* (p. 45) : mais ce n'est point là l'acception didactique qu'Aristote avait en vue et qu'ont encore en vue les économistes.

Le mot χρῆμα est en grec un de ces mots courants qui ont le plus de
généralité et de vague. Il désigne le bien, l'abondance, toute espèce de
chose utile, une affaire quelconque. Par une de ces transitions dont il
y a d'autres exemples, et que la psychologie explique, il passe au sens
contraire et désigne aussi le besoin, la nécessité. En effet, une chose
utile et qui a pour cela de la valeur, est une chose dont on sent le
besoin. Le riche a bien plus de besoins que le pauvre. Les moralistes
raffinés et de subtils économistes, comme notre contemporain M. Macleod,
se sont applaudis d'avoir fait cette découverte : mais, dans les bégaye-
ments de leur premier langage, des hommes encore grossiers leur avaient
ôté les honneurs de l'invention.

dier les lois de la distribution des richesses, dont la *chré-matogénie* étudie la génération ou la production : ce sont donc deux parties de la chrématologie d'Ampère, de la chrématistique d'Aristote, et même deux parties insé-parables. Car, à moins d'être en plein socialisme, on ne produit pas d'abord des richesses, sauf à aviser en-suite au mode de distribution ; mais la demande même règle la production, et la demande est étroitement liée au mode de distribution des richesses. Enfin le mot de *cœnolbologie*, par la dure association de ses trois ra-cines (κοινός, ὄλβος, λόγος), exprime la théorie du bonheur, commun, ce qui a l'inconvénient de trop rappeler le *bonheur commun* de Babœuf et d'autres sectaires. De longtemps, sinon jamais, on ne pourra réduire en science, ni inscrire parmi les sciences, la théorie du bonheur commun, pas plus, hélas! que la théorie du bonheur particulier.

Toute cette partie de la classification d'Ampère, sur laquelle sa correspondance nous apprend qu'il a long-temps hésité, est donc absolument défectueuse ; nous y substituerons la classification suivante :

ÉCONOMIE SOCIALE	Statistique.
	Chrématistique ou théorie des richesses.
	Police, finances, administration.

Dans sa simplicité, ce tableau indique nettement les trois branches de l'économie sociale qui se distinguent assez bien dans les livres, dans les académies et dans le monde, comme autant de sciences particulières qui se font des emprunts et se rendent des services, tout en conservant un cachet de spécialité. Une telle liste ne saurait être donnée comme définitive : elle doit au contraire s'étendre par voie de dédoublement et d'adjonction, à mesure que la science fait des progrès et que les travaux se spécialisent davantage.

§ 2. — *De la controverse dans les questions économiques.*

Nous venons de parler de la classification des doctrines économiques au point de vue de la science, ou de ce qu'on pourrait nommer l'*encyclopédie économique* : mais déjà les pères de la philosophie grecque, Platon et Aristote, avaient très-bien distingué ce qui est du ressort de la *science* (ἐπιστήμη) et ce qui est du ressort de l'*opinion* (δόξα). La science, la raison, flambeaux divins de l'humanité, gouvernent en effet le monde, en ce sens que leurs règles constantes, immuables, doivent finalement prévaloir sur les fluctuations des éléments inférieurs de notre nature : tandis que l'opinion, quoi qu'on en ait dit, maîtrise, entraîne le monde plutôt qu'elle ne le gouverne, et qu'il lui arrive souvent de détruire son œuvre de la veille. Or, qui ne voit que la plupart des questions d'économie sociale dont le monde s'occupe sont tranchées dans le monde et même par les gouvernements comme des questions d'opinion plutôt que comme des questions scientifiques dont les gouvernements de notre époque ne redoutent jamais la discussion, et à propos desquelles tout le monde s'incline devant l'autorité des savants? S'agit-il, par exemple, du droit d'association ou de réunion, du régime de la presse, de savoir si des journaux seront soumis au timbre ou à l'autorisation préalable? les questions économiques courront grand risque d'être assimilées à des questions politiques ou religieuses, plutôt qu'à des discussions entre astronomes, chimistes ou naturalistes. En effet, des questions qui intéressent non plus des individus éparpillés, mais des groupes, des classes, des provinces entières, deviennent du ressort de l'homme d'État, du politique, plus encore que de l'administrateur : à plus forte raison sortent-elles du cadre de la science proprement dite. En ce qui les concerne, la compétence des académies s'efface devant celle des pouvoirs publics, et ceux-ci ont à compter plus avec l'opinion qu'avec la science.

En fait de résultats économiques comme en fait de pratique médicale, il y a lieu à des observations, à des tâtonnements, à des essais, plutôt qu'à l'expérience scientifique, telle, par exemple, que les physiciens et les physiologistes la conçoivent et la pratiquent. Qu'il s'agisse de peuples ou d'individus, on peut essayer d'un régime ou d'un remède, mais on n'expérimente pas sur le vif quand la nature humaine est en jeu. D'ailleurs tant de causes peuvent influer à la fois sur les faits de l'ordre économique, que l'on ne voit guère comment on pourrait instituer l'*experimentum crucis* et se prémunir suffisamment contre le sophisme si périlleux « *post hoc, ergo propter hoc.* » Il faudrait éliminer les causes les unes après les autres, par le moyen d'observations faites dans des circonstances diverses : ce à quoi les phénomènes économiques se prêtent d'autant moins que la civilisation mêle plus les peuples, et que l'influence des mêmes causes majeures est ressentie partout.

Dans les plus parfaites des sciences naturelles, telles que l'astronomie, apparaît une subordination marquée entre les causes principales qui impriment aux phénomènes leurs caractères généraux de simplicité et de régularité, et les causes secondaires qui troublent les effets des causes principales, sans toutefois les masquer à l'observateur. La science ne peut alors hésiter dans sa marche, qui consiste à étudier les causes principales, puis à tenir compte des actions perturbatrices. Lorsqu'il s'agit de sciences moins parfaites, comme celles qui ont pour objets les êtres vivants, où la subordination des causes est beaucoup moins accusée par leurs effets mêmes, les points de comparaison sont si multipliés, que l'œil de l'intelligence pourra voir ce que les sens ne saisissent pas immédiatement. Les inductions se renforceront les unes les autres, la raison fera son office. L'idée mise en lumière par des hommes supérieurs frappera également tous les esprits justes et sera généralement acceptée comme le point de départ de nouvelles recherches, comme le lien qui doit les contenir et les soutenir.

Il n'en est plus de même pour ce qui fait l'objet des études de l'économiste. Les abstractions auxquelles il faut toujours recourir pour simplifier les questions et les rendre accessibles au raisonnement, ne sont pas de celles qui s'imposent naturellement à tout le monde ; il y entre souvent beaucoup d'arbitraire. Ce que l'un néglige dans une première approximation comme un fait secondaire et accessoire, sera pour l'autre le fait principal sur lequel il bâtira sa théorie. On aura ainsi des théories opposées les unes aux autres, dont aucune ne sera fausse à proprement parler, quoique toutes soient incomplètes et par suite inexactes dans l'application. A la longue, sans doute, on reconnaîtra qu'il y en a de moins imparfaites que d'autres, et l'on pourra composer des unes et des autres, dans les parties où elles ont l'avantage, un corps de doctrine éclectique. Mais cela même s'oppose à la fusion en un seul système, et contribue à maintenir la science dans une imperfection relative, suite naturelle de son état fragmentaire.

De tout cela, il résulte qu'aujourd'hui encore, la science des économistes, sans être comme on l'a dit malignement, une *littérature*, est bien plus que les autres sciences, imprégnée de ce goût de terroir, marquée de ce cachet des temps et des lieux, qui distinguent une littérature d'une autre. On a beau traduire en très-bon français le livre d'un économiste anglais et avoir soin, pour la commodité du lecteur français, de substituer des mesures et des monnaies françaises aux mesures et aux monnaies anglaises : il n'est pas besoin d'en lire dix pages pour juger de la provenance. Adam Smith est peut-être celui à qui cette remarque s'applique le moins, ce qui explique en partie la grande fortune de son livre. Le cachet de l'époque n'est pas moins marqué. Tout système mis de côté, on reconnaît un économiste français du dix-huitième siècle à cette recherche (sincère au fond, affectée dans la forme) de ce qu'il appelle « le bonheur des hommes ». On sent que tout cela remonte au *Télémaque,* et n'est qu'un cri d'opposition contre les abus de l'ancienne monarchie, en attendant que le temps fasse éclore des questions plus formidables. Les autres sciences ont bien aussi leur histoire, leurs progrès qui se lient aux progrès de la société, mais non au point que leur physionomie reflète, comme une littérature, la physionomie de la société.

Si les exigences de l'opinion n'obligent pas l'astronome, le géologue, le chimiste d'aller plus vite que la science ne peut aller, et de résoudre des problèmes dont tous les éléments de solution ne sont pas encore réunis, il n'en est pas de même pour la science de l'économie publique et pour ceux qui la cultivent. Dans les choses qui ne peuvent rester en suspens, il faut qu'il y ait une raison pratique de décider, et que l'opinion prenne un parti quand la science est hors d'état de se prononcer. Ainsi fait le médecin dans sa pratique, ainsi l'homme d'État dans la sienne; ainsi font tous les hommes pour les questions qui intéressent le plus leurs destinées et qui sont justement celles que la science est le moins en mesure de résoudre.

Nous avons notamment remarqué (p. 266) qu'en l'absence de démonstrations dont les unes sont absolument impossibles et les autres paraissent telles dans l'état de nos connaissances, l'idée de la liberté économique s'offre à nous comme ce qu'il y a encore de plus naturel, de plus simple dans la pratique, de plus commode pour le raisonnement : tandis que, dans le système réglementaire ou protecteur, chaque mesure en appelle d'autres, et qu'ainsi le système va en se compliquant et en se singularisant davantage, au moment même où se multiplient les relations sociales, les communications de peuple à peuple, et où l'interposition de barrières ou d'obstacles artificiels devient plus difficilement supportable. Il y a donc lieu de croire que le monde tend vers l'application la plus large de la liberté économique et commerciale, non en vertu de prétendus théorèmes qui n'ont jamais été démontrés, non en vertu de preuves expérimentales qui n'ont pas encore été données de manière à lever tous les doutes, mais par un courant irrésistible de l'opinion qui mène les peuples et dont, sans rien outrer, il est convenable que les hommes d'État tiennent grand compte.

On en doit dire autant de la plupart des questions capitales que les économistes ont agitées. En fait, de telles questions ne se décident, ni par les argumentations des docteurs, ni même par la sagesse pratique des gouvernements, et quand un système a fait son temps, de bonnes raisons ne peuvent guère plus que des sophismes, lui rendre le crédit qu'il a perdu. L'habileté des hommes d'État consiste alors, tantôt à trancher résolûment des débats interminables, parce qu'il faut bien que tout procès ait une fin, tantôt à modérer l'ardeur de l'esprit d'innovation sans tenter une lutte impossible contre les arrêts du destin. La déduction logique, suivie avec une prudente réserve, n'en garde pas moins son utilité. Outre qu'elle répond à ce besoin de l'esprit humain de trouver, comme le dit Leibniz : « tout ce qui peut se trouver par raison », elle nous aide à marquer, dans la trame de nos connaissances, les pleins et les vides : ce qui est le meilleur moyen d'éviter beaucoup d'erreurs et de se préserver d'un faux dogmatisme, nuisible à la liberté d'esprit que l'homme public doit garder dans ses résolutions. En ce sens, une théorie juste, quoique fort imparfaite encore, facilite la résistance aux brusques changements et ménage la transition d'un régime à l'autre. En montrant ce qu'on sait et surtout ce qu'on ne sait pas, elle amène à composition les intérêts contraires. Les systèmes ont leurs fanatiques : la science n'en a jamais, elle qui use les systèmes et qui, peu à peu les remplace dans ce qui admet à la longue une construction scientifique.

FIN

Paris. — Typ. PILLET et DUMOULIN, 5, rue des Grands-Augustins.

Librairie HACHETTE

BIBLIOTHÈQUE VARIÉE, FORMAT IN-18 JÉSUS, A 3 FR. 50 C. LE VOL.

About (Edmond). L'Alsace 1 vol. — Causeries. 2 vol. — La Grèce contemporaine. 1 vol. — Le progrès 1 vol. — Le turco. 1 vol. — Madelon. 1 vol. — Théâtre impossible 1 vol — A B C du travailleur. 1 vol. — Les mariages de province. 1 vol. — La vieille roche 3 vol. — Le fellah. 1 vol. — L'infâme 1 vol. — Salons de 1864 et 1866. 2 vol.

Albert (.). Chefs-d'œuvre de tous les temps et de tous les pays : la poésie, 1 vol. ; la prose, 1 vol. — La littérature française de la fin du XVIe siècle au XVIIIe siècle 3 vol.

Barrau Histoire de la Révolution française. 1 vol.

Baudrillart. Économie politique populaire. 1 vol.

Bautain (l'abbé). Le chrétien et la chrétienne de nos jours 4 vol. — Les choses de l'autre monde 1 vol — La belle saison à la campagne. 1 vol.

Berger. Histoire de l'éloquence latine. 1 vol

Bersot. Mesmer et le magnétisme animal. 1 vol.

Boissier. Cicéron et ses amis. 1 vol

Bréal. Quelques mots sur l'instruction. 1 vol.

Byron (Lord. Œuvres. Trad. B. Laroche. 4 vol

Calemard de la Fayette (Ch.). Le poème des champs 1 vol.

Caro. Études morales 2 vol — L'idée de Dieu. 1 vol. — Le matérialisme et la science. 1 vol. — Les jours d'épreuve. 1 vol.

Cervantes. Don Quichotte, trad. Viardot. 2 vol.

Chateaubriand. Le génie du christianisme. 4 vol. — Les martyrs et le dernier des Abencerrages 1 vol — Atala, René, les Natchez 1 vol

Cherbuliez (Victor) Le comte Kostia 1 v. — Paule Méré. 1 vol. — Roman d'une honnête femme. 1 vol. — Le grand-œuvre. 1 vol. — Prosper Randoce 1 vol. — L'aventure de Ladislas Bolski 1 vol. — La revanche de Joseph Noirel. 1 vol — Meta Holdenis 1 vol. — Miss Rovel 1 vol. — Le fiancé de Mlle Saint-Maur 1 vol.

Crépet (E). Le trésor épistolaire de la France. 2 v.

Dante. La divine comédie. trad. Florentino. 1 vol

Daumas (E.). Mœurs et coutumes de l'Algérie. 1 v

David (l'abbé) Voyages en Chine. 2 vol

Deschanel (Em.). Études sur Aristophane. 1 vol.

Despois (D). Le théâtre sous Louis XIV. 1 vol.

Du Camp (M.). Paris, ses organes, ses fonctions sa vie. 6 vol — Souvenirs de l'année 1848. 1 vol.

Duruy (V.). De Paris à Vienne 1 vol. — Introduction à l'histoire de France. 1 vol.

Duval (Jules) Notre planète 1 vol.

Ferry (Gabriel). Le coureur des bois. 2 vol. — Costal l'Indien 1 vol.

Figuier (Louis). Histoire du merveilleux. 4 vol. — L'alchimie et les alchimistes. 1 vol. — L'année scientifique. (1856-1875). 19 vol. — Le lendemain de la mort. 1 vol. — Savants illustres. 2 vol.

Flammarion (C). Contemplations scientifiques. 1 v.

Fléchier. Les grands jours d'Auvergne. 1 vol.

Fustel de Coulanges La cité antique. 1 vol.

Garnier (Ad). Traité des facultés de l'âme. 3 vol.

Garnier (Ch). A travers les arts. 1 vol.

Gréard. De la morale de Plutarque. 1 vol.

Guizot (F.) Un projet de mariage royal. 1 vol. — Le duc de Broglie. 1 vol.

Houssaye (A) Le 41e fauteuil. 1 vol. — Violon de Françoise. 1 vol — Voyages humoristiques. 1 vol.

Hubner (Bon de). Promenade autour du monde. 2 v

Hugo (Victor). Notre-Dame de Paris. 2 vol — Bug-Jargal, etc. 1 vol. — Han d'Islande. 2 vol. — Littérature et philosophie mêlées. 2 vol. — Odes et ballades. 1 vol. — Orientales, feuilles d'automne. Chants du crépuscule. 1 vol. — Les voix intérieures, les Rayons et les Ombres. 1 vol. — Théâtre. 4 vol. — Le Rhin. 3 vol. — Les Contemplations 2 vol. — Légende des siècles 1 vol. — Les misérables 5 vol. — L'année terrible 1 vol

Ideville (d'). Journal d'un diplomate. 3 vol.

Jacqmin. Les chemins de fer en 1870-71. 1 vol

Jouffroy. Cours de droit naturel. 2 vol. — Cours d'esthétique. 1 vol. — Mélanges philosophiques. 1 v. — Nouveaux mélanges philosophiques. 1 vol.

Jurien de la Gravière (L'amiral) Souvenirs d'un amiral 2 vol. — La marine d'autrefois. 1 vol. — La marine d'aujourd'hui. 1 vol.

Lamartine (A. de). Méditations poétiques 2 vol. — Harmonies poétiques. 1 vol. — Recueillements poétiques. 1 vol. — Jocelyn. 1 vol. — La chute d'un ange 1 vol. — Voyage en Orient. 2 vol. — Histoire des Girondins. 6 vol. — Confidences. 1 vol. — Nouvelles confidences. 1 vol. — Lectures pour tous. 1 vol. — Souvenirs et portraits. 3 vol. — Le manuscrit de ma mère. 1 vol.

Lamarre. De la milice romaine. 1 vol.

Laveleye (E. de). Études et essais. 1 vol. — La Prusse et l'Autriche après Sadowa. 1 vol.

Lee Childe. Le général Lee. 1 vol.

Lehugeur. La chanson de Roland. 1 vol.

Malherbe. Œuvres poétiques. 1 vol.

Marmier (Xavier). Gazida. 1 vol. — Hélène et Suzanne. 1 vol. — Histoire d'un pauvre musicien. 1 vol. — Le roman d'un héritier. 1 vol — Les fiancés du Spitzberg 1 vol. — Mémoires d'un orphelin. 1 vol. — Sous les sapins. 1 vol. — La recherche de l'idéal. 1 vol. — Robert-Bruce 1 vol. — Les âmes en peine. 1 vol. — Voyages. 4 vol.

Martha. Les moralistes sous l'empire romain. 1 vol. — Le poème de Lucrèce. 1 vol.

Michelet. L'insecte. 1 vol. — L'oiseau. 1 vol.

Montégut. Souvenirs de Bourgogne. 1 vol. — En Bourbonnais et en Forez. 1 vol.

Nisard. Les poètes latins de la décadence. 2 vol.

Ossian. Poèmes gaéliques. 1 vol.

Patin. Études sur les tragiques grecs. 4 vol. — Études sur la poésie latine. 2 vol.

Pfeiffer (Mme Ida). Voyages d'une femme. 3 vol.

Prévost-Paradol. Études sur les moralistes français. 1 vol — Essai sur l'histoire universelle 2 v.

Saint-Simon Mémoires. 20 vol.

Sainte-Beuve Port-Royal. 7 vol.

Saintine (X.-B.) Le chemin des écoliers. 1 vol. — Picciola 1 vol. — Seul! 1 vol.

Sévigné (Mme de). Lettres 8 vol.

Shakespeare. Œuvres, traduction Montégut. 10 v.

Simon (Jules) La liberté politique. 1 vol. — La liberté civile. 1 vol. — La liberté de conscience. 1 v. — La religion naturelle. 1 vol — Le devoir. 1 vol. — L'ouvrière. 1 vol. — L'ouvrier de huit ans. 1 vol — Le travail. 1 vol. — La politique radicale. 1 vol. — L'école. 1 vol. — La réforme de l'enseignement. 1 vol.

Simonin Le monde américain. 1 vol.

Taine (H.). Essai sur Tite Live. 1 vol. — Essais de critique et d'histoire. 1 vol. — Nouveaux essais 1 vol. — Histoire de la littérature anglaise. 5 vol. — La Fontaine et ses fables. 1 vol. — Les philosophes français au XIXe siècle. 1 vol. — Voyage aux Pyrénées 1 v. — M. Graindorge 1 vol. — Notes sur l'Angleterre. 1 vol. — Un séjour en France de 1792 à 1795 1 vol — Voyage en Italie. 2 vol.

Topfer (R). Nouvelles genevoises 1 vol. — Rosa et Gertrude. 1 vol — Le presbytère. 1 vol

Traductions des chefs-d'œuvre de la littérature grecque. 25 vol.

Traductions des chefs-d'œuvre de la littérature latine. 12 vol.

Villehardouin. Conquête de Constantinople. 1 vol.

Vivien de St-Martin L'année géographique. 14 années (1865-1879). 15 vol.

Wallon Vie de N.-S. Jésus-Christ. 1 vol. — La sainte Bible. 2 vol. — La Terreur. 1 vol.

Wey (Francis). Dick Moon. 1 vol. — La haute Savoie 1 vol. — Chronique du siège de Paris. 1 vol.

Paris. — Typ. Pillet et Dumoulin, 5, rue des Gds-Augustins.